本书得到"江苏高校优势学科建设工程项目（PAPD）"部分资助

博士生导师学术文库

A Library of Academics by
Ph.D.Supervisors

儒家中道哲学的
历史渊源与当代价值

徐克谦 著

光明日报出版社

图书在版编目（CIP）数据

儒家中道哲学的历史渊源与当代价值／徐克谦

著 . -- 北京：光明日报出版社，2019.8（2022.4 重印）

ISBN 978 - 7 - 5194 - 5471 - 5

Ⅰ.①儒… Ⅱ.①徐… Ⅲ.①儒家—哲学思想—研究

Ⅳ.①B222.05

中国版本图书馆 CIP 数据核字（2019）第 184166 号

儒家中道哲学的历史渊源与当代价值
RUJIA ZHONGDAO ZHEXUE DE LISHI YUANYUAN YU DANGDAI JIAZHI

著　者：徐克谦

责任编辑：杨　娜　　　　　　　责任校对：赵鸣鸣

封面设计：一站出版网　　　　　责任印制：曹　净

出版发行：光明日报出版社

地　　址：北京市西城区永安路 106 号，100050

电　　话：010-67017249（咨询）　63131930（邮购）

传　　真：010 - 67078227，67078255

网　　址：http：// book. gmw. cn

E - mail：gmrbcbs@ gmw. cn

法律顾问：北京市兰台律师事务所龚柳方律师

印　　刷：三河市华东印刷有限公司

装　　订：三河市华东印刷有限公司

本书如有破损、缺页、装订错误，请与本社联系调换，电话：010 - 67019571

开　　本：170mm×240mm

字　　数：214 千字　　　　　　印　　张：16

版　　次：2019 年 8 月第 1 版　　印　　次：2022 年 4 月第 2 次印刷

书　　号：ISBN 978 - 7 - 5194 - 5471 - 5

定　　价：85.00 元

自　序

　　这本书的写作缘起，可追溯到十多年前笔者在美国北卡罗来纳州立大学孔子学院工作时期。当时笔者受"汉办"和南京师范大学的委派，出任由南京师大与北卡州大合作创办的北卡罗来纳孔子学院的首任中方院长和第一位汉语教师。在任期间，除了承担孔子学院的日常事务及教授汉语课程外，也会为孔子学院学员和当地一些机构、组织做一些有关中国传统文化、儒家思想和中国哲学的英语讲座。这里需要着重说明一下，孔子学院主要是一个汉语教学机构，讲授传统文化和儒学之类，并非其职责。国内曾有一些"儒学家"初闻在国外设立了许多孔子学院，兴奋不已，以为有助于孔子之道大行于世界，后得知孔子学院并非专门研究和传播儒学的机构，又抱怨孔子学院是挂羊头卖狗肉。这都是不了解孔子学院办学宗旨而产生的误解。孔子学院就像德国的歌德学院、西班牙的塞万提斯学院一样，都只是推广本国语言的驻外教学机构而已。孔子学院总部的领导也一再强调：孔子学院教师不是"传教士"，咱们中国从来就没有"传教士"这种职业。

　　当然，在教授汉语的同时顺带传播一些中国传统文化也是可以的，而且也是很自然的。笔者在孔子学院任职期间讲一点儒学和传统文化，主要是因为跟自己的学术研究领域和兴趣相关。一次，笔者应邀到北卡首府罗丽的某个宗教组织去做一个有关儒学的讲座。这个宗教组织跟美国大多数教会不一样，主张"Unitarian Universalism"，大概意思是"统一普世论"，提倡思想兼容，心灵开放，对不同的宗教采取开放与包容的态度。我觉得这与儒家"和而不同"的中道精神有相通之处。也许正因为如此，他们会邀请我去给他们讲讲儒学。而我也认为，儒学与传统文化要走向世界，也不应该回避这种机会。讲座很成功，听众听得很认真。在讲座开始和结束的时候，主持人还诵读了《论语》英文版的一些段落。在讲座的互动阶段，听众提出了不少问题，其中不少问题涉及孔子和儒家对于"神"或"上帝"及"来世"等问题的看法。我则阐发了儒家"天道远，人道迩""敬鬼神而远之""未知生，焉知死；未能事人，焉能事鬼"等思想中所包含的中道哲学内涵。听众很感兴趣，讲座结束时有位女士来跟我道别时竟说："看来我以后要皈依儒家了。"

　　这次讲座也引发了我对儒学性质的进一步思考。虽然国外有不少人把儒学看成是与基督教、佛教、伊斯兰教等相似的一种人类宗教，但我始终认为儒学的本质并不是宗教，而是有其哲学内核的一整套伦理道德和社会政治学说体系，尽管儒学的确也包含某种精神超越的维度和类似宗教的社会功能。后来又有一次应邀为北卡地区的中美贸易协会和哲学爱好者做关于中国哲学和儒学的讲座。讲座也很成功，组织者还把讲座内容制作成光盘，以供传播。在场听众对儒学作为哲学与西方传统哲学的不同，儒学的实践理性精神及其与美国实用主义哲学的相通之处，以及儒学及其思维方式对中国文化乃至中国人的行为方式的影响等问题，都很感兴趣。这也促使我对这些问题做进一步的探究，思考作为哲学的儒学的特质究竟是什么的问题。

　　为了在孔子学院授课和应对诸如此类的讲座，笔者从那时起就陆陆续续用英文写作了一些读书笔记和讲义。这一研究兴趣一直延续到本人孔子学院任期结束回到国内以后。有些研究成果也曾形成论文在国内外学术刊物上发表。2011年6月，美国纽约的佩斯大学有个教授访问团来我们南京师范大学访问，我校国际交流处的负责人便邀请我用英语给他们做一个中国文化讲座。我想他们都是教授，泛泛而谈中国文化未免太浅薄，于是就集中深入讲解了作为儒家哲学方法论的"中庸"与"中道"问题。开始还有点担心他们理解不了，但想不到他们还挺感兴趣，两个多小时的讲座他们听得非常认真，并且经常插话跟我进行讨论。其中有一位名叫瑞安·约瑟夫（Ryan Joseph）的法学教授，好像是刑法系的系主任，尤其表现出浓厚的兴趣。那一年年底，南京师范大学也组织了一个教授团回访佩斯大学，我是访问团成员之一。于是在佩斯大学又见到了瑞安·约瑟夫教授，他不仅参加了佩斯大学安排的活动，还热情地邀请我和另外两位教授去他住的地方做客。其间他对我说："我已经把你上次讲的关于儒家'中道'的理论，运用到我的法学课程的教学中去了。"我听了颇感意外，当然也很高兴，很受鼓舞。

　　2013年夏季，第二十三届世界哲学大会在希腊首都雅典召开。我向大会提交了一篇关于儒家"中道"哲学的论文。在这篇论文中我首次使用了"zhongdaology"这个我独创的英文单词，来代表儒家的"中道论"或"中道哲学"。这篇论文被大会接受，并被安排在讨论儒家哲学的分会场上宣读。这个分会场的主持人是美国夏威夷大学哲学系的成中英教授。该分会场原定有六位发言人，却有三位缺席，于是我便有了比较多的时间充分展开论文。听众虽然不是很多，但似乎对这个问题都很感兴趣。在讲完后的提问环节，在场的学者与我展开了热烈的讨论。其中有几位中国学者觉得用中文交流更方便，便直接用中文提问，我也用中文回答。在场的一些外国学者听不懂，干着急，乃至于高喊："请说英文！请说英文！"结束时，还有一些学者围过来跟我私下接着讨论。其中有一位来自澳大利亚的年轻学者，名叫迈克尔（Michael Yuen），他对我说："你的演讲令人印象深刻，是我在这次大会上发现的一大亮点。"大会结束后，他还发来电子邮件向我索要论文全文文本。

后来我又以与"中道论"相关的论文参加了其他几次国际学术会议。在2016年7月波兰首都华沙举行的第11届国际普世对话学会（ISUD）世界大会上，我宣读了关于运用中道思维来解决矛盾冲突的论文，同样引起各国学者的浓厚兴趣。其中有一位自称曾经到过河南的西方学者，在我论文宣读完了之后，就兴奋地挥舞着拳头，用带有河南腔的中文高呼："中！中！"来自尼日利亚的哲学教授强纳森·迄马柯南（Jonathan O. Chimakonam）认为我讲的儒家"中道论"思想与他正在研究的非洲哲学思想的某些原理相通，演讲一结束他就提议与我合作进行中国哲学与非洲哲学的比较对话研究课题。"中道论（zhongdaology）"这个术语似乎也给与会者留下了深刻的印象。记得当时有个细节：论文演讲结束后，我一边与一些学者交谈一边步出会场，就把随身带的水杯忘在讲坛上了。过了一会儿，秘鲁天主教大学哲学与文化研究中心主任维克多·克莱布斯（Victor J. Krebs）教授，便拿着我的水杯追出来喊道："中道论先生，中道论先生（Mr. Zhongdaology，Mr. Zhongdaology），你的杯子忘了。"他记不住我的姓名，但却记住了"中道论（zhongdaology）"这个词。在这次大会上，我提交的这篇论文经多国学者组成的学术委员会匿名评审，获得"雅克布森优秀研究论文奖"。经过全体大会投票选举，我还当选为国际普世对话学会新一届理事会副主席。

由于我曾在高等教育出版社出版的英文刊物《中国哲学前沿》

（*Frontiers of Philosophy in China*）上发表过文章，我认识了高教社的英文编辑孙海芳女士。她得知我正在进行有关儒家中道论的研究，就积极鼓励我申报国家社科基金资助的中华学术外译项目。但是中华学术外译项目对直接用外文撰写的学术著作的要求逐年提高，比对从中文著作翻译的申请要求更为苛刻。如从中文原著翻译的著作，英文只要翻译出两万字，就可以申报。但用英文直接撰写的著作，则非得全部书稿基本完成才可以申报，且不得少于十万字。而且近年来变成原则上只接受对已经列入推荐选题目录的中文著作的翻译稿的申报。但是在孙编辑的鼓励下，我还是在 2017 年将大致已经成型但仍然很粗糙的书稿提交给高等教育出版社，与他们合作申报当年的中华学术外译项目。承蒙中国香港中文大学哲学系黄勇教授、中国人民大学哲学院姚新中教授、中国人民大学国学院梁涛教授等热情帮助签署推荐意见，书稿得到国家社科基金中华学术外译评审委员会的青睐，居然获得批准立项。全国哲学社会科学规划办公室发来的立项通知书附上了五位匿名专家的评审意见。专家们在充分肯定这部书稿的学术质量和价值的同时，也提出了不少非常中肯的意见和修改建议。其中有一条意见就是认为中国学者的学术成果，最好还是先用中文发表，以得到国内学界的认可，然后再以英文出版推向国外。

此时适逢光明日报出版社广泛征集资助出版"博士生导师学术文库"书稿。笔者先后从普通邮件、电子邮件和手机短信三个渠道收到该出版社发来的征稿通知和商洽函，足见其奖励学术资助出版的诚意。于是我填写了该社发来的选题登记表，并附上全书内容介绍和目录，以及部分章节的中文稿，提交光明日报出版社审阅。不久便收到该社发来的给予本书全额资助出版的通知，并约定了交稿时间。于是，在原有英文书稿的基础上，又经过大半年时间的整理译写和修改补充，终于有了现在这部呈现给读者的小书。

　　需要加以说明的是，本书最初是始于面向对中国传统思想文化和儒学知之不多的外国人介绍儒家思想和中国传统哲学的讲义，且内容力求古为今用，联系当代现实，希望能使国外读者借由儒家中道哲学这个视角对中国文化和当代中国有一个比较正确和更加深入的认识，因此，书中有些内容对国内学者专家来说，或许显得比较肤浅。相对于儒家中道思想在中国文化和中国哲学史上的悠久历史和深广影响来说，本书所论述的内容也仍然显得比较粗疏。又由于本书大部分内容是先有了英文然后才转译为中文，故文句往往难免还带有一些英文句法的痕迹，有些地方连自己读起来都觉得有点怪异，感觉不像自己日常中文行文语句。这都是本书一些不太令人满意的地方。另外，本书中的部分内容曾以单篇学术论文的形式，在《中国哲学史》《亚洲哲学》（*Asian Philosophy*）、《中国哲学前沿》（*Frontiers of Philosophy in China*）、《哲学与意识形态研究杂志》（*Journal for the Study of Religions and Ideologies*）、《对话与普世主义》（*Dialogue and Universalism*）、《江苏社会科学》等国内外学术刊物上发表，在此谨向这些刊物表示感谢！

徐克谦
2019 年 4 月于南京

目 录
CONTENTS

引 论

本书认为"中道论"或"中道哲学"不仅是传统儒家哲学思维的基本特征，也代表着中国传统文化的某种核心精神。本书的目的旨在对儒家中道哲学传统的思想渊源、历史演变和哲学内涵进行论述与探讨，并试图从中道论的观点来审视一些带有普遍性的哲学问题，进而讨论这一古老哲学传统的当代价值和现实意义，并为理解当今中国一些社会文化现象提供一个中国传统文化自身内在哲学逻辑的视角。

正确认识中国哲学传统，是深刻认识当代中国的重要途径之一。当代中国的蓬勃发展也许是过去几十年最引人注目的国际事件。世界各地的人们有目共睹，中国这个国家在过去几十年中社会经济取得了突飞猛进的发展，成为世界工厂和全球经济的驱动引擎，极大地促进了国际贸易和全球经济的整体发展，也极大地提高了中国人民的生活水平，等等。世界各地的人们或许也都注意到中国的快速扩张带来的世界性影响：越来越多的中国人作为商人、投资者、学生、学者、专家、技术人员、劳工、旅游者乃至移民等出现在全世界各个地区，中国在国际舞台上发出的声音越来越大，也越来越有力。总的来说，中国在21世纪的崛起是全面的。中国不仅已经是世界第二大经济体，而且已然被许多人认为是国际政治舞台上的超级大国，且必将在外交、军事、科技、教育、文化等领域发挥其越来越大的软硬实力。

外界对中国崛起这一奇迹的反应是复杂的，有惊呼、有怀疑、有困惑，甚至有惶恐和畏惧。"中国威胁论"总是在不同的情况下以各种形式一再出现。许多外国人，特别是西方人对中国存在不同程度的怀疑和不信任是不难理解的。这不仅是由于 20 世纪冷战时代遗留下来的意识形态思维定式，也是由于中西方之间更为悠久的文化差异。毕竟，中国文明是西方文明全球化后唯一幸存下来的主要的非西方古老文明。今天的中国人仍然使用他们的祖先几千年前创造的语言和文字体系，他们基本上保留了自身几乎从没有中断过的文化传统，这种传统可以追溯到其遥远的上古时代。从某种西方的单线进化的社会学和历史决定论的视角来看，中国发生的事情似乎是一个例外，似乎超出了西方学界普遍接受的某种历史逻辑所能理解和解释的范围。因此，在一些西方人对当代中国的报道和研究中，时常会流露出某种焦虑、恐惧、警惕甚至敌意的情绪，也就不奇怪了。

然而，如果从中国文化的内在角度和自身逻辑来看，我认为中国过去几十年发生的事情也并不是什么难以解释的神奇事件。中国现在只是正走在其期待已久的民族复兴的正确道路上而已。经过几个世纪的摸索、试探和不断的自我调整，以及借鉴西方发达国家的先进经验，中国人民终于找到了适合自己在特定历史阶段、特定国际环境下自身发展的道路。这条道路，中国之道，是全新的，同时在中国传统文化和中国传统哲学的语境中也是完全可以解释的。《诗经》曰："周虽旧邦，其命维新。"当代中国也是既古老又崭新。她是一个肩负着"新命"的"旧邦"，是一个重新焕发出新生的古老文明。她吸收借鉴了西方文明的许多经验与教训，融汇整合了许多现代性的因素，但她仍然是植根于其固有的文化基因而焕发青春的中国文明。要正确深入地理解当代中国，就必须考察中国的历史，特别是中国的文化和哲学传统。

在过去的两个世纪，中国传统文化总的来说是处于一种被动地接受来自西方文明的影响和挑战的地位。一代又一代的中国人不断热切地学习来自西方先进国家的科学、哲学、文学和语言，努力试图理解和消化这些奇异而又伟大的西方文化传统。然而，近现代以来西方人对中国及其文化的了解却与此形成巨大反差，以至于当今不少中国人会抱怨外国人，特别是一些西方媒体和政客对中国的无知和误解。关于中国的歪曲的或带有偏见的报道和评论，时常出现在一些西方主流媒体上。这在很大程度上是由于西方许多人对中国文化，特别是中国历史悠久的哲学传统和中国的思维方式还缺乏正确的认识和深入的理解。因此，世界需要更多地了解中国，中国也有责任更清晰、更细致地展示自己的文化和思想传统。

出于以上考虑，本书想就中国传统哲学中最能体现中国文化的本质和中国思维方式的深层逻辑的一个方面进行深入探讨，这就是"中道论"。"中道论"与中国最重要的哲学传统即儒家传统有关，但是本书并不打算从伦理、道德、社会、政治等各个方面来全面探讨儒家丰富而复杂的学说，而只是想集中讨论"中道论"这一儒家哲学的核心部分。我认为这是儒家学说中真正属于哲学的部分，或者可以说它是儒家的"第一哲学"。它在儒家哲学中的地位可以与西方传统哲学中的"本体论"相提并论。它可以被认为是儒家的元伦理学、元政治学等。"中道论"作为一种哲学思维方式，不仅贯穿于整个儒家学说思想体系，而且也贯穿于整个中国文化传统发展演变的历史逻辑。它也为理解当代中国的社会、政治和文化中的许多现象提供了哲学视角或逻辑线索。

不过，在进入具体探讨之前，我们似乎有必要对"哲学"这个概念本身进行一些讨论和澄清，因为在不同的文化背景下，对于这个概念可能会有不同的理解。对于中国人来说，"哲学"这个词作为一门学科或高端的知识探究领域的名称，是一个进入近现代时期之后才从西方引进的学术概念。在现代汉语里，哲学这个大范畴之下的一些分支的名称，如"形而上学""本体论""认识论"等，也都是从西方哲学传统中引入的。虽然现代汉语中这些名词是由一些在汉语语源中具有相关含义的汉字或某些具有家族相似性的中国固有概念组合或意译而形成的，但实际上这些来自西方的哲学概念和哲学范畴，对于那些伟大的中国古代哲学家，如老子、孔子、墨子、孟子、庄子、荀子、韩非子等来说，恐怕根本就是陌生的和不相干的。

现代汉语中"哲学"这个名称，最初是由日本学者在近代创造的①。"哲"与"学"两个汉字合在一起，大致的意思是"关于智慧的学问"。但是在中国古代先贤们生活的先秦"轴心时代"，还并没有"哲学"这个概念。当然，如果我们理解"哲学（Φιλοσοφία）"一词在古希腊文中的原意，即"爱智之学"，我们显然不能否认中国古代的思想家的确是智慧的爱好者和追求者，他们的学问也像古希腊哲学家们那样，确实涵盖和渗透着许多基本的哲学问题。因此，将中国古代思想家的著作中那些或多或少与西方哲学传统中的命题和问题相关的内容提取出来，串接组合成一部像样的"中国哲学史"也是完全可行的。事实上现代许多中国哲学家和哲学史家就是这么做的。如冯友兰先生在《中国哲学史》绪论中就说："哲学本一西洋名词。今欲讲中国哲学史，其主要工作之一，即就中国历史上各种学问中，将其可以西洋所谓哲学名之者，选出而叙述之。"②然而，由于现代学术领域一直被西方主导的学术话语和分类系统所主宰，因此这样做就不得不将中国古代思想家原初的观念及其有机的思想结构割裂成碎片，然后再根据西方的"哲学"范畴重新进行组装，以便适应占主导地位的西方哲学话语体系。其结果便是，许多所谓中国哲学的研究，不过是拿中国古代的文献材料，来说明西方的哲学问题而已。而中国古代哲学思想原来的丰富性和生动性则被遮蔽或削弱，变成似乎仅仅是对西方"哲学"的拙劣复制；它的许多独创性和特色在这种重新组装和适应过程中，难免遭到忽视或歪曲。

对于许多当代中国学者来说，这种由西方哲学范畴和哲学模式构成

---

① 卞崇道，王青．明治哲学与文化［M］．北京：中国社会科学出版社，2005：23.

② 冯友兰．中国哲学史（上）·绪论［M］//冯友兰．三松堂全集：第2卷．郑州：河南人民出版社，2001：245.

的"中国哲学史"的叙事也许是不可避免的，但同时也是并不令人满意的①。一方面，那些深深沉浸于阅读原始中国古代文献的传统学者发现，原汁原味的中国思想和中国传统精神在这种叙事中已经失去了其自身的一致性和完整性，从而疏离了它原来的"自我"；另一方面，那些专门研究西方哲学传统，熟悉西方哲学术语、范畴和论题的学者，也鄙视这些"中国哲学史"的叙述，因为这些叙述在他们看来只不过是重复西方哲学家说过的话，就像是鹦鹉学舌，并没有提供什么新鲜独特的东西，或者并没有对西方哲学史上那些主要的问题做出切题而又独特的回应。

因此，在过去的几十年里，中外当代哲学界对于所谓"中国哲学的合法性"问题有过许多争论②。有学者认为，在中国古代思想中可能并没有什么东西可以真正称之为是西方传统哲学精确意义上的"形而上学""本体论"等。或者更坦率地说，中国古代可能根本就没有真正意义上的"哲学"，因为根据西方哲学的模式和标准，"形而上学"或"本体论"等是"哲学"标准配置，缺少了这些，"哲学"就不成其为"哲学"。

作为对上述质疑的回应，也为了维护"中国哲学"作为一门学科的正当性，一些中国哲学学者则坚持认为，中国古代哲学确实探讨过与西方哲学类似的本体论问题，只是有其独特的概念和术语而已；或者可以说中国古代哲学有自己不同的本体论③。现代新儒家在阐释或重构

---

① 赵景来. 中国哲学的合法性问题研究述要 [J]. 中国社会科学, 2003 (3): 36 - 42；李景林, 乔清举, 王中江, 王生平, 张耀南, 胡军. 中国哲学的合法性笔谈 [J]. 北京行政学院学报, 2004 (2): 66 - 77.

② 赵景来. 中国哲学的合法性问题研究述要 [J]. 中国社会科学, 2003 (3): 36 - 42；成中英, 冯俊. 为中国哲学立法——西方哲学视域中先秦哲学合法性研究 [国际中国哲学精译系列 (第3辑)] [M]. 北京: 中国人民大学出版社, 2016.

③ 贾玉明. 二十世纪中国哲学的本体论问题 [J]. 沈阳师范大学学报 (社会科学版), 2011 (1): 6 - 8；李维武. 20 世纪中国哲学本体论问题 [M]. 长沙: 湖南教育出版社, 1991.

"儒家本体论"或"儒家形而上学"方面做了大量的努力。例如,作为现代新儒家最重要的代表人物之一的牟宗三,在借鉴康德和佛教形而上学的基础上,提出了由本体界和现象界"双重存有论"构成的"道德的形上学"①。受西方传统哲学本体论和西方现代哲学诠释学的影响,大力推动中国哲学走向世界的成中英先生提出了他的"本体诠释学"理论及其"生成的""多元一体"的"本体"概念和开放的"本体"诠释体系②。哲学家和美学家李泽厚先生在深入理解中国哲学特性的基础上,借鉴康德哲学和马克思主义哲学,建立了他自己的"历史本体论"或"人类学历史本体论"③。陈来教授和杨国荣教授这两位当代中国的著名哲学家,也分别提出了他们的"仁本体论"④和"具体的形上学"⑤。这些努力都是旨在揭示或重建一种"中国哲学的本体论"或"中国哲学的形而上学"。在揭示或说明这种"中国哲学的本体论"或"中国哲学的形而上学"与西方哲学的"本体论"或"形而上学"有所不同的同时,这些努力其实也都试图努力自我证明在中国哲学传统中的确有一种东西可以被合法地称之为"本体论"或"形而上学",可以与西方哲学传统中的"本体论"或"形而上学"相媲美。然而,尽管这些努力非常雄辩和详细,但似乎仍然会难以避免地加深人们的这样一种印象,即中国哲学只不过是西方哲学的一个变种,甚至还只是一种层次较低、不太完美的变种。我认为这种拘泥于西方哲学"本体论""形而上学"范畴框架的自我证明并不能充分呈现中国古代哲学的独特品质、特殊关怀和特别价值。

---

① 牟宗三. 现象与物自身 [M]. 台北:学生书局,1975:37-40.
② 成中英(Cheng, Chung-Ying). Confucian Onto-hermeneutics: Morality and Ontology [J]. Journal of Chinese Philosophy, 2000, 27(1):33-68;成中英. 本体诠释学三论 [J]. 安徽师范大学学报(哲学社会科学版),2004(4):397-403.
③ 李泽厚. 历史本体论 [M]. 北京:生活·读书·新知三联书店,2002;李泽厚. 人类学历史本体论 [M]. 天津:天津社会科学出版社,2008.
④ 陈来. 仁学本体论 [M]. 北京:生活·读书·新知三联书店,2014.
⑤ 杨国荣. 具体的形上学 [J]. 哲学分析,2011,2(4):166-171.

那么，中国哲学是否有可能摆脱西方哲学范畴体系的格式化，尝试用自己的术语和范畴体系来进行自我表达呢？笔者认为这不仅是可能的，而且是很有必要的。这样做将为中国传统哲学提供一个直接呈现其原初的鲜活生命力和独特的哲学思维方式的机会，改变其长期以来一直作为一个被人按照外来的范畴和标准进行分析、讨论和评价的对象的地位，从而恢复原本的中国哲学的主体性，使其能直接从其自身的内在特质出发进行自我表达。这样做还可以揭示出，除了西方哲学特有的范畴、概念、术语、思维方式和表达方式之外，实际上还可能有一些不同的哲学范畴、概念、术语、思维方式和表达方式，可以进一步充实哲学作为人类一般智力活动的潜力与内涵。

正是出于这种考虑，本人在已发表的一些英文论文中引入了"中道论"（zhongdaology，亦可译为"中道哲学""中道逻辑"等）这个概念来表示儒家哲学思想的精髓①，认为"中道论"不仅是儒家学说的根本哲学内核，也是整个中国传统哲学有别于西方哲学的最重要的特征，同时它也体现着中国传统文化的核心精神。

---

① Zhongdaology 是笔者自创的一个英语术语，用来表示"中道论"或"中道学""中道逻辑"等。笔者第一次使用这个概念是在提交给 2013 年雅典第 23 届世界哲学大会的论文中，论文题目就是"Zhongdaology：A Confucian Way of Philosophical Thinking and Moral Life"。该论文被大会接受并在由成中英先生主持的分组会议上宣讲。此后本人还在多篇英文论文中使用了这个词，例如：Xu, Keqian. "Ren Xing：Mencian Understanding of Human Being and Human Becoming", Dialogue and Universalism, Vol. 25，No. 2（2015）：29 – 39；Xu, Keqian, "The Priority of 'Liberty' or 'Ping An'：Two Different Cultural Value Priorities and Their Impacts", Frontiers of Philosophy in China, Vol. 10，No. 4（December 2015）：579—600；Xu Keqian, "Confucian Philosophy of Zhongdaology and Its Practical Significance in Resolving Conflicts", Dialogue and Universalism. Vol. 26，No. 4（2016）：187 – 199；Xu, Keqian & Wang Guoming, "Confucianism：The Question of Its Religiousness and Its Role in Constructing Chinese Secular Ideology", Journal for the Study of Religions and Ideologies, Vol. 17，No. 50（Summer 2018）：79 – 95；等。2018 年本人再次向在北京举行的第 24 届世界哲学大会提交题为"Zhongdaological Way of Thinking：The Confucian Practical Rational Wisdom"，同样被大会接受并在分组会上宣讲。可见这个词是可以被说英语的哲学研究者接受和理解的。

早期儒家最关心的根本哲学问题是"中道论",而不是什么"本体论"或"形而上学"问题。这是因为,由于中西语言的差异,在中国古代早期哲学思维中,还并没有形成西方传统哲学意义上的本体论问题这个概念。西方哲学中本体论(ontology)这个词的词源表明,所谓"本体论"是对"存在"的本质所做的哲学研究,而所谓的"存在"的概念是源自谓语动词"是"(古希腊语中的 εἰμί, ont,德语中的 ist, sein,英语中的 to be, being)。"本体论(ontology)"这个词的词根 onto – 就是源于古希腊的谓语动词"是(ont)"。"存在"的语义是指事物的一般的普遍的"是",也就是意指一切存在的事物都具有某种形而上的或超越的终极理性和逻辑。因此,所谓本体论就是探究什么是决定世界上一切事物存在的根本和终极的原因或逻辑。它关涉的基本哲学问题就是"什么是?"或"什么存在?"。换言之,就是追问世间万物之所以"是"其所"是"的终极原因或根本依据是什么。

然而,对于说西方语言的人来说可能会觉得难以置信的是,在早期的中国古代语言中,根本就没有与"to be"相对等的谓语动词,更不可能出现一个与其动名词形态"being"相对应的"存在"或"本体"的概念。现代汉语中相当于"to be"的汉字"是"是到了汉朝(公元前25—220)才开始逐渐被用作谓语动词的①。因此我们可以理解,在先秦时期(公元前221年以前)的中国,西方的本体论概念"存在"不可能成为当时中国思想家哲学思维的焦点。

尽管中国先秦哲学家也曾讨论过一些与西方传统哲学本体论相似或相关的问题,但总的来说西方传统哲学意义上的"本体论"并不是中国古代哲学所关注的重点,所以也就不构成中国古代哲学的核心问题。因此,对于中国早期哲学的研究来说,在所谓"本体论"问题上苦苦纠缠,就像隔靴搔痒一样,不得要领。与此同时,"本体论"概念的缺

---

① 杨伯峻,何乐士.古汉语语法及其发展[M].北京:语文出版社,2011:705 – 708.

失也并不一定是中国古代哲学的缺陷。相反，它可能正是中国哲学的独特价值之一，或许可以为许多根本的、复杂的哲学问题提供另一种解决方案。

在笔者看来，至少在早期儒家哲学中，最重要的哲学问题不是追问什么是"是"或"存在"，而是探究什么是"中"或"中道"。正是"中"或"中道"为早期儒家学说的伦理学、政治学以及整个社会文化和个人行为等提供了立足点和基础。因此，早期儒家学说最突出、最独特的哲学内核就是"中道论"，而不是"本体论"或其他。

所谓"中道论"就是对"中道"的哲学探究，而所谓"中道"的内涵正是基于"中"这个汉字在早期汉语中诸多原初语义的意义聚集。"中"和"中道"在早期儒学中即已成为一种非常重要的哲学观念。无论是传世的儒家经典和新发现的简帛文献都告诉我们，"求中""执中""允执厥中"是中国远古历史叙述中历代圣王代代相传的政治原则（对此本书第一章中将具体讨论）。此后"中"逐渐发展成为儒家哲学的一个极其重要的根本范畴，并进而衍生发展为一系列与"中"相关的重要概念，例如"中和""中庸""中正""时中""执中""用中""中节""守中""得中"等。

"中道论"可以说是儒家哲学的精髓。换句话说，儒家学说的基本哲学方法论或思维方法，就可以概括为一种"中道"精神。"中道论"形成过程中的深厚历史文化底蕴赋予了它丰富的哲学内涵，使之成为儒家学说的一般哲学和基本哲学，或曰儒家的"第一哲学"。"中道论"不仅为儒家提供了解决基本哲学问题的方法，而且为儒家学说建立伦理规范、道德标准、社会正义和政治原则提供了哲学方法论或哲学前提。"中道论"哲学的特色是强调主观与客观之间的对接，天道与人心的合一，自我与他人的主体间建构，个体与群体之间的共生关系，一元论与多样性的辩证统一，内在世界与外在世界的和谐，理想与现实的协调吻合。"中道论"哲学善于在一般和个别之间、永恒和当下之间、多元和统一之间、理想原则和实际效用之间寻求恰到好处的平衡点和"度"，这种平衡点和"度"也就是"中"。儒家哲学正是以"中"这个"天下之大本"，作为其哲学思维的立足点，从而展开其基本逻辑。"中道"逻辑贯穿了儒家传统的伦理政治理论。对于以伦理道德学说和社会政治学说为主要内容的儒家学说而言，"中道论"可以说就是其"元伦理学""元政治学"。不仅如此，这种"中道"哲学精神深刻地影响了中国传统文化的方方面面，包括基本的哲学世界观、社会观、伦理观、价值观、审美观、思维方法乃至中国传统文化中的个体人格塑造。我们甚至可以说中国传统文化的神髓，就凝聚在这个"中"字上。哲学上的中国之道，简单概括地说就是"中道"。"中"或"中道"高度概括了中国传统文化的核心精神和基本哲学原理，因此可以说"中道"就是中华文明的哲学观和方法论基础。"中国"之不愧为"中国"，就在于她"中"！在当今和未来世界，中国文化仍将以体现"中道"精神的中国道路和中国经验对人类做出重要贡献。

对处于中国文化范畴以外的"他者"来说，"中道论"也提供了一个理解中国典型思维方式、中国文化价值观和中国人传统生存方式特点的视角。中国文化中许多独特的或看似复杂的甚至矛盾的现象，都可以用中道论的观点加以合理解释。中道哲学深刻地影响并塑造了一种自古至今延续不断的民族文化精神，其深刻的哲学意义也可以为一般的世界哲学提供重要的资源和别样的思路，为人类共同的哲学思维做出重要贡献，因而在当今的全球哲学语境中也具有重要的意义。

在这本书的以下部分，我们将追溯"中"作为一个重要的哲学概念的起源和演变，及其在早期儒家文本中的意义，讨论"中道论"思想是如何在孔子、孟子和荀子以及后代儒家继承者们的学说中逐渐发展和不断完善的过程。我们还将分析和讨论"中道论"的具体哲学内涵和意义，以及它在儒家的伦理道德学说、个人修养理论、社会学和政治学、艺术和美学等方面的表现和运用，并适当与西方哲学传统中的一些相关概念范畴和问题进行参照和对比，尝试对西方哲学中的一些问题和困境提供一种"中道论"角度的审视，进而对分析解决当今世界人类所面临的一些普遍问题提出一种"中道论"的思路和可能的另一种解决方案。

第一章

作为哲学概念的"中"的渊源

就像在西方本体论形而上学中那些复杂和艰深的哲学概念，如"本体""存在"等，都起源于自然语言中的常用词语一样，作为"中道论"之核心的"中"这个儒家哲学的重要概念也是起源于一个很普通很常用的汉字"中"。无论是在古代汉语还是现代汉语中，"中"字都是少数几个最常用的汉字之一。但它是一个多义词，且有不同的词性。而它作为儒家哲学中一个重要而复杂的哲学概念，经历了漫长的发展演变过程。

第一节　"中"字的语源学考察

"中"这个字在现存最早的中国古代文本中已经出现。在现存商代甲骨卜辞文本里"中"字经常以几种略有不同的书写形式出现①。在现存的商周青铜器铭文中"中"字也出现了 304 次②。大致来看，这个字以几种稍微不同的变形出现在这些早期文本中，如图 1 所示。

---

① 徐中舒. 甲骨文字典 [M]. 成都：四川辞书出版社，1989：39.
② 戴家祥. 金文大字典 [M]. 上海：学林出版社，1995：2919 – 2938.

图 1 "中"字在甲骨文和商周金文中的一些不同字形

大多数古文字专家们倾向于认为,图中这些象形文字只是同一个汉字的不同书写形式,这个汉字就是"中"①。根据这个字出现的上下文,我们可以发现,"中"字在这些最早的古代文本中已经是一个可以被用在不同的上下文中表达不同含义的多义词。有时它似乎指的是一面旗帜,有时它意味着中间,有时它意味着中午,它也可以出现在人名或地名中。但是即使是今天的专家们,对这个字本身最初确切含义到底是什么的问题,也还是存在不同的看法②。由于最早的单体汉字大多是象形文字,所以"中"字最初很有可能是指一个具体的、有形的物体。但对于"中"字所代表的最初对象究竟是什么,研究者们的认知和解释却大相径庭。以下是对这个问题的一些主要看法:

著名古文字研究专家唐兰先生认为"中"字最初就是一个表示一面旗帜的象形文字。他在《殷墟文字记》一书中详细辨析了这个字在甲骨文和金文中各种不同的变体之间的关联,然后分析指出,"中"这个字最初的本义就是一面旗帜的图像,上面和下面往往装饰着一些飞动着的飘带。有时表示这些飘带的笔画可能被省略,那么图像就会非常近似于这个字后来的标准书写形式。旗帜是古代部落的象征。当遇到重大事件,如军事行动或宗教活动时,旗帜就被竖立在一个开放的土地上,

---

① 也有少数学者有不同看法,如董志翘认为:这些并非同一个字,应该区分为"中1"和"中2",含义和语法功能有所不同。"中1"乃指线性的两端之间或中间,常与"左右""前后""南北""东西""上下"等相对。而"中2"则指一个封闭的界限内或三维空间的内部,常与"外""表"等相对。(参见董志翘. 略论"中"的语法意义与语法功能."古代文字资料与东亚细亚文化交流"国际学术研讨会论文,韩国首尔,2009.6.10)

② 于省吾. 甲骨文字诂林 [M]. 北京:中华书局,1999:2932 – 2947.

标志为部落聚集的中心，部落成员就会从不同的方向来这里集中。唐兰
先生说：

> 余谓中者最初为氏族社会中之徽帜……古时用以集众。周礼大
> 司马教大阅，建旗以致民。民至，仆之，诛其后至者，亦古之遗制
> 也。盖古者有大事，聚众于旷地，先建中焉，群众望见中而趋附，
> 群众来自四方，则建中之地为中央矣。列众为陈，建中之酋长或贵
> 族，恒居中央，而群众左之右之望见中之所在，即知为中央矣。然
> 则中本徽帜，而其所立之地，恒为中央，遂引申为中央之义，因更
> 引申为一切之中。后人既习用中央等引申之义，而中之本义晦。①

唐兰先生的观点在现存甲骨文献中似乎可以得到一些支持，因为在
现存的甲骨文献中有不少"王立中"的记载②，似乎表明"中"代表
着一个具有政治中心的位置。

但是对这字的本义，其他学者也有一些不同的解释。有的学者认为
"中"这个字在上古文献中的不同书写形式可能有不同的图形起源。例
如，一些研究人员认为，"中"这个字的几种不同的写法不一定都是指
氏族的旗帜，有的可能是源于古人用来测量日影以定节气，或者测量风
向风速以观气象的仪器③。近年来随着新发现的"清华大学藏战国竹
简"《保训》篇的公布，关于"中"字本义的讨论再次升温。因为在这
篇新发现的据说是周文王的临终遗嘱的神秘文献中，"中"这个字被提
及了四次。这篇本献里的"中"究竟是一个抽象的概念，还是仅仅指
一个有形的物体？学者们对此意见不一。在那些相信"中"是指某种
具体物件的人当中，有的人认为"中"可能是用来测量和标志地中的

---

① 唐兰. 殷墟文字记 [M]. 北京：中华书局，1981：53-54.
② 徐中舒. 甲骨文字典 [M]. 成都：四川辞书出版社，1989：40.
③ 于省吾. 甲骨文字诂林 [M]. 中华书局，1999：2940-2943.

土圭和旗表①。也有人引用章太炎的观点认为这个字的字形可能就是书写用的笔和典册合在一起的会意，"中字从丨，谓以笔引书也；从口，谓书裵也"，"中"象征着官方的簿书，"允执厥中"意即掌管官府里的图籍簿书②。因此，"中"最初可能只是指一些非常重要的官方文书，尤其是与刑法相关的文书，或即《尚书·吕刑》所谓"刑之中"。

尽管我们也许很难确定"中"这个汉字最初产生时的绝对准确的本义到底是什么，但是"中"这个常用字在后来自然语言中的语义还是很清楚的。"中"字无论在古代汉语中还是在现代汉语中都是个多义词，在其出现的不同上下文里呈现出相应的不同语义。这些不同的语义与后来作为哲学概念的"中"关系密切的义项大致可以归纳为如下这些方面：

"中"指与外在相对而言的内在，引申为指内心。汉代许慎《说文解字》对"中"这个字的字义的唯一定义是："中，内也。从口、丨，上下通。"③ 从这个语义进而引申用来表示人的内心、内在情感心灵，本性，或最真实的自我等语义。如辜鸿铭所说，"中"是"我们真实的自我或道德存在"，"我们的中心内在自我"④。在先秦文献中，"中"也常指人的主观内心世界或内在精神。例如《大学》在讨论"正心诚意"时说："诚于中，形于外。"⑤ 又如《礼记·乐记》所谓"凡音者，生人心者也。情动于中，故形于声"⑥，《左传》所谓"信不由中，质

---

① 李零. 说清华楚简《保训》篇的"中"字 [N]. 中国文物报，2009 – 05 – 20. 梁涛. 清华简《保训》与儒家道统说再检讨 [J]. 北大中国文化研究：第二辑，2012：111 – 112.

② 章炳麟《文始》七，见《章太炎全集》第六册，上海人民出版社，2014：401 – 402.

③ 段玉裁. 说文解字注 [M]. 成都：成都古籍出版社，1981：22.

④ Ku Hung Ming（辜鸿铭）：The Universal Order of Conduct of Life [M]. Shanghai：the Shanghai Mercury, Ltd. 1906：2 – 3.

⑤ （宋）朱熹. 四书章句集注 [M]. 北京：中华书局，1988：7.

⑥ （汉）郑玄注，（唐）孔颖达疏. 礼记正义 [M]. 北京：北京大学出版社，2000：1254.

无益也"① 等都是。因此"中"经常与"心"复合为"中心"，指人的内心、内在的真实的自我。这就是为什么《中庸》在开宗明义第一章就说"喜怒哀乐之未发，谓之中"②。新发现的"清华大学藏战国竹简"中也有一篇名为《心是谓中》的文献，可以进一步证明"中"与"心"相关的语义联系，其中说道："心，中。处身之中以君之，目、耳、口、肢四者为相，心是为中。"③《逸周书·武顺》曰："天道尚左，日月西移。地道尚右，水道东流。人道尚中，耳目役心。"④ 可见，古人认为人道所尚之"中"，也可以理解为就是"心"。此外，我们也可以从"忠"这个汉字上看出"中"与"心"的关系，以及这种关系的蕴意。"忠"的本义是指内在的忠实和真诚。内尽其心而不欺，言行出自于心，谓之"忠"。它由"中"与"心"两字复合而成，恰表明了这两者之间密切的语义关系。所以《大戴礼记》记载，孔子曾经说过，"知忠必知中"，"内思毕心曰知中"⑤。

另一方面，"中"字还既可用作动词，也可用作形容词。当用作动词时，"中"读第四声，意思是准确地达到了预定的目标，或成功地做成了某事，或做了完全正确的事，或说话说到了点子上。例如，箭射达了预定目标被称为"中的"，科举考试成功曰"中举"。在现代汉语里"中"也可以用作动词后面的补语，例如"击中""射中""看中"等，表示一个动作已经成功地达到了应有的目标。"中"的这一语义进一步延伸为形容词用法，用来描述事物的正确性、恰当性和正义性。例如在《论语·先进》篇中孔子曾经说过，"夫人不言，言必有中"，又称赞弟子子贡"亿则屡中"。《荀子·儒效》说："凡事行，有益于理者，立

① （周）左丘明传，（晋）杜预注，（唐）孔颖达正义.春秋左传正义［M］.北京：北京大学出版社，2000：85.
② （宋）朱熹.四书章句集注［M］.北京：中华书局，1988：18.
③ 李学勤.清华大学藏战国竹简（八）［M］.上海：中西书局，2018：149.
④ 黄怀信.逸周书校补注释［M］.西安：西北大学出版社，1996：162.
⑤ （清）王聘珍.大戴礼记解诂［M］.北京：中华书局，1983：208.

之；无益于理者，废之。夫是之谓中事。凡知说，有益于理者，为之；无益于理者，舍之。夫是之谓中说。"①可见所谓"中事"就是正确的、合理的事，"中说"就是正确的、合理的言说。"中"字也可与其他词复合为形容词表示言论和行为的正确恰当，如"中肯""适中"等。因此"中"字包含有效、正确、正当、适用等语义，表示在实践中有用和可行，比如说某种方法、理论、技术甚至某个人"中用"。在今天中国北方的某些方言中，人们仍然用"中"来表示肯定和接受，与说"好！""行！""OK！"等意思十分相似。在这一层语义中尤其值得我们注意的是"正确"和"有效"二者在"中"的语义中是合而为一的。

当然，"中"还有与"两端"相对而言的两者之间、中等、平均等语义。与大和小相比，"中"指不大不小的中等。与左、右相比，"中"指不左不右的折中。与激进、保守相比，"中"指稳健改良。与极热和极冷相比，"中"指温度适中，等等。一般来说，"中"作为与"两端"相对而言的中间值，代表的是一个相对平衡和均匀的度。这一语义进一步延伸用来表示矛盾对立面之间的折中，对立的事物或矛盾因素之间的平衡状态。由此进一步引申为"中立""不偏不倚"。由于"中"意味着不偏向于任何一方，因此"中"也获得了"公平""公正"的语义。

"中"还有指代政治中心或最高权威的语义。我们前面已经提到，"中"字的象形起源可能是指一个氏族或部落的徽帜，用来标记氏族或部落成员集会的中心地点。作为一个中心，"中"是与边缘相对而言的。同时部落徽帜也是权威的象征。因此在某些情况下，"中"作为中心的意义并不局限于地理意义或空间意义上的中间、中央，它往往还具有政治权威的意义。正因为此，在古代文献的训诂中，"中"和"极"这两个词又可以互训。"极"有"最高""最大""顶点"的意思。而在某些特定的文本里，"极"恰恰又可以训为"中"。例如在解释《尚

---

① 梁启雄. 荀子简释［M］. 北京：中华书局，1983：72.

书·洪范》"九畴"中的"皇极"这一范畴时，据传是汉代孔安国的"孔传"曰："皇，大也；极，中也。"唐代孔颖达进一步解释："极之为中，常训也。"①因此，"皇极"就是"大中"，它是《洪范》"九畴"中最重要的一畴，代表着君主的最高原则。"中"因此具有"极"的语义，意指政治上的中央或权力核心之所在。所以"中国"这个词在古代也不仅仅具有地理学意义上的"国之中"或"中原地区"的含义，实际上具有某种政治权力合法性和政治文化中心的意味。

以上"中"字的这些重要语义在古代汉语的日常使用中都已存在。在下面的讨论中我们将会看到这个词的这些常用语义逐渐聚集在一起，演变成一个非常重要的哲学概念，在早期儒家学说中具有了重大而深远的意义。探究、发现和掌握"中"，坚持贯彻"中道"原则，在早期儒家经典中成为被反复强调的一件要务，并在后世儒家学者的学说中得到持续的讨论和提倡，形成了"中道论"这一代表儒家哲学的本质特征的悠久传统。而"中"与"中道"的深刻而复杂的哲学意蕴，跟"中"这个常用自然词语所具有的多重基本语义是密切相关的。正是这些不同意义的聚集，赋予了"中道论"以独特而丰富的哲学意义。

第二节　上古中国政治历史传说中的"中"概念

根据传世的一些早期儒家经典记载，"中"自传说中的上古时代起就已经成为一个非常重要的政治观念，"允执厥中"、坚持"中道"是中国古代早期政治领袖一代一代传承下来的重要政治原则。尽管对这些儒家经典中的某些部分的真伪或确切产生年代或有争议，但自从儒家学

---

① （汉）孔安国传，（唐）孔颖达疏. 尚书正义［M］. 北京：北京大学出版社，2000：328.

说产生以后，这些记载就已经被接受为一种合法的历史叙事，代代相传，在儒学发展史上产生了无法抹灭的深远影响。

《尚书·大禹谟》记载舜帝、大禹与皋陶三人之间的谈话。在谈话中，舜帝赞扬皋陶担任掌管刑狱的官能够以"五刑"辅佐"五教"，从而达到社会大治以至于最终无刑的境界，称赞道："民协于中，时乃功！懋哉！"①又记载舜帝打算把天下禅让给大禹，对大禹说："天之历数在汝躬，汝终陟元后。人心惟危，道心惟微，惟精惟一，允执厥中！"②尽管《大禹谟》在《尚书》学史上是属于所谓"伪古文《尚书》"的篇章之一，它作为先秦古籍的真实性受到后来一些学者的质疑。前人指出《大禹谟》中有关"人心""道心"的说法，可能是根据《荀子·解蔽》引《道经》所谓"人心之危，道心之微，危微之几，惟明君子而后能知之"③这几句话杜撰出来的。但无论如何，这些段落在后来儒家道统建构中的地位都是很重要的。尤其是"人心惟危，道心惟微，惟精惟一，允执厥中"这16个字，已经被后来宋明理学认为是儒家传统和中国文化中的"十六字心传"。而且《大禹谟》中记载的舜传授给禹的"允执厥中"的政治教喻，在《论语》《中庸》等传世文献中也有佐证。《论语·尧曰》记载：

> 尧曰："咨！尔舜！天之历数在尔躬，允执其中。四海困穷，天禄永终。"舜亦以命禹。④

---

① （汉）孔安国传，（唐）孔颖达疏．尚书正义［M］．北京：北京大学出版社，2000：109.
② （汉）孔安国传，（唐）孔颖达疏．尚书正义［M］．北京：北京大学出版社，2000：111-112.
③ 梁启雄．荀子简释［M］．北京：中华书局，1983：299.
④ （魏）何晏注，（宋）邢昺疏．论语注疏［M］．北京：北京大学出版社，2000：302.

从《论语》的这一段记载我们还可以看出，舜在把天子之位禅让给禹时所交代的"允执厥中"的训诫，实际上是从他的前任尧帝那儿继承而来的。也就是说，当尧帝禅位给舜、舜帝禅位给禹的重要时刻，他们都把"允执厥中"或"允执其中"作为一个非常重要的政治教喻郑重其事地交代给自己的继承人。

《礼记·中庸》也记载：

> 子曰：舜其大知也与！舜好问而好察迩言，隐恶而扬善，执其两端，用其中于民。其斯以为舜乎。①

除此之外，还有一些文献资料可以证明，"执中"是中国古代政治领袖代代相传的重要政治原则。例如，司马迁在《史记·五帝本纪》中提到传说中比尧帝更早的远古所谓"五帝"中的帝喾高辛，说"帝喾溉执中而遍天下"。司马贞《索隐》曰："即《尚书》'允执厥中'也。"张守节《正义》曰："言帝俈（喾）治民，若水之溉灌，平等而执中正，遍于天下也。"②此外，《孟子》书中也记载了商朝的开国君主商汤王也以"执中"为政治原则。孟子说："汤执中，立贤无方。"③还有证据表明，商汤王的后继者也都十分重视"中"的原则。例如，《尚书》中有《盘庚》上、中、下三篇，记录了殷商中期的君主盘庚对商朝大臣和贵族们发表的三篇讲话，旨在说服他们支持他迁都的决定。他告诫他的臣属们说："汝分猷念以相从，各设中于乃心！"④

---

① （汉）郑玄注，（唐）孔颖达疏．礼记正义［M］．北京：北京大学出版社，2000：1665.

② （汉）司马迁撰，（宋）裴骃集解，（唐）司马贞索隐，（唐）张守节正义．史记［M］．北京：中华书局，2014：16-17.

③ （汉）赵岐注，（宋）孙奭疏．孟子注疏［M］．北京：北京大学出版社，2000：265.

④ （汉）孔安国传，（唐）孔颖达疏．尚书正义［M］．北京：北京大学出版社，2000：285.

此外，今所见《逸周书》（《汉志》称"周书"）也保留了一些有关"中"在上古政治中已经成为一个重要概念的材料。《逸周书》第一篇《度训》开宗明义便指出：

> 天生民而制其度，度小大以正，权轻重以极，明本末以立中，立中以补损，补损以知足……夫力竟非众不克，众非和不聚，和非中不立，中非礼不慎，礼非乐不履。①

更令人惊叹的是，在新发现的出土文献中我们也能找到证据，表明"中"在上古政治传说中的确是个非常重要的原则。"清华大学藏战国竹简"中有一篇被命名为《保训》的文献，据专家们研究认为这是周朝开创者周文王的最后遗嘱。在这篇遗嘱中，周文王对他的儿子姬发，也就是后来的周武王，留下了他最后的政治交代，其中四次提到了"中"。他讲述了古代的舜帝是如何"求中""得中"，又提到商王朝的一位先祖上甲微是如何借助"中"的原则来处理与一个叫作"有易"的部落之间的关系，以至于有易主动服罪，从而使黄河流域的人民都归顺了"中"②。

综合上面这些文献，我们可以明显看出，这里面明显有一个从尧、舜、禹、汤直到周文王、周武王，一直代代相传、一以贯之地坚持"中道"的历史叙事。尽管上面提到的这些文献记录的历史真实性也许还有待更多考古发现来进一步证实，文献记载中有关帝喾、尧帝、舜帝等早期人物的故事在很大程度上也带有神话传说色彩，但这些文献在先秦时期的存在本身却是事实。而这些有关"中""执中"观念的文献的存在本身即足以表明，在春秋战国时期，即中国古代"哲学突破"的

---

① 黄怀信. 逸周书校补注释［M］. 西安：西北大学出版社，1996：1–6.

② 李学勤. 清华大学藏战国竹简（壹）［M］. 上海：上海文艺出版集团，中西书局，2010：142–148. 关于这篇文献的具体内容我们在后面还会具体讨论。

时期，先秦儒家先哲明显试图建构起一个在古代圣王中代代相传的"中道"的历史叙事。根据这些文献，"中"已经成为古代圣王和政治家努力追求和坚持的一个非常重要的政治原则，并且是他们想要传给他们的继任者的重要的历史经验和政治遗产。而后代儒家的道统话语正是建立在这种带有某些神话色彩的历史叙事基础之上的。

第三节　"中"作为哲学观念的形成

实际上古代的注释者、历代的儒家学者们并不怀疑上述《尚书》《论语》等先秦文献中所说的"中"意为"中道"。换句话说，他们认为这些文本中的"中"就是一个抽象的哲学概念，代表着一个重要的原则。例如，历代注家在注释《尚书》中的"允执厥中"时，往往都是把这个"中"解释为"中道"或"中正之道"，这表明他们理解这里的"中"所代表的是一个带有形而上意味的"道"，而不再是一面旗帜或其他具体的东西。"允执厥中"匾额至今仍然高高悬挂在故宫中和殿大殿上方，表明直到清朝时统治者仍然坚信这个"中道"是古代圣王代代相传的道，认为坚持这个中道才可以保证王朝政治权力的合法性。

然而，并不是所有的当代学者都认为"中"是一个抽象的概念。当新发现的战国竹简文献《保训》篇发表时，颇有一些学者不太愿意承认"中"在这个文本里是一个抽象的概念，不太情愿把这个新发现的文本与儒家道统中历代相传的"中道"政治观和"中道"哲学观联系起来。有些学者认为，在《保训》等早期文献中，"中"这个字只可能表示一个有形的事物，而不太可能代表一个抽象的概念。他们从词源学或考古学的研究中援引一些材料，试图证明这些早期文本中的"中"

字可能仅是指一面旗帜、一本秘籍、一个测风仪或地理上的某个具体的地区等①。有的学者甚至认为这个"中"字其实是"众"的谐音，意思是指民众，或通"师"字，指的就是军队②。此外，还有学者质疑这些新发现的竹书的真实性，甚至一度怀疑它们可能完全是伪造的，根本就不是真正的古代东西③。

与此同时，认可"中"已经是一个具有哲学意义的抽象概念即"中道"的人们，长期以来通常只是从"中"这个词的诸多语义中的一个意义来理解其内涵，即主要从"不偏不倚""无过不及"这个意义上来理解"中"。这种理解可以追溯到宋代二程和朱熹等宋代理学家的注解。例如朱熹在《中庸章句》解释说："中者，不偏不倚、无过不及之名。"他还引用他的老师程颐的话说："不偏谓之中。"④因此，人们普遍认为儒家的中道只不过是一种保持折中调和的方法。在许多人甚至包括一些学者的印象里，儒家的"中道"或"中庸"不过就是折中主义和调和主义⑤。儒家的"中庸"也往往被比附于亚里士多德的"中庸（the doctrine of the mean）"，使其看上去好像只不过是"对已经熟悉的西方思想的苍白模仿"⑥ 而已。

笔者认为，上述先秦早期文献包括新发现的《保训》篇文本中的"中"，已经发展成为一个复杂而丰富的哲学概念。作为自然语言中常

---

① 王進鋒，甘鳳（Foong J. Kam），余佳. 清华简《保训》集释［EB/OL］. http：//www. bsm. org. cn/show_ article. php？id＝1441，2011 － 04 － 10.

② 子居. 清华简《保训》解析［EB/OL］. 复旦大学出土文献与古文字研究中心网站，2009 － 07 － 08.

③ 姜广辉. 保训十疑［N］. 光明日报，2009 － 05 － 04；保训疑伪新证［J］. 中国哲学史，2010（3）：30 － 34.

④ （宋）朱熹. 中庸章句［M］//四书章句集注. 北京：中华书局，1988：17.

⑤ 蔡尚思. 论孔子中庸及其变革思想的实质［J］. 学术月刊，1963（11）：51 － 56.

⑥ Wen Haiming. From Substance Language to Vocabularies of Process and Change：A Comparison between the Translation of Key Philosophical Terms of The Doctrine of the Mean and Focusing the Familiar［J］. Dao：A Journal of Comparative Philosophy，2004，3（2）：217 － 233.

用词语的"中"字的多重语义，已经先天地聚集在了这个成为抽象概念的"中"的内涵之中。正是这种原初语义的聚集，赋予作为哲学概念之"中"或"中道"以丰富而深刻的内涵。这一内涵的显著特色就是让哲学思维聚焦于天与人、精神与物质、主观和客观、个人意志和现实条件、自我与他人、普遍性与特殊性、统一性与多样性等矛盾对立关系之间动态的关系，并且对这种关系持一种辩证的、发展的观点。

因此，在理解和分析"中"和"中道论"的丰富内涵时，我们应尽量避免以下两个误区，这两个误区是目前许多关于"中"的意义的讨论，特别是关于《保训》篇文本中的"中"概念的讨论时容易陷入的误区。

首先，除少数学者外，大多数学者基本上承认这些文本的真实性，即承认包括《保训》在内这些涉及"中道"哲学概念的文本都是真正的先秦文本。笔者也同意这个观点。但承认它们为先秦文献并不一定等于同时也没有疑问地相信这些文献中所记载的上古圣王的言论也是从其所宣称的那个远古时代流传下来的，换句话说，不等于把这些文献中的思想真的归之于这些文献中所描述的古代君王。承认它们为先秦文本，只意味着确认在这些文本诞生的时候确实有关于这些故事的叙述和这种思想的表达。其实，即便这些竹简文献的真伪经科学检测已经不容置疑，《保训》文本的年代也只能追溯到战国时期，未必真的传自周文王之手。而战国时期已经是早期儒家学派和儒家基本学说基本建立的时期。因此，就像记载了"允执厥中""执两用中"等"中道"观念的《尚书》《论语》等先秦儒家文献一样，《保训》篇也应该被理解为从春秋到战国这段历史时期里，儒家学者用来构建他们的伦理道德和社会政治之道的历史传奇中的一个部分。因此，这些文本所记录的故事，以及这些故事所蕴含的政治和哲学思想，反映出来的更有可能是这些文本最终完成时期儒家的已经比较成熟的思想，而并非真的是周文王，甚至更遥远的尧、舜、禹、汤等远古圣王的思想。因此，我们不能因为认定这种复杂的哲学思维不太可能产生于传说中的那些远古圣王的时代，就否认这些产生于春秋战国"轴心时代"的先秦文献里的"中"已经是一个抽象的哲学概念。

其次，许多研究者目前仍倾向于以安乐哲（Roger Ames）和郝大维（David Hall）所称的源于西方实体主义观点（substantialist perspective）的"实体导向的语言"（substance – oriented language）①作为方法来理解"中"这一哲学概念所包含的丰富内涵。他们试图给"中"一个固定的定义，以确定它的根本的"是"究竟是什么。那些相信"中"是有形之物的人在争论，它是一面旗帜，一个日晷，一卷司法文书，中原地区的某个地方，甚或是一群人或军队。认为"中"是一个抽象概念的人，也在争论"中"究竟是指"中庸"、正义与平衡、政治权力中心，或者是指人心。虽然他们对"中"的理解有很大的分歧，但他们都认为"中"这个概念只能有一个唯一的没有歧义的定义，这样才能保证"中道"在儒家学说中的明晰无误的使用。然而，正如安乐哲和郝大维所指出的，这种"本质主义导向"的语言是不太合适用来"描述和解释一个比如像汉语世界这样的以连续性、过程性和形成性为主要特征的世界"②。遗憾的是当今许多学者，不仅是西方的学者，也包括许多当代中国学者，早已习惯了运用这种"实体导向"的语言来研究中国传统思想。

作为一种超越对中国哲学做"实体导向语言"解读的努力，安乐哲和郝大维引介了他们自己的解读方法，称之为"过程的语言（language of process）"或"焦点与场的语言（language of focus and field）"，并将其运用在他们对儒家早期经典《中庸》的翻译中。在他们的新译

---

① Roger T. Ames, David L. Hall. Focusing the Familiar: A Translation And Philosophical Interpretation Of The Zhongyong [M]. Honolulu: University of Hawaii Press, 2001: 6.

② Roger T. Ames, David L. Hall. Focusing the Familiar: A Translation And Philosophical Interpretation Of The Zhongyong [M]. Honolulu: University of Hawaii Press, 2001: 6.

本中,《中庸》文本里的"中"概念根据不同的上下文被翻译成不同的英语单词:有时翻译为"焦点(focus)"或"聚焦(focusing)",有时翻译为"均衡(equilibrium)""中心(center)"或"公正(impartiality)",等等①。然而这样一来,在这种翻译文本中所呈现的结果便是"中"这个儒家学说里非常重要的哲学术语被转换成一些完全不同的英语单词,失去了其在原来文本中的一致性和完整性。也就是说,"中"作为儒家哲学的一个重要而独特的哲学概念,在英语翻译中被消解和消失了。有鉴于此,笔者主张在英语中直接以汉语拼音"zhong"来翻译作为哲学概念的"中",并独创"zhongdaology"一词来表示儒家哲学中的"中道论"。

第四节　意义的聚集与对"中"概念的综合把握

语言是思维的工具,哲学思维与用来进行思维的语言之间的关系是非常密切的。笔者认为安乐哲和郝大维对"实体导向"的西方语言和"过程性"的中国语言的区分的确捕捉到了中西方语言和思维特别是哲学思维中的某种细微差别。西方哲学思维的出发点是"有"或"存在",故倾向于视一切抽象概念为"实体",较难理解非实体但具有意义的概念,故中国哲学中一些非"实体"的概念如"气""势""韵""味""意境"之类,西方人会觉得特别难理解,因为用他们的"实体导向"语言无法说清这些概念到底"是"什么"东西"。因此这些概念在中西语言的翻译中也殊为困难,很难找到精确的对等词语来进行对译。"中"其实也是这样一个哲学概念,它并非"实体",但却是具有

---

① Roger T. Ames, David L. Hall. Focusing the Familiar: A Translation And Philosophical Interpretation Of The Zhongyong [M]. Honolulu: University of Hawaii Press, 2001: 17.

非常重要意义的概念，它的意义并非出自先天的"有"或"存在"，而是无中生有逐渐聚合凝练而成的。

笔者认为，先秦儒家典籍中出现在"执中""中庸""中道"等哲学话语中的"中"，已经演变成了一个非常重要的具有丰富内涵的哲学概念，这个概念聚集了"中"这个汉字在日常语言使用中的多重语义，包括它的本义和后来的各种引申义，并且被凝练提升到了最高哲学原理的高度，被赋予了"天下之大本"的哲学意义。或者我们也可以说，"中"其实不是西方本体论意义上的"概念"，而是一个多重相关语义凝聚而成的意义集群"符号"。正是由于"中"字所凝聚的各种意义之间的原始而内在的联系，使得"中""中道"或"中庸"汇聚了深厚而丰富的哲学内涵，具有强大的象征力量。

象形是汉字的重要特征，但这并不影响汉字词汇表达抽象意义。而汉字的一个独特之处就在于，许多汉字既能代表抽象概念，又能保留其视觉形象的原始意蕴。一个用汉字表达的汉语词汇可以发展成为一个复杂的哲学概念，表达抽象的意义，但同时却仍然可以保留其原始视觉形象所带有的隐喻意义。就"中"这个概念而言，它作为一个汉字具有原始语义，不管是表示一面旗帜、一个日晷或笔和文书等，以及它的各种引申义，跟它在战国时期儒家学说中发展为一个极其重要的、内涵丰富的哲学概念，这两者之间并不存在矛盾。不仅不矛盾，它的各种原始语义恰恰可以为我们理解这一哲学概念深刻而丰富的思想内涵提供重要的线索。

作为儒家哲学重要概念的"中"的抽象意义，并不是独立于日常语言中作为常用词的"中"的各种一般语义之外的。"中"这一哲学概念与自然语言中"中"字的多重语义之间存在着微妙、深刻、内在的关系。然而，人们在研究或理解儒家哲学的"执中""用中""中道""中庸"的内涵时，往往只关注其中的一重语义，即"中间""折中"。而实际上如前文所述，"中"字在日常使用中还有其他多重语义。仅从一重语义来解读儒家"执中""用中""中道""中庸"等中道论思想，往往既不全面，也不准确。因此，很有必要综合"中"这个词在普通语言中的各种不同但又具有内在联系的意义，对"中"的哲学意义进行综合的阐释和系统的把握。

早期儒家哲学中的"中道"或"中庸"与亚里士多德的中庸之道确有某些共通之处。亚里士多德认为，美德可以被定义为一种与选择有关的性格，即在过与不及两者之间总是选择一种均值。而孔子也认为"中庸"是一种"至德"，也认为过犹不及。然而，由于"中"字的多义性及其丰富的历史背景，儒家的"中道"所蕴含的丰富内涵远不止于这样一种中庸之道。儒家中道论的"中"聚集了"中"字本来就具有的多重语义。作为名词，它聚集了"中心""内心""内在"的含义；作为动词，它聚集了"击中""中节""切合"等含义；作为形容词，它有"中等""平均""适度"等义，在其发展过程中还整合了"公正""公平""正确"等语义，具有正确性和适用性的引申意义。要完整全面地理解儒家中道哲学的深刻内涵，就必须对"中"这个概念中所聚合的这些不同的语义以及这些语义之间的内在有机联系进行综合的诠释和阐发。

在这样一种综合的诠释中，"中"作为哲学概念就不仅意味着一个中等平均的值，或者只是一种不偏不倚的调和的立场，它还意味着忠实于内心的真诚，意味着实事求是面对现实、注重实际的实践智慧，还意味着公平、正直和正义的原则。"中道"哲学是一种极高明的智慧，它意味着在内心世界与外部世界协调、主观与客观整合的动态过程中探寻正确的道，在协调和平衡不同的或对立的因素的过程中依据具体的对象、环境和时势聚焦思想和行动的立足点，等等。然而，重要的是，尽管"中"与"中道"聚集了多重语义和丰富的内涵，它在儒家哲学中却已凝聚成了一个始终如一、一以贯之的"中道"传统。"中"与"中道"作为儒家学说在哲学层面最重要的范畴，不可被消解或解构。因为它是儒家哲学思维的立足点，也是儒家哲学的特色之所在。正像"本体"与"本体论"概念是西方传统哲学的立足点与特色之所在一样。

总之，聚集了多重语义而又统摄为一的"中"概念，是儒家哲学思维的根本范畴。"中道"不仅是儒家学说的基本哲学方法论，也是儒家实践理性精神最鲜明的体现。它贯穿于整个儒家学说的方方面面，是儒家文化的核心和灵魂。同时它也是儒家最高政治原则和儒家君子的极高道德境界。

在本书后面的章节，我们将深入讨论"中"和"中道"的哲学的内涵及其在早期儒家学说中的具体呈现，描述"中道论"哲学传统发展演进的历史过程，并分析其在各种实际问题中的应用和影响，进而讨论其在理解当代中国社会文化方面的现实意义。我们也会讨论"中道论"哲学在解决人类普遍面临的一些哲学问题方面的价值，以及它可能对世界哲学做出的贡献。

但首先，笔者想先在这里就新发现的"清华简"《保训》篇做一个简短的讨论，以说明笔者上面对"中"作为一个聚合了多重语义的哲学范畴的综合理解把握，也可以通过对新发现的《保训》文本的分析解读来加以验证。《保训》全文共约 140 个汉字，全文如下：

"惟王五十年；不豫。王念日之多历，恐坠宝训。戊子，自靧水。己丑，昧爽……王若曰："发，朕疾捷甚，恐不汝及训。昔前人传宝，必受之以詷。今朕疾允病，恐弗念终，女以书受之，钦哉，勿淫！昔舜旧作小人，亲耕于历丘，恐求中，自稽厥志，不违于庶万姓之多欲。厥有施于上下远迩，迺易位设稽，测阴阳之物，咸顺不逆。舜既得中，言不易实变名，身滋备惟允，翼翼不懈，用作三降之德。帝尧嘉之，用受厥绪。呜呼！发，祗之哉！昔微假中于河，以复有易，有易服厥罪。微无害，迺归中于河。微志弗忘，

> 传贻子孙，至于成汤。祗备不解，用受大命。呜呼！发，敬哉！朕
> 闻兹不久，命未有所延。今汝祗服毋解，其有所由矣。不及尔身受
> 大命，敬哉！毋淫！日不足，惟宿不详。"①

尽管对这段竹简文献中的不少文字的解读，专家们还有许多分歧②，但文本的大致意思还是清楚的。它讲述的是年迈的周文王病重在床，认为自己将不久于人世，担心古代圣王传授下来的"宝训"会丢失，于是把太子发（也就是后来的周武王）召见到身边，给他做最后的交代。在这段临终谈话中，"中"这个词被提及了四次。

首先是文王告诉王子发说古代圣王舜早在尚未成为天子时就"恐求中"，这一方面说明"中"很重要，同时也表明"中"其实并不是个现成的东西，所以需要诚惶诚恐地去探索，去寻求。那么怎样去寻求这个"中"呢？首先需要"自稽厥志"，也就是说首先要考察自己内在的心志，真诚面对自己的内心，因为"中"本来就包含未发之"内心"的语义。但是同时，他又不能只从自己内心出发，他还必须"不违于庶万姓之多欲"。这说明，"中"只能通过既忠实于自我内心之志，又顾及他人及群体之欲的主观与客观双向辩证互动过程中来寻求，或者也可以说，这个"中"是舜与他的人民之间的一种主体间的交流与建构。文王还提到，这个"中"应该可以"厥有施于上下远迩，廼易位设稽，测阴阳之物，咸顺不逆"。所谓"施于上下远迩"，似乎表明为了保持这个"中"，或曰使这个"中"具有合法性，它必须能够实施于上下远近的人。也就是说"中"作为中心的合法性是由围绕着它的上下远近

---

① 原竹简图版及释文具见清华大学出土文献研究保护中心编《清华大学藏战国竹简（壹）》，上海文艺出版集团、中西书局，2010年。为方便阅读，本书引用的原文系根据该书第143页的释文以"宽式隶定"的处理方式转录。
② 有关《保训》文本释义中的具体分歧，可参看王进锋，甘凤（Foong J. Kam），余佳. 清华简《保训》集释［EB/OL］. http：//www.bsm.org.cn/show_ article.php? id=1441，2011－04－10.

的外围所决定的。这似乎提示王者作为政治权力中心的地位乃是建立在包容上下远近的人民的利益和诉求的基础上。文中还提到所谓"易位设稽"，也即通过与别人换位思考的方法来设立原则与标准，这与后来《大学》《中庸》里所说的"絜矩之道"的含义是一致的，表明"中"的标准是在自我与他人相互对待、换位思考中才能建立的。文中还提到"测阴阳之物，咸顺不扰"，"阴阳"一词在先秦文献中有时就是代表自然界，这表明"中"的确立也不能只从人类自身出发，还要兼顾自然，使人类社会与自然世界之间保持和谐关系，"咸顺不扰"。在这之后，文中说"舜既得中"。由此可见，"中"是政治上的中正之道，需要在自我内心和外在社会的协调互动中去寻求，得到"中"坚持"中"才能成为合法的政治中心，而"中"的合法性又恰恰在于它不违背人民的欲望诉求，能兼顾上下远近的利益，体现正义和公平，并且能实现人与自然之间的和谐共生。舜就是这样才"得中"的。这与《中庸》里所说的"子曰：舜其大知也与！舜好问而好察迩言，隐恶而扬善，执其两端，用其中于民。其斯以为舜乎！"是完全吻合的。

　　《保训》的后半部分，文王继续向王子发讲述了一个古代政治领袖如何运用"中"的原则在现实中解决政治冲突的故事，表明"中道"在政治实践中的运用。这个故事中的政治领袖名叫"微"，专家认为他就是殷商王朝的一位先祖上甲微。《保训》说上甲微借助"中"的原则（"假中"）成功地解决了与黄河流域一个名叫"有易"的古老部落之间的矛盾冲突，文中没有进一步具体讲述这件事的细节，但指出其结果是让有易心悦诚服承认自己有错（"有易服厥罪"），同时上甲微也没有去损害有易的利益，而最终黄河流域的人们却都归顺了"中"（"归中于河"）。上甲微把这件事记在心里永志不忘，并把这种"中"的精神传给子孙后代。最终，上甲微的一个后代汤得到了天赐的"大命"，成为商朝的创始人。这个故事同样也生动地表现了我们在前面已经初步涉及的"中"与"中道"的精神，"中"作为政治中心的合法性就在于其能够以公正之道使人心悦诚服，能够兼顾包容他者的利益和诉求。

尽管学者们对《保训》文本中一些具体词语和句子的理解和阐释仍然存在不少分歧，但笔者认为，本文中的"中"与《论语》《尚书》中所谓"允执厥中"的"中"一样，已经是一个高度抽象或符号化的概念，代表的是一种抽象的"道"，而不是某个具体的东西。同时，只有对"中"这个字的多重语义综合把握，我们才能全面深入理解"中"这个概念的丰富内涵和意义。

第二章

儒家哲学传统中的中道论

尽管"中"的观念或许最早起源于早期儒家经典所记载的那些远古圣王的政治经验和传奇故事，但最终真正建立和发展了中道哲学的还是孔子本人和他之后的儒家学派继承者。孔子"祖述尧舜、宪章文武"①，从古代圣王那里继承了"中"这一重要观念，并进一步将其发展为"中道""中庸"的哲学观。此后，历代儒家学者对"中""中道""中庸"的研究和探讨延续不断，成为儒学悠久传统中一个非常重要的哲学课题。儒家思想家把"中道"的概念和原理作为一种基本的哲学方法论，运用于伦理道德、个人修养、人际关系、社会政治乃至文学艺术等各个领域。我们可以看到，在先秦时期儒家主要代表人物孔子、孟子、荀子的著作中，以及后世历代儒家大师的学说和思想中，有着一个清晰而延续不断的中道哲学的传统。

第一节　孔子思想中的"中道"

作为儒家学派的创始人，孔子当然是对中道论哲学做出最重要贡献

---

① （宋）朱熹．中庸章句［M］//四书章句集注．北京：中华书局，1988：37．

的人物。但孔子"祖述尧舜、宪章文武"（《中庸》），自谓"述而不作"，孔子关于"中"的概念和中道思想也是渊源于在他之前的悠久历史文化传统，包括我们前面所提到的那些上古圣王的政治传说。但是孔子将其进一步发展成一种系统的哲学方法论，"中道"或"中庸"的原理贯穿于孔子的全部学说之中，这不仅体现于《论语》中所记载的孔子的言论与学说，也体现在《孟子》《礼记》等其他许多先秦、两汉时期的儒家文献中所记载的孔子言论和思想。特别是《中庸》一文，它原本是《礼记》这本书的一个章节，传说是孔子的孙子子思所作，但在其文本中直接引用了不少孔子的话，对理解孔子的中道思想具有重要意义。

"中庸"的"庸"字在汉语中也是一个多义词。但其最初的基本含义主要与"用"字相通。《说文解字》说："庸，用也。从用从庚。庚，更事也。"①郑玄解释《中庸》篇名的含义时也是说："名曰'中庸'者，以其记中和之为用也。庸，用也。"② "庸"的本义就是"有用""管事"。庄子也说过："庸也者，用也。"③ 但按照庄子的思想，"庸"不只是一般的"用"似乎指的是一种更抽象的或更高级的"大用"。因为在庄子看来，即使是一些被常人视为无用的东西，如不成材的树木、大而无当的葫芦等，或者是一些被世人鄙视为无用的人，如《庄子》书中经常出现的像支离疏那样的残疾人，也仍然可以"为是不用而寓诸庸"④，也即在他们的"无用"中发现所谓的"大用"。由此可见"庸"字所指的是一种更普遍、更平常，却也更根本、更重要的"用"，而不是在某些具体事务上的小"用"。因此我们可以把"中庸"理解为"中道的普遍而根本的大用"。后来的注释者通常直接把"中庸"的

---

① （清）段玉裁．说文解字注［M］．成都：成都古籍出版社，1981：135．
② （汉）郑玄注，（唐）孔颖达疏．礼记正义［M］．北京：北京大学出版社，2000：1661．
③ （清）郭庆藩．庄子集释［M］．北京：中华书局，1961：70．
④ 同上。

"庸"解释为"常""平常""不易"等。程颐则直接把"庸"阐释为"天下之定理"①。这些语义其实都是从"一般普遍的运用"这个意义上衍生而来的扩展意义。因为"庸"意味着普遍、无所不在的运用，因此它是平常的、普遍的；又因为它是平常的、普通的，所以它不会经常变动，所以又是不易、永恒的。用这些派生意义来解释"中庸"的"庸"，可以视为后来儒家学者对中道论哲学做出的贡献，但"庸"字初始的和基本的意义，应该就是普遍的用、广泛的用，或"大用"。

在孔子的思想中，"中庸"或中道的运用是一种极高的美德，一种高明的智慧，同时也是一种哲学方法论。孔子认为，有没有"中庸"之德，是君子与小人的区别之一。《论语·雍也》记载孔子说："中庸之为德也，其至矣乎！民鲜久矣。"《中庸》也记载：

> 仲尼曰："君子中庸，小人反中庸。君子之中庸也，君子而时中。小人之（反）中庸也，小人而无忌惮也。"
>
> 子曰："中庸其至矣乎，民鲜能久矣！"
>
> 子曰："道之不行也，我知之矣。知者过之，愚者不及也。道之不明也，我知之矣。贤者过之，不肖者不及也。人莫不饮食也。鲜能知味也。"②

此外《中庸》还记载孔子批评一些人"择乎中庸而不能期月守也"③，可见，坚持"中道"，保持"中庸"的美德，并不是一件容易的事情。这是因为"中"并不是一个固定的标准，或现成的规则。孔子用"人莫不饮食也。鲜能知味"来做比喻，饮食无人不会，但知味则需要敏锐细腻的感知能力，这正说明对"中庸"的领悟和掌握也需

---

① （宋）朱熹. 中庸章句［M］//四书章句集注. 北京：中华书局，1988：17.

② （宋）朱熹. 中庸章句［M］//四书章句集注. 北京：中华书局，1988：18-19.

③ （宋）朱熹. 中庸章句［M］//四书章句集注. 北京：中华书局，1988：20.

要较高的道德感知能力。

"知味"的比喻也令人想起《国语》《晏子春秋》等书中所记载的周史伯、齐晏婴等人关于"和"的论述，在这些论述中，周史伯、齐晏婴都曾用烹调知味来比喻他们关于"和"的观念。如晏婴说："和如羹焉，水火醯醢盐梅，以烹鱼肉，燀之以薪，宰夫和之，齐之以味，济其不及；以洩其过，君子食之，以平其心。"①史伯也以"和五味以调口"来说明"和实生物，同则不继"的哲理②。在儒家哲学术语中，"中"与"和"密切相关，有时合称为"中和"。从某种意义上说，"中"既是"和"的结果，也以"和"为目标，二者互相依存。我们也可以还用烹调知味来打比方，"中和"可以比作一道菜的最佳味道，它恰到好处地调和了"五味"，使"五味"和谐配合，呈现出适合此时此刻环境和饮食者需求的最佳风味。这不仅取决于厨师的个人品位和判断，同时也有待于所能提供的食材与调味品的性质和功能，以及特定场合与食客的需求等。各种因素恰到好处地聚合在一起，才能实现"中和"。这个作为最佳结果的"中和"境界，并没有一成不变的绝对普世的标准，但却的确有高下优劣之分。可见，把握运用"中"是一种辩证、动态的实践智慧，需要全面综合考虑各种因素，然后做出最佳的选择和组合。这一点也可以从孔子对舜的赞美中得到证明，孔子认为舜是运用"中道"的最好榜样：

> 子曰："舜其大知也与！舜好问而好察迩言，隐恶而扬善，执其两端，用其中于民，其斯以为舜乎！"③

在孔子看来，舜就是运用"中道"的典范。而舜对"中"的运用

---

① 吴则虞. 晏子春秋集释 [M]. 北京：中华书局，1962：442-443.
② 徐元诰撰，王树民，沈长云点校. 国语集解 [M]. 北京：中华书局，2002：470.
③ （宋）朱熹. 中庸章句 [M] //四书章句集注. 北京：中华书局，1988：20.

也是基于他对不同坐标上不同因素的综合辩证思考。这里至少有两个不同的坐标：一个是在"两端"之间，另一个是在舜的主观内心和他所面对的客观条件之间，包括他所面对的臣民。论者通常只注意这两个坐标中的一个，即"两极"之间的"中"。然而还有另一个不应忽视的坐标，即舜自己内心的主意与"他者"意见之间的动态调适。他善于询问他人的想法，听取他人意见，哪怕只是很浅近的言论，同时他也会用自己的判断来决定什么是"恶"应该"隐"，什么是"善"应该"扬"。由此可见，他最终"用其中于民"的那个"中"不仅是"两端"之间平衡的结果，而且也是他自己内心之"中"与包括他人想法、他人意见在内外部世界的调节适中的结果。因此，舜既不是自以为是的主观主义者，也不是盲目附和顺从别人的老好人。他有自己的想法，有自己内在的价值取向，有自己要追求的理想目标。但同时他也知道，只有在他自己和众人之间，在对立的"两端"之间，通过辩证思维、平衡协调，才能找到交点坐标上那个最恰当的点，确定当下最正确的道。这个点就是"中"，这个道就是"中道"。但"中"并不总是两端之间一半对一半的平分点，而应该是在特定情况下综合平衡多种因素后确定的一个最适宜的度。"中道"的运用即意味着对这个最适宜的度的掌握。

孔子继承和发扬了前代圣贤关于"中"与"中道"的观念，并将其应用在他的思想的许多方面，包括道德教育、君子品德、个人修养、社会政治学说，乃至礼乐文化、文学艺术等方面。例如，他认为理想的君子，就应该修养自己的品行，使之保持在一个适中的度，既不能"不及"，也不能"过"。有一次弟子子贡请孔子对子张（名师）和子夏（名商）两位弟子的品行做一个评价，孔子说："师也过，商也不及。"子贡又追问："然则师愈与？"孔子回答："过犹不及。"① 显然，

---

① 论语·先进［M］//见朱熹. 四书章句集注. 北京：中华书局，1988：126. 以下凡《论语》引文仅括注篇名。

孔子认为在"过"与"不足"之间有一个适当的点，这个点就是"中"，是一个君子的品行应该保持的理想状态。

因此，在教导他的学生时，孔子会根据学生的不同才能，给他们不同的指示，试图引导他们达到适当的"中"的状态。孔子在回答不同学生提出的同样问题时，不会给出统一的固定不变的答案。例如，有一次，子路（名由）问："闻斯行诸?"孔子的回答是："有父兄在，如之何其闻斯行之?"而当冉有（名求）问"闻斯行诸?"这个同样的问题时，孔子却明确给予肯定回答说："闻斯行之!"弟子公西华感到很不解，就问孔子为什么对此二人提出的同一个问题给予完全相反的回答。孔子解释说："求也退，故进之；由也兼人，故退之。"（《论语·先进》）从《论语》的其他篇章中我们可以发现，子路是一个精力充沛、缺乏耐心、行动鲁莽的人，相反，冉有则是个谨小慎微、过分谨慎的人，在行动上缺乏足够的勇气。显然，"鲁莽"和"过分谨慎"都不能算是理想的"中"。所以孔子通过给他们不同的指示，鼓励冉有在实践中更加积极主动，同时警示子路遇事要更加小心谨慎，从而引导二人走向恰到好处的"中"。如朱熹所说："圣人一进之，一退之，所以约之于义理之中，而使之无过不及之患也。"[①]

然而，"中"的意义还不仅仅是在"过"与"不及""鲁莽"与"过分谨慎"等之间寻求平均值。针对特定的人在特定的情况下提出的问题给出合适的答案，这本身也是"中"，即击中目标、射中靶子的"中"。因此在回答弟子们提出的各种问题时，孔子从来不是从一个先验的、固定不变的形而上学定义出发给出标准答案，相反，他总是考虑问题提出的不同场景以及问话人的意图等具体情况，来给予恰到好处的、有针对性的解答。例如，在《论语》中有许多段落记录了孔子和他的弟子们之间有关儒家最重要伦理道德范畴"仁"的问答。而在回

---

① （宋）朱熹. 四书章句集注［M］. 北京：中华书局，1988：128.

答不同学生在不同情况下对"仁"的提问时，孔子的回答也不尽相同。在《论语》中，至少记载有六位弟子（颜渊、仲弓、司马牛、樊迟、子贡、子张）曾向孔子询问过什么是"仁"的问题。而他们从孔子那里得到的答案都不相同。其中，弟子樊迟在《论语》中曾三次询问"仁"，每次得到的回答也都不一样。我们很难确定孔子的回答哪一个是"仁"的标准答案或标准"定义"。但这并不意味着孔子本人心中没有一个具有一以贯之内涵的"仁"的概念，因为通过阅读所有这些答案，以及孔子在《论语》中的其他教导，我们可以清楚地感受到儒家的"仁"作为人的最高德性的思想内涵、价值取向和实践意义，而且它是一以贯之的和明晰的。但孔子并没有像给试卷上的填空题提供标准答案那样回答弟子们关于什么是"仁"的问题，而是根据不同弟子的接受理解程度、提问的具体背景，然后才有的放矢地给予合适的回答。这其实也是一种"中道"的智慧。

例如，《论语·颜渊》篇记载了颜渊、仲弓、司马牛三位弟子向孔子"问仁"的情况。当颜渊问仁时，孔子回答说："克己复礼为仁。一日克己复礼，天下归仁焉。为仁由己，而由人乎哉？"孔子在这里着重从个人修养的角度来谈仁，仁意味着个人自觉约束自己以遵从礼的外在规范，表明实践"仁"是每个人自己的事情。这是因为颜渊在孔门弟子中是以"德行"为专科，他应该对道德哲学问题有更敏锐的认知。孔子的回答也许会进一步启发他反思作为内在德性的"仁"与作为外在规范的"礼"之间的关系，以及为什么"仁"德普及于天下最终还有赖于每个个体自觉自愿地遵守社会规范。正如朱熹所言："此章问答，乃传授心法，切要之言，非至明不能察其幾，非至健不能致其决。顾惟颜子得闻之。"①

而在回答仲弓问仁时，孔子则强调了仁在施政方面的具体体现：

---

① （宋）朱熹．四书章句集注［M］．北京：中华书局，1988：132.

"出门如见大宾，使民如承大祭。己所不欲，勿施于人。在邦无怨，在家无怨。"(《论语·颜渊》)这是因为孔子相信仲弓（冉雍）"雍也可使南面"，可以成为一国的执政者，实际上仲弓当时已经担任季氏宰，因此，我们可以理解孔子针对他的情况给出的回答是想告诉他，一个具有仁德的政治家应该如何善待他的人民，如何慈之心施政于民。而孔子对司马牛问仁的回答则是"仁者其言也讱"，告诫他说话要谨慎。"为之难，言之得无讱乎?"(《论语·颜渊》)做一件事比说一件事难得多。之所以这样回答，是因为司马牛这个人的个性据《史记·仲尼弟子列传》所说是"多言而躁"的人，平时可能是个夸夸其谈的吹牛大王，所以孔子借这个机会提醒仁者说话应该要谨慎。

孔子曾经说："中人以上，可以语上也；中人以下，不可以语上也。"(《论语·雍也》)这不仅解释了为什么孔子对不同弟子提出的同样问题给出不同的解答，而且也解释了为什么孔子对同一位弟子在其德性和智力发展不同阶段提出的同一问题也给予不同的解答，例如孔子对樊迟三次问仁的回答。一曰："爱人。"(《论语·颜渊》)二曰："仁者先难而后获，可谓仁矣。"(《论语·雍也》)三曰："居处恭，执事敬，与人忠。虽之夷狄，不可弃也。"(《论语·子路》)三次解答，由浅入深，循序渐进。针对教育对象的具体情况因材施教，正是儒家教育思想的原则之一，也是"中道"原理的一种应用，因为"中"也意味着有的放矢，击中目标。

再进一步来说，"仁"这个概念本身其实也体现着"中"或"中道"哲学的精神。"仁"其实不应被理解为西方实体主义意义上的抽象的、先验的概念。就像"仁"这个汉字本身所会意那样，"仁"意味着人与人之间的真实关系。《说文解字》解释"仁"字曰："仁，亲也。从人从二。"表明儒家伦理学说中最高的德性范畴的"仁"乃是植根于人与人之间的亲密联系，首先是父母子女间的亲情。可见"仁"既不是由上帝或神灵等绝对权威从外部强加的精神观念，也不是孤立的个体先天的自我内在属性。它其实是在现实的人类社会人与人之间的相互接触和人伦关系中发生和逐步建构起来的道德观念。每个人只要真诚地去感知，都能够直观地感受到"仁"这种情感联系在自己与父母、子女、兄弟、姐妹和亲属之间的真实存在，并且也不难进而推广延伸到周围的其他人群乃至整个人类。它既是一种现实的社会存在，也是人与人之间的一种主体间建构。孔子只是想让每个人都认识到，正是这种"仁"的普世呈现，使我们所有个人在一起构成了具有共同人性的人类。孔子在回答仲弓关于"仁"的提问时，也点名了"仁"的核心内涵："己所不欲，勿施于人。"（《论语·颜渊》）表明"仁"意味着自我和他人之间将心比心、相互对待、设身处地的关心和同情，这也就是所谓"忠恕"。《中庸》引述孔子的话说："忠恕违道不远，施诸己而不愿，亦勿施于人。"按照朱熹的解释："尽己之心为忠，推己及人为恕。"①因此"忠恕"就意味着爱别人如同爱自己，爱己与爱人合一，"忠"与"恕"合一，共同构成"仁"的完整含义。这就是为什么曾子也认为孔子之道一以贯之，就是"忠恕"而已②。由此我们可以看到，"仁"和"忠恕"，其实都是根据"中道"的原理在自我与他人之间、在人与人之间建构起来的，是一种自我与他人之间、个体与社会之间的中道建构。

此外，"中"的观念与儒家的另一重要范畴"礼"之间也有着十分密切的关系。"礼"这个词在早期儒家话语中有着丰富的内涵，所指包括人类社会的宗教仪式、礼仪制度、行为规范、社交规则等。在日常生活中遵循"礼"是对儒家君子的基本要求。按照早期儒家学者的说法，"礼"正是由古代圣人根据"中"的原则而设计的，正因为如此，"礼"对普通百姓而言，也就是"中"的标准。东汉儒家学者荀爽曾经说："昔者圣人建天地之中，而谓之礼。礼者，所以兴福祥之本，而止

---

① （宋）朱熹. 中庸章句［M］//四书章句集注. 北京：中华书局，1988：23.
② 论语·里仁［M］//朱熹. 四书章句集注. 北京：中华书局，1988：72.

祸乱之源也。"①由此可见"礼"最初是由圣人在"建天地之中"的基础上设计的。荀爽的这一说法在《尚书》《周礼》等早期典籍中也可以找到佐证。《周礼·地官司徒》在介绍执掌礼制与教育的大司徒的职责时，详细讲述了如何在天地之间建"中"的过程，以及如何依据这个"中"来制定"礼"，并对民众进行"中"与"和"的教化：

> （大司徒）以土圭之法测土深，正日景，以求地中。……日至之景尺有五寸，谓之地中，天地之所合也，四时之所交也，风雨之所会也，阴阳之所和也。然则百物阜安，乃建王国焉。……②

大司徒立表求中，也许是古代王者所举行的宗教礼仪活动的一个重要环节。然而大司徒所建的这个"中"，既是地理概念上的中心，同时也具有"天地之所合也，四时之所交也，风雨之所会也，阴阳之所和也"的汇聚天地精华的象征意义，也正因为如此，这个"中"才具有权威性和标准性。所以《尚书·诏诰》说："王来绍上帝，自服于土中。""其自时配皇天，毖祀于上下，其自时中乂。"③《尚书·洛诰》也说："其自时中乂，万邦咸休。"④《逸周书·祭公》也说："尚皆以时中乂万国。"⑤王者据有了这个"中"，便具有了治天下的合法地位，也只有依据这个"中"才能治理好天下。《周礼》接着还描述如何在此基础上进行一整套国家礼法制度体系的设计，其中包括了土地制度、税收制度、社会保障制度、道德规范、刑法制度、海关制度、教育制度等

① （刘宋）范晔. 后汉书［M］. 北京：中华书局，2054.
② （汉）郑玄注，（唐）贾公彦疏. 周礼注疏［M］. 北京：北京大学出版社，2000：295－298.
③ （汉）孔安国传，（唐）孔颖达疏. 尚书正义［M］. 北京：北京大学出版社，2000：468－467.
④ （汉）孔安国传，（唐）孔颖达疏. 尚书正义［M］. 北京：北京大学出版社，2000：490.
⑤ 黄怀信. 逸周书校补注释［M］. 西安：西北大学出版社，1996：369.

一整套"礼"的设计。最后，大司徒实施其对民众的教化职能，以体现"中""和"精神的"五礼""六乐"来教化民众：

> 乃施教法于邦国都鄙，使之各以教其所治民。……以五礼防万民之伪，而教之中；以六乐防万民之情，而教之和。……①

所谓"建天地之中"不仅仅只是确定一个地理空间上的中心点，也许还具有确立中心、权威、规范的象征意义。一个具有象征意义的"中"似乎为建立和设计"礼"这个大范畴下的宪政、制度、仪式、规章、准则等，提供了正确的出发点和合法的前提条件。正因为如此，完成了的"礼"也就可以反过来作为标准来告诉人们什么是"中"。换言之，"中"是设计"礼"的前提和原理，反过来，"礼"也就是"中"的具体呈现和标准。《礼记·仲尼燕居》记载，有一次孔子和他的三个弟子在一起就"礼"与"中"的关系有以下对话：

> 仲尼燕居。子张、子贡、言游侍。纵言至于礼。子曰："居，女三人者。吾语女礼。使女以礼周流，无不遍也。"子贡越席而对曰："敢问何如？"子曰："敬而不中礼，谓之野；恭而不中礼，谓之给；勇而不中礼，谓之逆。"子曰："给夺慈仁。"子曰："师，尔过，而商也不及。子产犹众人之母也：能食之。不能教也。"子贡越席而对曰："敢问将何以为此中者也？"子曰："礼乎礼，夫礼所以制中也。"②

---

① （汉）郑玄注，（唐）贾公彦疏．周礼注疏［M］．北京：北京大学出版社，2000：311－317.

② （汉）郑玄注，（唐）孔颖达疏．礼记正义［M］．北京：北京大学出版社，2000：1613－1615.

很显然，在孔子看来，"中"有一个具体的标准可供弟子和众人参考，这个标准就是"礼"。这是因为"礼"本来就是古代圣人根据"中道"的原则而设计的。因此，评判是否"过"与"不及"，就是看是否"中"于礼。例如《礼记·三年问》谈到三年之丧之礼的来历与原理时说：

> 故有血气之属者，莫知于人。故人于其亲也，至死不穷。将由夫患邪淫之人与？则彼朝死而夕忘之；然而从之，则是曾鸟兽之不若也，夫焉能相与群居而不乱乎？将由夫脩饰之君子与？则三年之丧，二十五月而毕，若驷之过隙；然而遂之，则是无穷也。故先王焉为之立中制节，壹使足以成文理，则释之矣。①

所谓"立中制节"，就是说圣人根据人之常情及亲疏贵贱的关系，在过与不及的两端做法之间取其中，从而确立一个标准，让天下人有所参照。所以"礼"就是"中"的原理的制度化和具体化，普通民众遵循礼，也就是遵循了"中"的原则。《上海博物馆藏战国楚竹书》第五册中有一篇"季庚子问礼于孔子"也记载孔子的话说："君子在民之上，执民之中，施教于民。"② 其也说明"中"是儒家礼仪教化的核心原则。

"中"的观念在孔子的美学观，特别是他的诗论中也得到了生动的体现。按照孔子诗学观，诗的功能在于"言志"，也即表达内心的欲望或心志，这种内心的欲望或心志可以说也是个"中"，即《中庸》所谓"喜怒哀乐之未发，谓之中"的那个"中"。《毛诗序》中也说："诗

---

① （汉）郑玄注，（唐）孔颖达疏. 礼记正义 [M]. 北京：北京大学出版社，2000：1817 – 1918.

② 马承源. 上海博物馆藏战国楚竹书（五）[M]. 上海：上海古籍出版社，2005：202 – 204.

者，志之所之也。在心为志，发言为诗。情动于中而形于言，言之不足故嗟叹之，嗟叹之不足故永歌之，永歌之不足，不知手之舞之足之蹈之也。"①可见，诗歌就是内在情感之"中"的外发。然而，儒家认为这种内心情感和心志的表达，也必须符合"中和"之道，也就是要适度，有节制，避免走向极端。孔子称赞《诗经》中的开篇的《关雎》一诗是"乐而不淫，哀而不伤"（《论语·八佾》），也就是既表达了"乐"的情感但又不过分淫荡，既表达了"哀"的情绪又不过分悲伤。孔子认为"诗可以兴，可以观，可以群，可以怨"（《论语·阳货》），即表达人们的怨恨，也是诗歌的功能之一，《诗经》中许多作品都是所谓怨刺之诗，后世也有所谓"悲愤出诗人"。但儒家的诗学观也认为表达怨愤也不能超过限度，这就是所谓"怨而不怒"。总的来说，孔子认为诗歌中表达作者内心的喜怒哀乐等情感是必要的，但情感的表达要适度有节制，这个适度有节制的标准也就是"中"。这种表达情感适度有节、符合中道的诗歌和乐舞，就被儒家视为有"中和之美"。在后世，乐而不淫，哀而不伤，怨而不怒，已成为儒家文学审美风格的标准。它被许多古代作家自觉地运用于文学创作中，也被文学批评家自觉地运用于文学批评中。

当然，"中"与"中道"的观念在孔子及儒家思想中的表现还远不止上述这些方面。"中道"观在儒家的道德伦理学说、君子人格学说，以及社会政治理论方面的表现和运用，我们还将在本书第三章进一步详细讨论。

---

① （汉）毛亨传，（汉）郑玄笺，（唐）孔颖达疏. 毛诗正义［M］. 北京：北京大学出版社，2000：7.

第二节　《中庸》的"中道"思想

在孔子之后，孔门弟子和后来儒学继承人进一步发展了中道哲学，丰富了中道哲学的思想体系。特别是《中庸》一文，给中道哲学添加了某种宗教的或超越的维度，进一步丰富了儒家中道哲学的内涵。

《中庸》原本是《礼记》中的一篇。前人一般认为《中庸》的作者可能是孔子的孙子孔伋（子思）。《中庸》与《礼记》中那些讨论各种礼仪具体问题的篇章不同，按照刘向《别录》的分类，它属于《礼记》的"通论"部分。《中庸》讨论的可以说是一些更具普遍性的元理论问题，并明显带有某种超越的意义。正因为如此，宋代理学家高度重视这一文本，认为它是"孔门传授心法"的著作，因此他们将其与同样属于《礼记》"通论"部分的另一篇《大学》挑选出来，与《论语》《孟子》合编为所谓"四书"，并详加注释评论。此后，《中庸》遂与"四书"中的其他三部著作一起，成为中国古代读书人阅读频率最高的古代经典。

《中庸》这个标题的含义，按照郑玄的解释，就是"记中和之为用"，而"庸"的意思也就是"用"[1]。故《中庸》一文就是要讨论"中"的一般原理及其应用，也即"中道"之大用。但在《中庸》的一开始，文章却首先指点出了天命、人性、儒家之道与修道之教之间四位一体的关系：

---

[1]　（汉）郑玄注，（唐）孔颖达疏. 礼记正义［M］. 北京：北京大学出版社，2000：1661.

天命之谓性，率性之谓道，修道之谓教。①

这表明儒家的"中道"（或中庸之道）与"天命"之间借助于天赋的人性或许有着某种超越的联系。尽管所谓"天"或"天命"在先秦儒家文本中的含义复杂而多样，但一般认为《中庸》中所说的"天"与"天命"的确带有某种超越的甚至是宗教的维度②。

然而，《中庸》之道的这种超越性或形上性的源头，并不是直接来自某种"天启"，也不是来自"天"或"神"派来的神秘先知向这个世俗世界的宣示，而是天然地呈现在我们普通人的本性中。因此，《中庸》接着说："道也者，不可须臾离也，可离非道也。"又引述孔子的话说："道不远人。人之为道而远人，不可以为道。诗云：'伐柯伐柯。其则不远'。执柯以伐柯，睨而视之，犹以为远，故君子以人治人。"这个伐柯取则的比喻说明，人类所要追求的道的根本，或者源头，其实并不遥远，就在人自身，在人所共有的人性中。人性既是"天"之所"命"，同时也是人之所以为"人"的根本，并且直觉地呈现于每个个体本心本性之"中"。所以《中庸》说："喜怒哀乐之未发，谓之中。"

但是，"中"的这个根本或者源头也只是一个起点而已，还不是在现实中完成了的"中道"。它必须要通过在外部世界"发而中节"的过程之后才能成为在现实世界和人类社会可以实施的"中道"。所以《中庸》接着说："发而皆中节，谓之和。中也者，天下之大本也。和也者，天下之达道也。致中和，天地位焉，万物育焉。"

《中庸》首章开宗明义的这一段话提出了"中道论"的一些关键点，可以作为我们探讨和理解"中"和"中道"的丰富内涵的指引。总的来说，这段话表明"中道"哲学的基本问题是寻求"中"和实现

---

① （宋）朱熹. 中庸章句［M］//朱熹. 四书章句集注. 北京：中华书局，1988：17. 以下《中庸》引文皆本此，不再标注页码。

② 杜维明. 中庸洞见［M］. 北京：人民出版社，2008：118－156.

"和"。这意味着所谓"中"就是要在主观性和客观性之间、在内心世界和外部世界之间，寻求契合与和谐。"中道"的"中"在这里既关联着内在之"中（zhōng）"，即未发之本心，或天命之本性，同时也关涉外在之"中（zhòng）"，即发而中节，切中客观实际。内在之"中"恰到好处地发出来，无过不及、恰好中节，就可以实现"和"。实现了"和"，则天地位育、万物生长，这便是"中道"的完成与实现。

与此同时，内在的、未发的"中（zhōng）"已经暗示着"天"与"人"之间的合一，而外在的"中（zhòng）"又具有情感和理性合一的意蕴。"性"是出自"天命"的，而天命之性在人身上的具体表现就是未发的"喜怒哀乐"之"情"。也就是说天把自己呈现在人的本性中，而人的本性又表现为每个人真实的内心情感。当我们将内在的喜怒哀乐之情在现实中加以表达，力求发而中节时，这样一个"中道"的实现过程本身便是交织着天命与人性、情感与理性之间的双向互动与建构。杜维明先生曾指出的儒家的"天人合一"之道，"严格意义上说，天人关系不是造物者与被造物的关系，而是一种相互忠信的关系"①。"中道"其实也就是这样一种天人合一之"道"，是天与人之间的一种契合与建构。

不仅如此，"中道"还是"情""理"合一之道。按照当代人和西方范畴分类来理解，未发的"喜怒哀乐"似乎完全属于主观情感和个人感受的范畴，在汉语中通常用"情"这个词来表述。但是新发现的"荆门郭店战国楚墓竹简"中有一篇《性自命出》，却强调了主观的"情"与客观的天命之"性"以及似乎应该属于理性范畴的"道"之间有着密不可分的联系。其中说道：

喜怒悲哀之气，性也。及其见于外，则物取之也。性自命出，

① Tu, Wei–ming（杜维明）. Centrality and Commonality: An Essay on Confucian Religiousness [M]. Albany: State University of New York Press, 1989: 10.

命自天降。道始于情，情生于性。始者近情，终者近义。①

《性自命出》与《中庸》一样，都认为"性"是出自"天命"。但《性自命出》却进一步明确"情生于性"，而且"道始于情"。这样来看，所谓的"道"就不仅仅是个纯理性的东西，也包含人的主观情感因素在里面。"情"与"理"在"道"里面合而为一。"喜怒哀乐"之"情"作为主观内在之"中"表达出来要想"发而中节"，就必须适应外部条件，或切中当下情况。"中道"的运行从天性的内在之"情"出发，但必须落实于在外部世界中的合理性和可行性。要达到合理性和可行性就必须合乎普遍接受的规则和当下公认的理性。这种规则与理性的具体表现就是"礼"与"法"。这就是《毛诗序》所谓"发乎情，止乎礼义"②。对此，唐代孔颖达解释道：

> 发乎情者，民之性，言其民性不同，故各言其志也；止乎礼义者，先王之泽，言俱被先王遗泽，故得皆止礼义也。③

"发乎情"，是因为内在的情感代表着人的本性，而且实际上是"天命"赋予的"性"；"止乎礼义"，是因为这些以道德礼仪为代表的规范，是现实的和普遍接受的理性的体现，是历代圣贤在漫长历史中积累和建构的结果。因此，"中道"的运行贯穿于从开始发乎内在的情，到最终中于外在的节的全过程，最终实现天地位育、万物生长的和谐秩序。这个过程就是"发乎情，止乎礼义"，也就是《性自命出》篇所谓

① 荆门市博物馆. 郭店楚墓竹简 [M]. 北京：文物出版社，1989：179. 为方便阅读，引文按"宽式隶定"转录。
② （汉）毛亨传，（汉）郑玄笺，（唐）孔颖达疏. 毛诗正义 [M]. 北京：北京大学出版社，2000：18.
③ （汉）毛亨传，（汉）郑玄笺，（唐）孔颖达疏. 毛诗正义 [M]. 北京：北京大学出版社，2000：18.

"始者近情，终者近义"。情感与理性在"中道"实现的过程中已经合而为一。成中英先生指出："中国传统儒学的中心思想是把人的存在看成是身心的统一，进而把人的心灵看成是理性与情感的统一。"① "中道论"所欲探究的"中"正是这样一种"统一"，它是内在与外在、天与人、心与物、主观与客观、理性与情感等之间的统一。正是这种统一，才是完整的"中"，才是"道"之所在。

《中庸》全文正是在反复阐述这种贯穿内部世界与外部世界、连接"天"与"人"、强调主体与客体之间的互动、自我与他人之间的交流、个人与社会之间融合的中道论。当然，这些矛盾对立面之间总是存在着一些张力甚至冲突。而释放张力、调和矛盾、避免冲突，正是中道论的功能和目标。

就道德实践而言，中道论的这种功能和目标的实现，首先应该从加强个人的自我修养，也就是从修己、慎独开始。而最终的目的则是要达到"合外内之道"②，乃至于"致中和"的境界。

所谓"慎独"意味着君子应该真诚对待他的内心，谨慎地照看他的未发之"中"，即使是一人独处之时也应该慎思慎言慎行。正因为如此，《中庸》在第一章就说："是故君子戒慎乎其所不睹。恐惧乎其所不闻。莫见乎隐。莫显乎微。故君子慎其独也。"我们也可以认为这种"慎独"带有一种近似于宗教的虔诚，因为当一个人真诚地面对他的未发之"中"的时候，也就是虔诚地面对"天"；不欺骗自己本心本性也就是不欺天，也就是效法天。因为"诚者，天之道也；诚之者，人之道也"。只有少数圣人能够"不勉而中，不思而得，从容中道"，而对于大多数人来说，则需要经历"择善而固执"，"博学之，审问之，慎思之，明辨之，笃行之"的修炼功夫。

---

① Cheng Chung–Ying（成中英）. Confucian Onto–hermeneutics：Morality and Ontology [J]. Journal of Chinese Philosophy, 2000, 27（1），34.

② （宋）朱熹. 四书章句集注［M］. 北京：中华书局，1988：34.

然而"慎独"还只是中道论道德修养实践的开始。《中庸》的道德修养并不仅仅是一种自我封闭的、与外界隔绝的主观冥想。下一步则是要让精心照看的内在之"中"表达出来，并且使之"发而皆中节"，达到与外部社会现实契合。《中庸》用射箭来比喻这个过程："射有似乎君子；失诸正鹄，反求诸其身。"所以"中道""中庸"之"中"的完整含义既不仅仅是内在的未发之"中（zhōng）"，也不仅仅是"发而皆中节"的外部之"中（zhòng）"，而是合并内在与外在，使主观与客观相融合的"中"。这就是《中庸》所说的"合外内之道"。这意味着尽管对于作为"中道"原理之源的带有某种超越性的天命之性和内在之"中"我们应该真诚地面对与听从，我们仍然需要对之进行调整，使之适应客观世界和社会现实，以期达到"发而皆中节"和"致中和"的目标。

适应客观世界和社会现实意味着一种实践理性，意味着对社会历史存在和生活世界采取积极、主动、务实的态度。根据《中庸》的论述，对个人主体而言，属于外在情况和条件的客观世界社会现实具体大致包括以下这些方面。

一是别人的意见和想法。从主体间性的角度来看，其他的人也有他们的内在之"中"，理论上来说，他们的内在之"中"与我的内在之"中"同样具有合法性。因此，为了使我的"中"能够"发而皆中节"以达到与他人及社会一道"致中和"的目标，我就必须仔细听取别人的意见和想法。对于统治者来说，就是要广泛听取民众的心声。在这方面，舜就是一个很好的榜样，因为《中庸》说："舜好问而好察迩言，隐恶而扬善，执其两端，用其中于民。"又说君子之道既要"本诸身"，也要"徵诸庶民"；《保训》也说"不违于庶万姓之多欲"。这都是说的要听取民众的意见。

二是人伦关系和社会结构，如《中庸》说："君臣也，父子也，夫妇也，昆弟也，朋友之交也，五者天下之达道也。"人伦关系和社会结构的合理性可以通过"絜矩之道"来体悟与认知。总的来说,"絜矩之道"意味着以换位思考、相互理解包容的态度来认知和处理现实社会人与人之间的关系。

三是普遍实行的规则、风俗和礼仪等。如《中庸》所说:"宗庙之礼,所以序昭穆也;序爵,所以辨贵贱也;序事,所以辨贤也;旅酬下为上,所以逮贱也;燕毛,所以序齿也。践其位,行其礼,奏其乐,敬其所尊,爱其所亲,事死如事生,事亡如事存,孝之至也。"等等。这些代代相传的规则、风俗和礼仪等实际上就是一个社会群体的文化传承,尽管这种文化传承也会随着社会的变化而因革损益,但却非个人可以随意背弃。

四是历史经验,尤其是像尧、舜、禹、汤、文、武那样的古代圣王一代一代传授下来的历史经验。所以《中庸》说"仲尼祖述尧舜,宪章文武";君子之道除了"本诸身,徵诸庶民",还要"考诸三王而不缪"。而这些历史经验见诸典籍,也就是所谓"文武之政,布在方策"。如果不尊重历史经验,那便是所谓:"愚而好自用,贱而好自专,生乎今之世,反古之道。如此者,灾及其身者也。"

五是天地之道和客观自然条件。《中庸》曰:"天地之道,可一言而尽也:其为物不贰,则其生物不测。天地之道:博也,厚也,高也,明也,悠也,久也。今夫天,斯昭昭之多,及其无穷也,日月星辰系焉,万物覆焉。今夫地,一撮土之多,及其广厚,载华岳而不重,振河海而不洩,万物载焉。今夫山,一卷石之多,及其广大,草木生之,禽兽居之,宝藏兴焉。今夫水,一勺之多,及其不测,鼋鼍、蛟龙、鱼鳖生焉,货财殖焉。"对天地之道和大自然要抱有虔敬之心。正因为如此,《中庸》说仲尼之道不仅"祖述尧舜,宪章文武",而且还要"上律天时,下袭水土"。

所以,儒家君子的中道,既是从自身本心本性的内在之"中"出发,同时在实践中也尊重上述客观世界和社会现实中的外部条件,这样

"合外内之道"才会发生，"致中和"的局面才会出现。所以《中庸》说："故君子之道：本诸身，徵诸庶民，考诸三王而不缪，建诸天地而不悖，质诸鬼神而无疑，百世以俟圣人而不惑。"在这样的"中道"世界里，所有的事物都处于正确的位置，都得到了应得的养育与发展。这样的"中道"并非意味着个人丧失其内在本心本性之"中"以向外部现实妥协，相反，它意味着通过使自身内在的未发之"中"与在外部世界的实践中切合实际的"中节"融为一体，从而实现了真正的"中道"，达到了"致中和"的境界。这正是中道论的奥妙之所在，它不仅提供了一个自我和他人之间的主体间性的视角，一种超越主观与客观之间二元对立困境的哲学解决方案，一种在不同的看法和分歧之间寻求和保持平衡的方法，同时也为政治、道德、社会发展、个人修养和社会行为等提供了一种实践理性的思路。

第三节　孟子对中道论的贡献

　　孟子之学据说是传自子思，在《孟子》书中我们也的确可以看到一些与《中庸》相关的文字。作为战国中期儒家的主要代表人物，孟子对儒家思想的发展做出了巨大贡献，故被后人尊为"亚圣"。

　　与孔子的思想和《中庸》里的思想一样，中道论也是孟子思想的基本哲学方法论，是贯穿孟子思想的一个基本原理。孟子说，儒家的君子应该"中道而立，能者从之"①，也就是说君子应坚定地立足"中道"，成为别人效仿追随的榜样。孟子还认为，道德教育就是要使"中也养不中，才也养不才"（《孟子·离娄下》）。《孟子》书中有几段文

---

① 孟子·尽心上［M］//（宋）朱熹. 四书章句集注. 孟子集注. 北京：中华书局，1988：362. 以下凡引《孟子》皆本此书，仅括注书名篇名。

字与《中庸》文本中的某些段落非常相似，说明这两个文本之间有着
非常密切的学术联系。《中庸》与孟子都认为，人的本性中有一些最初
的、与生俱来的根源或种子，是与超验的"天"相联系的，《中庸》称
之为"天命之性"和"未发之中"。但孟子对人性的根源和萌芽做了更
详细的论述。孟子认为人性中天生具有"不学而能""不虑而知"的
"良知""良能"（《孟子·尽心上》）。他又把这些称之为人的"本心"
"本性"。他认为："尽其心者，知其性也。知其性，则知天矣。存其
心，养其性，所以事天也。夭寿不贰，修身以俟之，所以立命也。"
（《孟子·尽心上》）这就进一步补充了《中庸》首章的说法，更具体
地阐明了人心、人性与天命之间的内在联系。此外，孟子还具体分析作
为天赋人性之端的"本心""本性"的具体内涵：

> 恻隐之心，仁之端也；羞恶之心，义之端也；辞让之心，礼之
> 端也；是非之心，智之端也。（《孟子·公孙丑上》）

孟子将儒家的四种基本美德即仁义礼智与人性中的"四端"联系
起来，在人性的根源上奠定了儒家伦理道德的基础，而人性又是出自
"天命"。这样，儒家的伦理道德也就具有了某种超越的内涵。同时他
也赋予了《中庸》所谓未发之"中"以具体内涵。这是中道哲学的一
个非常重要的维度，因为它为儒家的中道论提供了某种超越性，将中道
与无原则的调和主义或折中主义区分开来。

然而，尽管有未发之"中"或本心本性这样一个超越的维度，儒
家的"中道"并不是一种基于对"天"或"天命"的准宗教信仰的独
断论，相反，它其实是一种沟通天人隔阂的哲学智慧，是一种处理绝对
理想主义和社会现实之间冲突和张力的实践理性。在这方面，孟子对中
道论哲学贡献了两个非常重要的观念：一是"时中"的观念，二是
"经权"的观念。这两者都为避免儒家中道论陷入西方传统哲学本体论

固执和独断论陷阱提供了某种调节参数。

"时中"的观念意指"中道"哲学包含有因时制宜的变通智慧。所谓"中"总是发生在特定的时间环境中，而不是一成不变的永恒的形而上学抽象原理或原则。换句话说，由于环境和条件总是随时间而变化的，"中"也应该随时间而变化。《尚书》曰："其自时中乂。"① 《中庸》说："君子之中庸也，君子而时中。"但真正对"时中"的思想内涵进行了具体阐发的则是孟子。《孟子·万章下》在比较孔子在有关何时应该出仕做官、何时应该辞官退隐的态度上，与其他三位圣贤，即伯夷、伊尹、柳下惠的异同时，孟子将孔子作为"时中"的一个范例，称赞他为"圣之时者"。

　　孟子曰：伯夷，目不视恶色，耳不听恶声。非其君不事，非其民不使。治则进，乱则退。横政之所出，横民之所止，不忍居也。思与乡人处，如以朝衣朝冠坐于涂炭也。当纣之时，居北海之滨，以待天下之清也。故闻伯夷之风者，顽夫廉，懦夫有立志。

　　伊尹曰："何事非君？何使非民？"治亦进，乱亦进。曰："天之生斯民也，使先知觉后知，使先觉觉后觉。予，天民之先觉者也；予将以此道觉此民也。"思天下之民匹夫匹妇有不与被尧舜之泽者，若己推而内之沟中，其自任以天下之重也。

　　柳下惠，不羞污君，不辞小官。进不隐贤，必以其道。遗佚而不怨，厄穷而不悯。与乡人处，由由然不忍去也。"尔为尔，我为我，虽袒裼裸裎于我侧，尔焉能浼我哉？"故闻柳下惠之风者，鄙夫宽，薄夫敦。

　　孔子之去齐，接淅而行；去鲁，曰："迟迟吾行也。"去父母国之道也。可以速而速，可以久而久，可以处而处，可以仕而仕，

---

① （汉）孔安国传，（唐）孔颖达疏. 尚书正义 [M]. 北京：北京大学出版社，2000：467，490.

孔子也。

　　孟子曰：伯夷，圣之清者也；伊尹，圣之任者也；柳下惠，圣之和者也；孔子，圣之时者也。孔子之谓集大成。集大成也者，金声而玉振之也。金声也者，始条理也；玉振之也者，终条理也。始条理者，智之事也；终条理者，圣之事也。智，譬则巧也；圣，譬则力也。由射於百步之外也，其至，尔力也；其中，非尔力也。（《孟子·万章下》）

　　根据有关文献记载，伯夷是商朝末年孤竹君之子，是一个极端的道德理想主义者。他坚持最纯粹的道德标准，可以说是有政治洁癖，绝不在他不认可的政治环境下出仕。商朝末年，他与其弟叔齐因不满周武王使用武力讨伐商纣王而建立周朝，决定不食周粟，逃进深山隐居，最终兄弟俩饿死在首阳。伊尹是协助商汤王建立商朝的贤臣，他是个立志要改变现实的实干家。他觉得他是天生的"先知先觉"，来到世上就是要救世的，不管遇到什么情况他都应该以天下为己任，出来做官。柳下惠是春秋前期鲁国的一位大夫，是一个和蔼可亲、随和不计较的人，他觉得无论在什么情况下他都可以做官，并不是他觉得他能改变这个世界，而是他认为自己可以洁身自好，坐怀不乱，出淤泥而不染，可以和任何糟糕的政治环境相安无事。这三个人各自都有值得肯定的地方，按照孟子的说法，他们都是古代的圣人。孟子把伯夷称为"圣之清者"，把伊尹称为"圣之任者"，把柳下惠称为"圣之和者"。但是孟子认为，与孔子相比，这三个人都有一些缺陷，伯夷太狭隘，伊尹太执着，柳下惠太玩世不恭，都不能算是完美地符合"中道"。

　　那么孔子的态度与这三位圣人相比有什么不同呢？根据孟子的说法，不同就在于孔子是一位"圣之时者"。孔子具有这三位先贤分别体现的所有优点：他具有高尚的道德理想和标准，也有献身于政治事务的责任感使命感，同时他也友善合群、谦和可亲。因此孟子称孔子为

"集大成"。所谓"集大成"又好比奏乐中的"金声而玉振",即汇聚了不同的乐器的音响,又能使其终始条理一贯。意思是说在孔子身上汇聚集成了三位先贤所具有的美德和处世原则。但孔子与他们三人不同之处在于,他更有一种智慧使他知道如何根据不同时期的不同情况恰到好处地运用这些美德和处世原则。孟子说:

> 孔子之去齐,接淅而行;去鲁,曰:"迟迟吾行也。"去父母国之道也。可以速而速,可以久而久,可以处而处,可以仕而仕,孔子也。(《孟子·万章下》)①

当孔子决定离开齐国时,他是如此毫不犹豫,说走就走,甚至淘好的米来不及做成饭就带着上路了。可是当他辞去鲁国的职务,决定离开自己父母之邦时,却拖着沉重的脚步,迟迟不肯离开,拖延出发的时间。孔子总是根据不同的具体情况,决定出仕还是辞职,以及选择在职时间的长短。

孟子还以射箭为例,说明三圣与孔子之间的差距:"智,譬则巧也;圣,譬则力也。由射于百步之外也,其至,尔力也;其中,非尔力也。"(《孟子·万章下》) 孔子与三圣都具有圣贤的美德,这就好比他们作为弓箭手都具有把弓箭射出去的力量。但能不能"发而皆中节",准确射中目标,则不仅取决于力量,还取决于技巧。这个技巧就是高明的"中道"智慧,是灵活变通、因时制宜的"时中"智慧。正如朱熹所评论的:"此复以射之巧力,发明智、圣二字之义。见孔子巧力俱

---

① 孟子所说的孔子在出仕问题上的态度,在《论语》中也可以找到印证。《论语·微子》记载,孔子曾评价伯夷、叔齐、虞仲、夷逸、朱张、柳下惠、少连等几位古代"逸民",他认为:"不降其志,不辱其身,伯夷、叔齐与!""柳下惠、少连,降志辱身矣。言中伦,行中虑,其斯而已矣。""虞仲、夷逸,隐居放言。身中清,废中权。"最后,孔子评价自己说:"我则异于是,无可无不可。"《论语·里仁》也说:"君子之于天下也,无适也,无莫也,义之与比。"

全，而圣智兼备，三子则力有余而巧不足，是以一节虽至于圣，而智不足以及乎时中也。"①

"时中"的智慧强调在正确的时间做正确的事情的重要性。这意味着，一个行为的正确性或合法性，不仅取决于抽象的或先验的关于什么是正确什么是错误的标准，而且也取决于它与客观实际和当时状况的切合性、针对性。"中"之所以正确，正是因为它是理想原则与现实情况的契合，它是美好的主观动机与良好的现实可行性的完美结合。所以，智者或君子，不仅要专注于自身内在的道德修养和自我完善，而且要敏锐地洞察客观现实，等待正确的时机去实现自己的崇高理想和宏伟抱负。

关于等待正确时机的重要性，在孟子与他的齐国弟子公孙丑的一段对话中也有过讨论。在对话中，公孙丑问孟子如果有机会在齐国任职，是否可望建立像管仲那样的业绩，孟子的回答显然表明他对春秋时期赫赫有名的齐国宰相管仲流露出轻蔑与不屑。他认为："管仲得君，如彼其专也；行乎国政，如彼其久也；功烈，如彼其卑也！"（《孟子·公孙丑上》）孟子的意思是说管仲得到齐桓公如此高度的信任和重用，执掌齐国政务那么长时间，却没有能够把握这个机会在齐国实现"王道"，只是帮助齐桓公成了诸侯霸主而已。在孟子看来，凭借齐这个大国的丰富资源和优裕条件，实现真正的"王道"应该是易如反掌的。作为齐人的公孙丑当然有点不服气，就向孟子提出一个带有挑战性的问题：周文王显然具有完美的美德，是儒家圣人的顶级代表。但是终其一生他也未能实现"王道"于天下。直到他的儿子周武王和周公旦继承努力，最后才建立了周朝，实现了"王道"。难道我们也可以因此鄙视文王，认为他也不值得效法吗？孟子对这一问题的回答正是基于他对时间和机会的理解。孟子引用齐人的一句谚语说："虽有智慧，不如乘势；虽有

---

① （宋）朱熹. 四书章句集注 [M]. 北京：中华书局，1988：316.

镃基，不如待时。"（《孟子·公孙丑上》）他认为文王当然是一个高不可攀的榜样，但终其一生，能够让他取得伟大成功的历史时机尚未到来。因为商朝早期君王的故家遗俗，流风善政，犹有存者，其所处的政治局面尚未彻底腐败。在这样的情况下，即使是像文王这样一个具有完美德性智慧和才干的圣人，也只能谨慎地等待合适的时间才能做正确的事情。因为真正的"中"或"正确"恰恰在于内在的"中（zhōng）"与外部的"中（zhòng）"的一致，或者说外、内之道的合一。

　　孟子对"中道论"哲学的另一个贡献是他关于"经"与"权"的辩证关系的阐发。这个问题涉及绝对的道德原则及其在现实道德实践中的灵活运用的问题。所谓"经"意味着常数或永久恒常的原则，具有普遍指导意义，它定义了什么是正确的或错误的。而"权"这个词在汉语中的本义就是指中国老式杆秤上的秤砣。称重时，人们将秤砣滑动到秤杆上标明的不同重量单位的不同位置，以与所称物品重量保持平衡。之后，"权衡"便获得了其引申意义，即表示在处理复杂事务、面对复杂情况时，在各种矛盾或冲突因素之间权衡利弊，做出适当的选择。

　　实际上，儒家中道哲学所谓"中"恰恰正是"经"与"权"的综合，或曰范畴性道德原则（categorical moral principle）与其在现实中灵活运用的综合。这就是说，尽管存在一些道德上的恒常范畴或定义，甚至可以称之为绝对原则，但在处理实际问题时，仍然要逐一面对现实中的具体情况，区别对待。"中"并不是简单的一个固定不变的中点，总是可以简单地在两端之间一半对一半处找到，而是像杆秤上秤砣的位置，需要根据所称物品的具体重量来移动其位置，以保持其平衡。这就是所谓的"权"，也是真正的"中"。因此，要实现真正的"中"，除了坚持范畴原则外，还需要一种辩证与权衡的实践智慧。正因为如此，孟子一方面称赞"汤执中"，另一方面却批评子莫"执中无权"：

> 杨子取为我，拔一毛而利天下，不为也。墨子兼爱，摩顶放踵利天下，为之。子莫执中，执中为近之，执中无权，犹执一也。所恶执一者，为其贼道也，举一而废百也。（《孟子·尽心上》）

"执中"是中道论的精髓，正如我们在第一章所讨论的，它是上古圣王代代相传的格言。然而孟子认为，如果"执中"仅仅被理解为固执于一个确定的中点而不知变通，不根据特定的情况进行适当的权衡和调整，那么这个"中"就有可能僵化，从而走进死胡同。这样就与"执一"，也即固执于某个极端，没有什么不同。有关"经"与"权"的辩证关系，在《孟子》书中生动地展示在孟子与齐国辩士淳于髡关于"男女授受不亲"与"嫂溺援之以手"问题的讨论中：

> 淳于髡曰："男女授受不亲，礼与?"孟子曰："礼也。"曰："嫂溺则援之以手乎?"曰："嫂溺不援，是豺狼也。男女授受不亲，礼也；嫂溺援之以手者，权也。"（《孟子·离娄上》）

这里孟子并没有否认"男女授受不亲"这个按照"礼"应当坚守的原则，因为"礼"的规定就是"经"。但是在援救溺水的嫂子这件事上，如果仍然固执于这一套规则不知变化，见死不救，则有可能与另一条也许是更重要的人性、仁爱的原则发生冲突。因此临时采取权宜之计做出变通处理，乃是必需的，这就是"权"。有了这个"权"，此时做出的对嫂子援之以手的举动，才是真正的"中"，是此时此刻最正确的选择。如果站在岸边拘束于"男女授受不亲"的教条，不肯对嫂子援之以手，那就是"执一"。"执一"不仅害死人，而且背离了真正的"中道"。

由此亦可知，根据不同的情况进行权衡处理，也并不意味着放弃原则。因此"权"也是有限度的，如果"权"的结果是在根本上把"经"

的原则彻底否定了，或者根本违背了善，那也是不行的。《公羊传》桓公十一年对"权"与"经"的关系有一段很好的论述：

> 权者何？权者反于经，然后有善者也。权之所设，舍死亡无所设。行权有道：自贬损有以行权，不害人以行权。杀人以自生，亡人以自存，君子不为也。①

可见，所谓"权"是有限度的，"权"是对"经"的暂时的变通，但这种变通还是为了善的道德目标，且往往是因为遇到生死存亡的极端情况，不得不临时变通。同时，这种"权"不能是损人利己的行为，如果是为了牺牲别人保全自己而"权"，这就根本违背了道德，不是儒家所说的"权"。可见儒家中道论所谓经权关系中的"权"，还是以其内在的道德原则作为其底线的。它只是在特殊情况下为了更好、更准确地实现善德的目标而采取的权宜变通。

如果一个人根本没有明确的道德原则，没有任何内在伦理标准和道德底线，只是无原则地权衡调和，随机应变，一味迎合世俗，那么他就可能只是一个八面玲珑的老好人，但却不是儒家君子。这种人被孔子称之为"乡原"，称之为"德之贼"，因为他貌似守"中道"但实际上似是而非。

"权"作为对"经"确立的原则的必要的调整与变通，在实践中往往是发生在有两个或以上道义原则在复杂情况下发生相互矛盾的情况下。《孟子》书中另一个例子是一个关于舜如何处理他父亲瞽叟因犯谋杀罪而被拘捕并面临刑法制裁的虚构案件。《孟子·尽心上》记载，孟子的一个名叫桃应的学生假设了这么个场景：舜是拥有最高权力的天子，他任命的司法官是以执法严明著称的皋陶，而舜的父亲瞽叟这时却

---

① （汉）公羊寿传，（汉）何休解诂，李（唐）徐彦疏. 春秋公羊传注疏［M］. 北京：北京大学出版社，2000：98.

是一个将要受到法律制裁的杀人犯。桃应问孟子：在这种情况下，舜会怎么做？桃应假设的这个场景其实隐藏着两个不同的道德原则相互冲突的陷阱：一方面是孝道的原则，这被儒家认为是最重要的美德"仁"的基础；另一方面是正义的原则，这是社会公平和国家法制的基础。这两者对儒家来说，都是很重要的。但是在面对这一案件时，这两条原则对舜本人来说却发生了冲突。如果舜对自己父亲的案件完全不闻不问，任由皋陶严格依法执行，则舜的父亲则可能被处死。这样一来，法律的公正是得到了维护，但舜却背离了孝道。而舜在《孟子》中的人设本是天下第一孝子。反过来，如果舜利用自己作为天子的权力阻止皋陶的司法程序，那么他可以救下父亲的命，守住了作为血缘伦理基础的孝道原则，但是这样一来，舜却破坏了法律的公正，他就不是一个能够维护社会正义和法律制度的圣王。

面对这种两条正确原则互相冲突的困境，舜几乎不可能在维护遵循其中一条原则的同时不背离损害另一项原则。然而，孟子在对桃应难题的回答中为舜设计的行动选择，却完全出人意料。孟子认为：一方面，舜会让皋陶依法行事，也就是逮捕他父亲瞽叟并依法处置。舜不会动用天子的行政权力来干涉皋陶执法，因为皋陶的执法代表了正义的原则，不能被破坏。另一方面，舜也不会眼睁睁看着自己的老父亲被处决。那么他会怎么办呢？孟子说他会以他作为个人而非天子的能耐，像贼一样把老父亲从监狱里偷出来，然后背着老人逃亡到荒无人烟的海边，在那里与老父亲共享天伦之乐。至于什么天下国家、天子之位，孟子认为"舜视弃天下，犹弃敝蹝也"（《孟子·尽心上》）。对舜来说，扔掉这些，就像扔掉一双破草鞋一样，并非难事。孟子为舜在这个假设案例中设计的这样一种行为选择，可以说是巧妙地避开了严格遵守上述两条原则中的任一条从而导致必然与另一条原则发生冲突的难题。当然，舜这样做也不能算是对这两个原则（"经"）的最完美的维护，而只是一种差强人意尽可能不破坏任何一项原则的权宜之计（"权"）。这是舜在这一假设的案例的极端情况下所能采取的最佳选择。这种权宜之计（"权"）只是在这一特殊个案中有意义，并不能成为普遍规则。它也不会动摇作为"经"的这两条重要原则的地位，它仅仅是在这两条重要原则之间的一个临时的权衡变通和便宜行事，同时这也是一个在此特殊情况下恰到好处的"时中"，符合"中道"的精神。

第四节　荀子哲学中的中道论

同样，先秦儒家的另一位大师荀子也为"中道论"哲学做出了巨大贡献。荀子生活在战国末期，当时其他各家学派的许多不同学说都在流行，与儒家学说展开了激烈的竞争。荀子学识渊博，三为稷下祭酒，并自认为是孔子学说真正的继承者。他总结、吸收并批判地继承了其他学派的许多思想内容，但也保留了儒家的核心价值观和基本哲学方法论。他在继承和传播儒家基本经典方面也做出了巨大的贡献。虽然在后世，荀子的思想受到宋明理学家的贬低，在儒学史上并没有能够享受到与孟子一样的声誉，但荀子对儒家哲学的贡献完全可以与孟子媲美。荀子对作为儒家哲学核心精神的"中道"原理及其实践意义领会也非常透彻，运用得十分娴熟，而且有许多精彩的阐发。"中道"哲学原理贯穿整个荀子学说。因此有学者认为："孔子之后，真正全面继承'中'的传统的主要是荀子，而非孟子"；"荀子对中道做了系统论述，成为中道思想的集大成者"。①

与孔子、孟子一样，荀子也强调"中"是先王之道的核心精神。荀子在《儒效》篇说："先王之道，人之隆也，比中而行之。曷谓中？

---

① 梁涛．清华简《保训》与儒家道统说再检讨［J］．北大中国文化研究（第二辑），2012：119，122.

曰：礼义是也。"①"百王之无变，足以为道贯。……故道之所善，中则可从，畸则不可为，匿则大惑。"（《荀子·天论》）荀子强调先王之道是"比中而行"，强调"百王之无变"的"道贯"所善的就是"中则可从"，说明荀子清楚地领会到，历代"先王"传下来的"道"，一以贯之的核心精神就是一个"中"。荀子的这些说法与我们前面所引用的其他早期儒家典籍及新出土文献的记载完全吻合，进一步表明古代圣王政治之道的核心精神就是"中道"。

荀子自己的学说也贯穿了这种源自古代圣王并由孔子等儒家先贤发展起来的"中道"哲学精神。荀子指出：

> 凡事行，有益于理者，立之；无益于理者，废之：夫是之谓中事。凡知说，有益于理者，为之；无益于理者，舍之：夫是之谓中说。事行失中，谓之奸事；知说失中，谓之奸道。奸事、奸道，治世之所弃，而乱世之所从服也。（《荀子·儒效》）

可见，荀子认为，无论是言论还是办事，都不应当"失中"。事行与言论不"失中"就是正确的、合理的，否则就是"奸事""奸道"。荀子还曾通过叙述孔子及其弟子在鲁桓公的庙里观察一个叫作"欹器"的器具的故事，来阐释"中"的原理。当"欹器"处于空虚状态时，它是倾斜的；当里面注入水，水量不多不少恰好在中间时，它是端正的；可是当水注满了之后，它就又倾覆了。这个东西可以给人以"虚则欹，中则正，满则覆"（《荀子·宥坐》）的哲理启示，说明只有"中"才能"正"。所以它被置于宗庙，作为当政者的"宥坐之器"。它直观形象地告诫人们，"中"是最好的状态，过分与不及，都会导致倾覆失败。人们应当时时以此为戒，恪守"中道"原则。

---

① 梁启雄．荀子简释［M］．北京：中华书局，1983：82. 以下凡引用《荀子》皆出自此书，仅括注《荀子》书名和篇名。

　　荀子的思想乃至文章，都体现着"中道"精神。其学说主张既尊重先王的传统，又能与时俱进；既坚持孔子确立的儒家基本原则和理想，又能面对和适应战国末年变化了的社会现实。其文章既不像孟子那样盛气凌人，也不像韩非子那样尖刻峭拔，更不像庄子那样恣肆随意，而是中正典雅，无过不及。可以说"中"是荀子之"道"的灵魂，并且具体体现在其学说的诸多方面。

　　关于"中"与儒家之"礼"的关系，我们在前面已经提到，《礼记·仲尼燕居》曾记载孔子与子贡的一段对话，子贡问："敢问将何以为此中者也？"孔子回答："礼乎礼，夫礼所以制中也。"《荀子·儒效》篇也说："先王之道，人之隆也，比中而行之。曷谓中？曰：礼义是也。"据此，有论者认为儒家"中"的标准就是"礼"，因此"礼"是比"中"更高的原则。但笔者以为这样看，反而是把本末关系颠倒了。实际上，"礼"的内容比较具体，可以说是形而下的"器"；而"中"则是比较抽象的更高的原则，是形而上的"道"。所以汉儒荀爽曰"昔者圣人建天地之中而谓之礼"（《后汉书·荀爽传》），可见礼是依据"中"制定的，而不是相反。正因为如此，荀子认为"中"的原则是由圣人君子来把握的，而对于普通民众来说，则只须给他们一个明确而具体的可以参照的标准，即"礼"。"礼"只是"道"的外在标识。所以荀子说："水行者表深，表不明则陷。治民者表道，表不明则乱。礼者，表也。"（《荀子·天论》）所谓"表"就是具体可见的标志或标准。普通民众只要按照这个外在标准去做即可，而圣人、君子则还必须知道"礼"之所以为"礼"背后的"道"。所以荀子说："礼者，众人法而不知，圣人法而知之。"（《荀子·法行》）

　　那么"礼"背后的"道"又是什么呢？除了以"仁""义"等基本伦理道德价值作为其内涵外，"礼"的基本原理和方法就是"中"，即在主客观之间、矛盾对立面之间进行调节、平衡，确定一个适中、适当的度，以此作为制定礼仪的标准。这些对立面包括人的内在欲望与外在客观条件，情感与理性，父子、兄弟、夫妇、朋友等成对的社会伦理关系，君臣、上下、贫富、贵贱等社会阶层关系，等等。"礼"就是要在这些矛盾对立的关系中确立和维持平衡的"中"。为了能保持平衡，这个"中"当然会对矛盾的双方（或曰"两端"）都有所约束和节制，故"中"也就是一种"节"或"度"，它可以为礼的制定提供一个可供参照的标准。因此荀子说"礼"就是先王为天下人"立中制节"（《荀子·礼论》）；"礼者、节之准也"（《荀子·致士》）。

圣人就是根据"中"的原理来设计"礼"的，比如"礼"既要满足人们的欲望，又需对人的欲望有所节制，使人的内在欲望与可以用来满足人们欲望的外在客观条件相适应，这就是"中"。又如"礼"既讲等级差别，又要兼顾公平和谐，达到"维齐非齐""不同而一"的均衡，这也是"中"。"中道"就是要兼顾矛盾对立面的两方面，防止走偏、走极端。甚至在"礼仪"的具体细节的设计上，也体现着这种"中"的原理。如荀子在《礼论》篇说：

> 礼者、断长续短，损有余，益不足，达爱敬之文，而滋成行义之美者也。故文饰、粗恶，声乐、哭泣，恬愉、忧戚：是反也；然而礼兼而用之，时举而代御。故文饰、声乐、恬愉，所以持平奉吉也；粗恶、哭泣、忧戚，所以持险奉凶也。故其立文饰也，不至于窕冶；其立粗恶也，不至于瘠弃；其立声乐、恬愉也，不至于流淫、惰慢；其立哭泣、哀戚也，不至于隘慑伤生，是礼之中流也。（《荀子·礼论》）

这段话说明"礼"就是要以"中道"的精神对各种相反的、对立的情感要素及其表达形式"兼而用之"，让它们适时、适当发挥作用，让人们的"吉凶忧愉之情"都能恰到好处地表达出来。同时"礼"又使这些要素之间互相节制、互相约束，不至于失去控制走向极端。这是

"中"的奥秘，也是"礼"的奥秘。

《荀子》书中常将"礼义""礼乐"并称。所谓"义"也是要起到"节"的作用。荀子说："夫义者，内节于人，而外节于万物者也；上安于主，而下调于民者也；内外上下节者，义之情也。"（《荀子·强国》）这就是说"义"也就是在这些内外、上下的矛盾对立面之间调节、求中。而所谓"乐"主要功能就在于"中和"。荀子说："故乐者，天下之大齐也，中和之纪也。"（《荀子·乐记》）可见无论"礼义"还是"礼乐"，贯穿其中的基本精神还是"中"。

荀子主张"隆礼义"，也就是要继承从先王一以贯之传承下来的"中道"。与"中"相一致的概念如"当""宜""称"等，都是荀子所赞赏的。而与"中"相反的概念如"邪""偏""倚"等，都是荀子所反对的。"中道"是正道，也是常道。正因为能恰到好处地把握"当""宜""称"的度，不过分，不走极端，不走偏走邪，所以能常行。君子就应当走这个正道、常道，而小人则喜欢走偏道、邪道，喜欢出怪招。所以荀子说："君子道其常，而小人道其怪。"（《荀子·荣辱》）

但是"道其常"不等于不知变通、不会权衡。实际上"中道"本身即包含权衡的精神。与孟子一样，荀子也强调"中道"包含"取舍之权"。他指出：

> 欲恶取舍之权：见其可欲也，则必前后虑其可恶也者；见其可利也，则必前后虑其可害也者，而兼权之，孰计之，然后定其欲恶取舍。如是则常不失陷矣。（《荀子·不苟》）

"权"字本义是指秤杆上用来称重量的秤砣，称东西时要根据重量在秤杆上移动秤砣，把它调整到不左不右恰好保持平衡的那个点上，那就是"中"。所以"中道"并非先验确定的不变教条，叫人不论何时都固守那个两者之间二分之一的地方，而是在确立大原则的前提下全面综合考虑欲、恶、利、害等各种矛盾对立面，"兼权之，孰计之"，进行取舍和决策的智慧和态度。这种"权"本身就是"中道"的题中之意。所以荀子说："道者，古今之正权也。"（《荀子·正名》）

同样，荀子的"中道"也包含"时中"与"变通"的精神，荀子说：君子要"与时屈伸"（《荀子·不苟》）；要"与时迁徙，与世偃仰"（《荀子·儒效》）；"时诎则诎，时伸则伸"（《荀子·仲尼》）；既要能够"修百王之法，若辨白黑"，也要能够"应当时之变，若数一二"（《荀子·儒效》）。这就是为什么荀子一方面坚持以先王为法，守先王之"常道"，同时又提出"法后王"的主张。在荀子看来，"法先王"与"法后王"是辩证统一的：不法先王是不尊重"道统""道贯"，而不法后王则是"不知应变"。正是在这种既尊重前代传统，又与时俱进的辩证统一中，先王之道才获得了新的生命，而后王之法也获得了合法性和正当性。这正体现了荀子在恒常与变通、古与今、经与权、"先王"与"后王"这些矛盾对立面之间进行平衡取"中"的"中道"思想。

但是权衡与变通绝不等于失去原则和立场，完全丧失原则和立场的权变、趋时，就有可能走向一味迎合世俗的"乡原（愿）"之道。"乡原"是孔子和孟子都很鄙视并曾痛斥的。同样，荀子的"中道"也是和"乡原"划清界限的，尽管近代谭嗣同、梁启超等人曾不太公允地斥责荀子就是"乡愿"①。荀子强调君子坚持"中道"，首先是要"率道而行，端然正己，不为物倾侧"（《荀子·非十二子》）。也就是说君子要有自己内在的中正不倚的原则和坚定独立的立场。荀子说：

"天下有中，敢直其身；先王有道，敢行其意；上不循于乱世

---

① 谭、梁等人早年曾发起所谓"排荀运动"。谭嗣同在《仁学》中说："二千年来之政，秦政也，皆大盗也；二千年来之学，荀学也，皆乡愿也。惟大盗利用乡愿，惟乡愿工媚大盗。"（谭嗣同．仁学［M］．北京：中华书局，1958：47-48.）

之君，下不俗于乱世之民；仁之所在无贫穷，仁之所亡无富贵；天
下知之，则欲与天下同苦乐之；天下不知之，则傀然独立天地之间
而不畏。"（《荀子·性恶》）

　　这说明坚持"中道"是需要勇气和胆量的。坚持"中"的原则和
价值，对上不迎合君主，对下不讨好民众，即使天下人不理解，也要
"傀然独立天地之间"。由此可见荀子的"中道"绝不是没有原则、一
味迎合权威和时俗的"乡愿"之道。
　　对于君主，荀子虽然认为臣对君通常应该遵守从命和忠顺之礼，但
他实际上更强调"从道不从君"（《荀子·臣道》）的根本原则，在君
主背离道的情况下，臣对君就必须进行谏争，甚至包括采取"强君挢
君""抗君之命，窃君之重，反君之事"等极端手段，强行纠正和终止
君主的错误行为。而对于那种不讲原则，对君主"偷合苟容"的人，
荀子则称之为"国贼"（《荀子·臣道》）。
　　对于民众，荀子认为君主应当"平政爱民"，并用水和舟的关系来
比喻君民关系，指出"水则载舟，水则覆舟"的道理（《荀子·王
制》），认为"天之生民，非为君也；天之立君，以为民也"（《荀子·
大略》）。这些都和儒家一贯的民本思想一脉相承。但是荀子又指出圣
人君子不应当无原则地迎合、讨好民众。他说："以偷取少顷之誉焉，
是偷道也；可以少顷得奸民之誉，然而非长久之道也。"（《荀子·富
国》）不坚持原则，讨好迎合民众一时的趣味，换取民众的赞誉，那不
是"中道"而是"偷道"。"偷道"是不可长久的。我们在现代某些选
票民主制度的运作中看到的一些政客不顾原则和基本价值观，唯选票是
求、唯民意是合的现象，在儒家看来恐怕正是一种"乡愿"的"偷
道"。而荀子则强调圣人君子是道法之"原"，民众只是"流"，"源清
则流清，源浊则流浊"（《荀子·君道》），圣人君子应当成为民众的道
德榜样，引领民众的理想和价值观。正因为如此，荀子要求他的学生以

及士君子们在言论与辩说中都应该坚持以下的立场与态度：

> 以仁心说，以学心听，以公心辨。不动乎众人之非誉，不治观者之耳目，不赂贵者之权势，不利传辟者之辞。故能处道而不贰，咄而不夺，利而不流，贵公正而贱鄙争。(《荀子·正名》)

从这里我们也可以看出"中道"与"乡原"的区别所在。坚持"中道"绝不仅仅仅意味着对不同意见、主张、想法和方案进行调和、平衡、综合，还意味着必须怀有仁心和诚意，有公正的价值观与导向。同时还意味着，符合"中道"的正确选择一旦已经在某个特定的境遇下被确认，真正的君子就应该有毅力和勇气来坚持，不被外在的压力所左右，不管这种压力是来自掌握权力的上层统治者，还是来自人多势众的世俗大众。而一个"乡原"则总是为了讨好别人一味迎合屈从别人的意见，完全没有自己独立的主张和所要坚守的立场。

荀子思想中的"中道论"在其社会政治学说、个人修养理论，以及认识论等方面都有体现，并且有不少精辟的论述和贡献。关于这些在本书下面的相应章节中，我们还将进一步讨论。

第五节　《周易》的"中道"思想

《周易》是早期儒学最重要的经典之一。今所见《周易》一书包括"经"与"传"两个部分。所谓"经"的部分就是六十四卦及其卦辞和爻辞；所谓"传"的部分则包括《系辞（上、下）》《彖辞（上、下）》《象辞（上、下）》《文言》《说卦》《序卦》《杂卦》等，也即所谓"十翼"。六十四卦及卦爻辞据说出自周文王，而"十翼"古人认为是孔子所作，今人则大多认为产生于战国中晚期，是当时儒生对《易经》六十四卦及卦爻辞思想内涵的阐释和发挥。然而正是"十翼"即《易传》的这些阐释和发挥，充分揭示并赋予了《周易》这部书以极其丰富的哲学内涵。像其他早期儒学著作一样，《周易》中也贯穿了中道哲学的精神，具体表现为阴阳和合、中和、时中、物极必反、过犹不及等观念。

《周易》最基本的原理就是代表矛盾对立面的"阴"与"阳"两者之间的辩证统一关系。《系辞（上）》曰："一阴一阳之谓道。"①《说卦》曰："昔者圣人之作易也，将以顺性命之理。是以立天之道，曰阴与阳；立地之道，曰柔与刚；立人之道，曰仁与义。兼三才而两之，故易六画而成卦。分阴分阳，迭用柔刚，故易六位而成章。"《易经》认为无论是天地之道，还是人类社会之道，都存在阴阳两者之间的矛盾对立和辩证统一关系，强调阴阳互相依存，互相转化。阴阳相合，才构成万事万物的存在；阴阳相推，才推动了宇宙万物和人类社会的发展变化。圣人作《易》就是要以天地阴阳为法则；圣人之道，也就是阴阳和合，平衡互补之道。这种矛盾对立统一的辩证观点也正是儒家"中道"的思想核心。

《周易》这个书名既可以理解为"周代的易"，也可以理解为"普遍的变化"。因为"周"有全面、普遍的意思；"易"有变化的意思，是"变化之总名"。故西方人把《周易》翻译为"讲变化的书（The Book of Change）"。《系辞（上）》说："法象莫大乎天地，变通莫大乎四时。"变化、变通，离不开"时"的观念，"变化"与"时"也可以说就是同一件事。故儒家的易学，非常重视"时"的观念，在"时"的观念中来考察和把握万事万物。天地万物都是处在永恒的变化之中，

---

① （魏）王弼注，（唐）孔颖达疏．周易正义［M］．北京：北京大学出版社，2000：315. 以下凡引《周易》卦爻辞及《易传》文字皆出自此书，仅说明或标注所在卦、爻及"十翼"名称。

圣人以"易"来弥纶天地之道，也就是要"观乎天文，以察时变"（《周易·贲·彖辞》）。故《系辞（上）》曰："变通者，趣时者也。"只有把握时机，与时俱进，顺应变化，才能恒久。故《恒·彖辞》曰："四时变化，而能久成。"对"时"与"变"的重视与肯定，也蕴含着某种"革命"与"改革"的思想因素。故《革·彖辞》曰："天地革而四时成。汤武革命，顺乎天而应乎人。革之时大矣哉！"

　　在时间中来把握事物的存在，在变化中来寻求相对的确定性，依据客观时势的变化，见机而作，待时而动，适时推动变革，这些其实也正是儒家"中道论"的"时中"所包含的意义。这也正是中国传统哲学实践理性和辩证思维不同于西方传统哲学形而上学本体论思维的一个重要方面。因此《易传》对卦爻辞的解释，也经常阐发"时"与"时中"的观点，强调"时义""时用""与时偕行"。凡是遇到得其"时义""时用"，能"与时偕行"者，往往都非常吉利（"元亨""无咎"等）。例如《文言》解释《乾·九三》"君子终日乾乾，夕惕若厉，无咎"曰："君子进德修业，欲及时也，故无咎。……终日乾乾，与时偕行。……故乾乾，因其时而惕，虽危无咎矣。"《蒙·彖辞》曰："蒙，蒙亨，以亨行，时中也。"《大有·彖辞》曰："其德刚健而文明，应乎天而时行，是以元亨。"《随·彖辞》曰："随，大亨贞无咎，而天下随时，随时之义大矣哉。"《遁·彖辞》曰："遁，亨。遁而亨也。刚当位而应，与时行也。小利贞，浸而长也。遁之时义大矣哉！"《益·彖辞》曰："凡益之道，与时偕行。"《艮·彖辞》曰："艮，止也。时止则止，时行则行。动静不失其时，其道光明。"相反，如果"失时"则有凶兆，《节·象辞》："不出门庭，凶。失时极也。"

　　清代学者惠栋在其《易汉学·荀慈明易》中曾引述汉代儒生荀爽的观点说："《易》道深矣！一言以蔽之，曰：时中！"惠栋还对《易经》中涉及"时"与"中"的卦做了具体分析，指出：

其言时也，有所谓时者，时行者，时成者，时变者，时用者，时义者；其言中也，有所谓中者，正中者，中正者，大中者，中道者，中行者，行中者，刚中、柔中者。而《蒙》之《象》，则又和时中而命之。盖时者，举一卦所取之义而言之也；中者，举一爻所适之位而言之也。时无定而位有定也。故《象》中而不言时。然六位又谓之六虚，唯爻适变，则爻之中亦无定也。位之中者，惟二与五，汉儒谓之中和。扬子《法言》曰：立政鼓众，莫尚于中和。又云：甄陶天下，其在和乎。龙之潜亢，不获其中矣。是以过则悔，不及中则跃，其近于中乎。①

可见，"时中"的观念在儒家的《易》学中占有非常重要的地位。《易经》六十四卦，每一卦由八卦中的两卦组合而成，下卦和上卦各三爻，共计六爻，由下而上，第二爻和第五爻分别为上下卦的中爻，居于"中位"。故《易经》各卦凡遇二、五两爻，大多是吉利的。如果二、五两爻的阴阳又恰好与阴阳在一卦中的正常位置相吻合，那就是既得位又得中，更是非常吉利，非常和谐。如《同人》卦，九五阳在上，六二阴在下，阴阳各得其位，也各得其中，故《彖辞》曰："同人，柔得位得中，而应乎乾……文明以健，中正而应，君子正也。"《易传》对于二、五两爻及其爻辞，往往都是用"中正""得中""中行""中道"等思想来加以阐发。例如《文言》解释《乾·九二》"见龙在田，利见大人"曰："龙德而正中者也。庸言之信，庸行之谨。闲邪存其诚，善世而不伐，德博而化。"《坤·六五》："六五，黄裳元吉。"《象辞》解释道："黄裳元吉，文在中也。"《文言》解释道："君子黄中通理，正位居体，美在其中，而畅于四支，发于事业，美之至也！"《需·九五》："需于酒食，贞吉。"《象》曰："酒食贞吉，以中正也。"

① （清）惠栋.易汉学：卷七，荀慈明易，转引自袁江玉.康雍乾三朝易学研究[M].北京：现代出版社，2014：174-175.

《讼·九五》：“讼元吉。”《象》曰：“讼元吉，以中正也。”《泰·九二》：“包荒，用冯河，不遐遗，朋亡，得尚于中行。”《象》曰：“包荒得尚于中行，以光大也。”《豫·六二》：“介于石，不终日，贞吉。”《象》曰：“不终日，贞吉，以中正也。”《临·六五》：“知临，大君之宜，吉。”《象》曰：“大君之宜，行中之谓也。”《离·六二》：“黄离元吉。”《象》曰：“黄离元吉，得中道也。”《晋·六二》：“晋如愁如，贞吉，受兹介福，于其王母。”《象》曰：“受兹介福，以中正也。”《解·九二》：“田获三狐，得黄，矢，贞吉。”《象》曰：“九二贞吉，得中道也。”《巽·九五》：“贞吉，悔亡，无不利。无初有终。先庚三日，后庚三日，吉。”《象》曰：“九五之吉，位正中也。”

《易传》还借助对一些卦及卦爻辞的阐释，表达了物极必反、过犹不及的“中道”思想。如《丰·彖辞》曰：“日中则昃，月盈则食。天地盈虚，与时消息。而况于人乎？况于鬼神乎？”事物发展到顶点和极端，就会向相反的方向发展。不仅自然界的现象是如此，社会、人生也莫不如此。因而，理论上的或理念上的完美无缺状态，在现实中恐怕恰恰是走下坡路的开始。超过了“中”的度再往上，就是“过”，而过犹不及。《乾·上九》“亢龙有悔”，是说龙已经越过了九五之尊的中位，还要上升到极高位置，喻君子穷极人生之顶峰，但一旦到了极顶，则高处不胜寒，动必有悔。故《象》曰：“亢龙有悔，盈不可久也。”《文言》曰：“亢龙有悔，穷之灾也……亢之为言也，知进而不知退，知存而不知亡，知得而不知丧。其唯圣人乎，知进退存亡而不失其正者，其唯圣人乎！”圣人知进退存亡之理，故能适可而止，立于中道，止于至善，而不一味追求达到乃至超越极限。

后代许多学者都曾对《易经》的“中和”“时中”观念进行过具体解读和阐发，从中得出君子处世当守中道的人生体悟。如宋代王安石解读《恒·九三》“不恒其德，或承之羞，贞吝”，便说：“重刚而不中，刚之过也。巽而顺乎柔，巽之过也。不恒如此，承之者其志不一而羞矣，虽贞亦吝，况不贞乎？岂惟下所耻承，亦上之所不与，故无所容。夫可以为常者莫如中，故九二失位而能悔亡，九三得位而无所容。以中惟常，则出处语嘿，其趣无方，而不害其常。"① 又如其论《随·九四》曰："明足以趋时，中足以守道，非知权者，孰能与于此！故孔子曰：'明功也'，言明则有功。"②王安石虽素有"拗相公"之名，为人过于刚硬固执，但从他对《易经》的解读来看，他还是非常认同儒家的中和之道的。王安石在解释《家人·九三》时说："刚严之过，虽未失吉，妇子怨望，至于嘻叹，终亦吝而已，未若九五之懿也。"③ 又其论《家人·九五》曰："刚上柔下，中正以相与极，有家之道。"④可见王安石认为，至少在家庭之中，还是要秉持中正之道，刚柔有度，不能过分严苛。

　　总之，作为中国古代哲学重要源头之一的《周易》，特别是其中的《易传》部分，贯穿了儒家的中道哲学精神，"中正""中和""时中"等都是早期儒家易学的重要范畴。因此，在儒家中道哲学的发展过程中，易学也起到了非常重要的作用。

第六节　后世儒者对中道论的进一步阐发

　　中道论的哲学思想在先秦时期的儒家学说中已经基本确立，并对后

---

① （宋）王安石. 易解［M］//王水照. 王安石全集：第一册. 上海：复旦大学出版社，2017：70.
② （宋）王安石. 易解［M］//王水照. 王安石全集：第一册. 上海：复旦大学出版社，2017：48.
③ （宋）王安石. 易解［M］//王水照. 王安石全集：第一册. 上海：复旦大学出版社，2017：78.
④ （宋）王安石. 易解［M］//王水照. 王安石全集：第一册. 上海：复旦大学出版社，2017：78.

来儒学思想和中国文化精神的发展产生了深远影响。尽管如此，秦朝以后，在中国两千多年的历史中，仍有许多儒家思想家和其他一些哲学家不断地对中道哲学的内涵进行重新诠释或补充，进一步丰富了中道论的哲学意义。对中道论哲学在这一漫长历史过程中的发展情况做全面的梳理绝非本书篇幅所能容纳。以下只是蜻蜓点水地列举一些突出的例子，说明中道论在整个儒家哲学史，乃至整个中国哲学史上的重要性。

　　西汉时期最重要的儒学大师董仲舒，将战国以来流行的阴阳、四时、五行的一套术数理论与儒家的伦理政治学说相配合，同时也用这套学问来进一步论证儒家中道哲学及"中和"观念。在经过董仲舒综合创新后的汉代新儒学的思想体系中，"中"与"和"的概念的重要性也被进一步提升，并与天地之道相配，具有天经地义的合法性。董仲舒在其所著《春秋繁露》中说：

　　　　中者，天地之所终始也，而和者，天地之所生成也。夫德莫大于和，而道莫正于中，中者，天地之美达理也，圣人之所保守也。诗云："不刚不柔，布政优优。"此非中和之谓与！是故能以中和理天下者，其德大盛，能以中和养其身者，其寿极命。……天地之经，至东方之中，而所生大养；至西方之中，而所养大成，一岁四起业，而必于中，中之所为，而必就于和，故曰和其要也。和者，天之正也，阴阳之平也，其气最良，物之所生也，诚择其和者，以为大得天地之奉也。天地之道，虽有不和者，必归之于和，而所为有功；虽有不中者，必止之于中，而所为不失。是故阳之行，始于北方之中，而止于南方之中；阴之行，始于南方之中，而止于北方之中。阴阳之道不同，至于盛而皆止于中，其所始起皆必于中。中者，天地之太极也，日月之所至而却也，长短之隆，不得过中，天地之制也。兼和与不和，中与不中，而时用之，尽以为功，是故时无不时者，天地之道也。顺天之道，节者天之制也，阳者天之宽

76

也，阴者天之急也，中者天之用也，和者天之功也。（《春秋繁露·循天之道》）①

　　既然"中"带有某种天道自然的合法性，所以董仲舒认为作为国家统治者的君主永远不能失去"中适之宜"："失中适之宜，则道不平、德不温；道不平、德不温，则众不亲安；众不亲安，则离散不群；离散不群，则不全于君。"（《春秋繁露·深察名号》）这一观点显然是对在他之前的历代先贤反复强调的"执中"之道的政治原则的延续。

　　董仲舒在此基础上进一步认为，内心保持"中"与"和"的状态也有利于个体的身体健康。他说，当一个君子的怒、喜、忧、惧之气因外在因素影响发生过度波动时，就应该设法调整心态，恢复本心本性的"中和"状态："故君子怒则反中，而自说以和；喜则反中，而收之以正；忧则反中，而舒之以意；惧则反中，而实之以精。夫中和之不可不反如此。"（《春秋繁露·循天之道》）因为偏离"中"的情绪对一个人的健康是有害的，他认为："故仁人之所以多寿者，外无贪而内清净，心和平而不失中正。"（《春秋繁露·循天之道》）在董仲舒看来，"中和"就是天道，顺应天道就是要求"中和"，不论是治国还是治身，都是同样的道理，都应该追求"中和"。

　　董仲舒对中道论的一个有趣贡献，是他对与儒家中道有关的一些汉字从字形上做了一些生动形象的解释和阐发。例如，他解释"王"字：说："古之造文者，三画而连其中，谓之王；三画者，天地与人也，而连其中者，通其道也，取天地与人之中以为贯，而参通之，非王者庸能当是？"（《春秋繁露·王道通三》）"王"者，即意味着将天、地、人从中相贯通，所谓"王道"也就应该是一个贯穿天地人的"中道"。尽管他的这种解释是否符合古人造这个字时的本义，还有待字源学上的进

---

① 苏舆撰，钟哲点校. 春秋繁露义证［M］. 北京：中华书局，1992：444－447. 以下《春秋繁露》原文皆引自此书，仅括注书名篇名。

一步证明，但它确实丰富了儒家中道论关于"王道"政治的思想内涵。

董仲舒还对"忠"与"患"这两个字进行了有趣的比较。他说："是故古之人物而书文，心止于一中者，谓之忠；持二中者，谓之患；患，人之中不一者也，不一者，故患之所由生也，是故君子贱二而贵一。"（《春秋繁露·天道无二》）从这里我们可以进一步看到"中"与"心"的关系，人心必须有个"中"，而且也只能有一个"中"。有两个"中"则成为"患"。所以君子"贱二贵一"。

但是，"贱二贵一"也并非绝对排斥否定"二"，其实"中道"的"中"作为"一"正是以"二"的存在作为前提的。所谓"执两用中"，如果"两"都没有，又何谈用"中"。所以没有"二"也就没有"一"，正像没有"阴阳"就没有"道"一样。所以董仲舒运用"阴阳"学说来说明任何事物都少不了"二"，作为事物内在矛盾对立面的"二"是无所不在的，同时也是互相依存、互相配合的：

> 凡物必有合；合必有上，必有下，必有左，必有右，必有前，必有后，必有表，必有里，有美必有恶，有顺必有逆，有喜必有怒，有寒必有暑，有昼必有夜，此皆其合也。阴者，阳之合，妻者，夫之合，子者，父之合，臣者，君之合，物莫无合，而合各相阴阳。阳兼于阴，阴兼于阳，夫兼于妻，妻兼于夫，父兼于子，子兼于父，君兼于臣，臣兼于君，君臣、父子、夫妇之义，皆取诸阴阳之道。君为阳，臣为阴，父为阳，子为阴，夫为阳，妻为阴，阴阳无所独行，其始也不得专起，其终也不得分功，有所兼之义。（《春秋繁露·基义》）

从这里我们可以看出，作为"一"的"中"，其实并不排斥阴阳二元对立互补的观点，"中"可以看作是对作为矛盾对立双方的"二"的更高层次的综合或扬弃。《易》曰"一阴一阳之谓道"，没有阴阳也就没有道。同样"执两用中",没有"两(二)"当然也就没有"中"。

另一位汉代儒家学者扬雄也阐述了"中和"的哲学思想。他在《法言·序》中指出"芒芒天道,昔在圣考。过则失中,不及则不至,不可奸罔。譔《问道》";"立政鼓众,动化天下,莫尚于中和。中和之发,在于哲民情。譔《先知》"①。可见扬雄哲学所探问之"道"也与前代圣王的"中道"一以贯之,而他也认为"中和"是治天下之道的最高境界。扬雄用《易经》中的《乾卦》做比喻来说明"中"的原理。《易经》六十四卦每一卦都由是八卦中的某两卦组合而成,八卦每卦为三爻。故六十四卦中每一卦的第二、第五爻皆分别处于上卦和下卦的中部,称之为中爻。在儒家的《易》学中,很早就已经借助对"中爻"的阐释来表达"中道"的思想。扬雄也不例外,他在《法言·先知》中针对《乾卦》爻辞的内容评论说:"龙之潜亢,不获其中矣。是以过中则惕,不及中则跃。圣人之道,譬犹日之中矣。不及则未,过则昃。"《乾卦》初九"潜龙勿用"、上九"亢龙有悔",都不得"中"。九三过了"中"故"终日乾乾,夕惕若厉"。九四接近而又尚不及"中"故"或跃在渊"。唯有九二"见龙在田"与九五"飞龙在天"这两爻得中位,比喻君子处世的最佳状态。

在扬雄模仿《易经》而创作的《太玄》中,也贯穿了"中"的观念。例如《中》:"阳气潜萌于黄宫,信无不在乎中……次三:龙出于中,首尾信。"②《夷》:"次五:中夷,无不利。测曰:中夷之利,其道多也。"《争》:"次五:争于遂,利于无方。测曰:争干遂,争处中也。"《务》:"次八:中黄免于祸,贞。测曰:黄中免祸,和之正也。"《强》:"次三:柱不中,梁不隆,大厦微。测曰:柱不中,不能正基

---

① 汪荣宝撰,陈仲夫点校.法言义疏[M].北京:中华书局,1987:568,571.以下扬雄《法言》引文仅括注书名篇名。

② (汉)杨雄撰,(宋)司马光集注,刘韶军点校.太玄集注[M].北京:中华书局,1998:4-5.以下凡引用《法言》仅说明所在"首"名。

也。"《法》："次二：摹法以中，克。测曰：摹法以中，众之所共也。"
《度》："初一：中度独失。测曰：中度独失，不能有成也。"《永》：
"次五：三纲得于中极，天永厥福。"《守》："次五：守中以和，要侯
贞。测曰：守中以和，侯之素也。"《成》："次五：中成独督，大。测
曰：中成独督，能处中也。"可见在这部模仿《易经》的神秘著作里，
"中"概念也具有非常重要的地位。

唐代是佛教哲学在中国盛行的时期，儒家传统受到一定程度的挑
战。但也有一些儒家学者试图借用佛教的某些思想元素来对早期儒家经
典进行新的诠释。唐代李翱（772—841）便是一例。李翱一方面追随
韩愈反佛，另一方面他的思想其实也深受佛教哲学心性学说的影响，他
所撰写的《复性书》，自称是要接续《中庸》以"开诚明之源"①，实
际上是对《中庸》思想的重新解读和阐发，故欧阳修认为《复性书》
其实是"《中庸》之义疏耳"②。但实际上《复性书》也融合了佛教的
思想因素，故有学者认为李翱《复性书》中的"灭情复性"的观念其
实与先秦儒家性情观颇不一致，倒是可以在佛学中找到其思想渊源③。

与此同时，在唐代流行的许多佛教流派中，以龙树菩萨为代表的大
乘佛教中观学派也创立了一种佛教的"中道"论，即所谓"中观学说
（Madhyamaka）"，认为不落入空有两边，即为"中道"，"中道"才是
对佛教世界观的正确理解。"中"认为世界上的一切事物既不是存在
的，也不是不存在的；既不是永恒的，也不是不确定的；既不是统一
的，也不是分裂的；既不是来的，也不是去的。也就是如龙树的《中

---

① （唐）李翱. 复性书（上）［M］//张文治. 国学治要·子部. 北京：北京理工大学
出版社，2014：995.

② （宋）欧阳修. 读李翱文［M］//欧阳修. 欧阳修全集. 北京：中华书局，2001：
1049.

③ 郑兴中.《复性书》性情观之佛学思想渊源考辨［J］. 儒家典籍与思想研究（第七
辑），北京：北京大学出版社，2015：285 – 296.

论》所说："不生亦不灭,不常亦不断,不一亦不异,不来亦不出。"①
这就是所谓"八不中观"。因此,世界上的一切,只不过是一个无常的
暂时的"中"。意思就是说:事物的产生依赖于许多因缘和相互因果关
系,它们只是无中生有的暂时的存在。佛教的"中观学"不一定与儒
家的中道论有直接的传承关系,但两者之间似乎也存在着某种潜在的反
本体论共同基础,即认为世间万物的本质既不是"存在(being)"也不
是"不存在(nobeing)",而是"中"。两者之间的关系值得进一步
探讨。

因此中国古代也有一些学者认为儒家"中庸"和佛教"中论"可
以成为连接儒教和佛教的桥梁。在宋代,一些佛僧就曾试图将佛教和儒
学结合起来,他们也关注于《中庸》等儒家经典。例如北宋时期有一
位名叫释智圆(976—1022)的僧人,给自己取的号就叫"中庸子"。
有人问他:"中庸之义,其出于儒家者流,子浮屠子也,安剽窃而称之
也?"他回答说:"夫儒释者,言异而理贯也,莫不化民,俾迁善远恶
也。儒者饰身之教,故谓之外典也;释者修心之教,故谓之内典也。惟
身与心则内外别矣,蚩蚩生民,岂越于身心哉? 非吾二教,何以化之
乎? 嘻! 儒乎释乎,其共为表里乎!"②晚明时期还有另一位佛教学者蕅
益大师,著有《四书蕅益解》一书,也试图从佛教的角度来阐释儒家
经典。虽然蕅益也许并不完全认同早期儒家关于"中"和"中道"的
观念,但他显然表明"中"也是佛教对事物的普遍看法。他在《四书
蕅益解》的《中庸》部分的序言中说:

中之一字,名同实异。此书以喜怒哀乐未发为中,若随情解
之,只是独头意识边事耳。老子"不如守中",似约第七识体。后

---

① 方立天. 中国佛教哲学要义 [M]. 北京:宗教文化出版社,2015:1089.
② (宋)释智圆. 中庸子传(上) [M] //曾枣庄,刘琳. 全宋文(第十五册). 上
　海:上海辞书出版社,2006:304 – 305,304 – 308.

世玄学，局在形躯，又非老子本旨矣。藏教所诠真理，离断离常，
亦名中道。通教即物而真，有无不二，亦名为中。别教中道佛性，
有名有义，而远在果地，初心绝分。惟圆人知一切法，即心自性，
无非中道，岂得漫以世间中字，滥此极乘？然既秉开显之旨，则治
世语言，皆顺实相。故须以圆极妙宗，来会此文；俾儒者道脉，同
归佛海。中者，性体；庸者，性用。从体起用，全用在体量。则竖
穷横遍具，乃彻果该因。①

蕅益不太满意《中庸》"以喜怒哀乐未发为中"，"漫以世间中字，
滥此极乘"，但他显然是认为"中"具有比儒家所阐发出来的意义更加
根本、更加广泛、更加深刻的哲学意义。在蕅益看来"中道"不仅就
是"真理"，而且简直就是"佛性"的体现。由此我们可以进一步确
信，"中道论"不仅在儒家，而且在佛学中，也堪称是"第一哲学"。

宋明理学是古典儒学在宋明时期的复兴。宋明理学的理论体系较之
先秦儒学更加精致完备，但也有其自身的缺陷。宋明理学内部有"理
学"与"心学"两个传统，前者以二程和朱熹特别是朱熹为代表，后
者以陆九渊、王阳明特别是王阳明为代表。两者都对先秦儒学已经形成
的"中道论"有所继承和发展。但二程和朱熹的"理学"重在强调
"中"为客观的"天理"，而王阳明则重在强调"中"是"心之本体"。
当然，朱熹、王阳明本人的学说尚未太多偏离先秦儒家内外合一、天人
合一的"中道"：朱熹的"天理"尚能兼顾人的未发之本性，而王阳明
的"心之本体"也包含"天理"。然而理学和心学发展到后来产生的一
些流弊，却也已经在这里初见端倪。过分强调客观的"天理"和外在
社会秩序的流弊，就是就外在"理性"对人性和人的主体性的宰制，
也就是所谓"以理杀人"；过分强调"心之本体"的流弊就是空疏浮

---

① （明）释蕅益. 四书蕅益解［M］. 北京：中国水利水电出版社，2012：25.

陋、随心所欲的"狂禅",蔑视客观社会现实和外在文化规约,甚至发展为放任一己之私心的随心所欲的破坏性行为。这两种流弊恰好代表了对立的两个极端,两者都背离了先儒的中道精神。虽然如此,宋明儒家大师都没有否定"中"与"中道"在儒家哲学中的核心地位和重要意义,并且都对之做出了自己的阐发。

归功于以二程兄弟和朱熹等人为代表理学家们的努力,《中庸》这部重要的早期儒家哲学著作的地位被空前提升,与《大学》《论语》《孟子》并列为"四书"。宋代理学家对《中庸》文本进行了详细的注释、阐释和评注,对"中"与"中道"的内涵进行了深入的探讨,成果卓著,他们的阐释和讨论进一步揭示并极大地丰富了中道论所包含哲学的内涵,尤其是在涉及心性哲学以及天理超越性层面的内容方面。有趣的是在宋代的儒家复兴运动中,尽管运动的领导者公开反对佛教以维护儒家思想的正统性,但这些理学家当中的不少人实际上已经是出入于浮屠之学说多年,在他们的思想与学说中往往不知不觉受到一些佛教教义和思维方式的影响,这在一定程度上发展了宋代理学家们的哲学思辨能力。但是,这种哲学思辨能力的发展也并没有在哲学思维特征上根本改变他们从先秦儒家那里继承而来的中道哲学思想方式。以"中"与"中道"作为根本哲学追求的中道哲学精神在宋代理学家那里仍然有明显的表现。

程颢(1032—1085)和程颐(1033—1107)兄弟是北宋理学的创始人,在他们创立的儒学新体系中,"中"与"中和"等中道论哲学观念的地位十分重要,实际上已经被提升到了"天理"的高度,"从而把儒家中和哲学推进到一个新水平"①。"中"与"中道"在二程的思想中,可以说是具有了最高哲学范畴的意义。程颐在皇祐二年《上仁宗

---

① 董根洪."天下之理,莫善于中"——论二程的中和哲学[J].中州学刊,1999(1):45.

皇帝书》中就曾说："臣所学者，天下大中之道也。"① 在二程看来，
"中"就是"天理"，就是"道"，就是太极："斯天理；中而已"；"中
即道也"；"中之理，至矣"；"天下之理，莫善于中"②。二程认为
"中"不仅是人类社会的道德和政治准则，实际上也是整个宇宙的普遍
规律。因为宇宙万物都有阴阳，只有当阴阳以符合"中道"的平衡和
谐方式相互作用时，事物才能顺利发展。二程在对《易经》的解释中，
一再强调"唯得中为善"；"以中为贵"；"守其中德，何有不善？……
以中为志，志存乎中，则自正矣"③。同时他们也指出"中"是动态的、
需根据具体情况依时依事而"中"，即所谓"时中"。也就是说究竟什
么是"中"也取决于历史背景和语境。程颐曾多次具体揭示这种依时
用中、随时执中的"时中"方法："且如初寒时，则薄裘为中；如在盛
夏而用初寒之裘，则非中也。再如三过其门不入，在禹、稷时为中；若
居陋巷，则不中矣。居陋巷，在颜子之时为中，若三过其门不入，则非
中也。"④如果只知道刻板地在两端之间，或者在过与不及之间固执于一
个抽象的中间点，不顾具体情况，不知变通，那就变成了子莫的"执
中无权，犹执一也"。"若子莫执中，却是子莫见杨、墨过不及，遂于
过不及二者之间执之。却不知有当摩顶放踵利天下时，有当拔一毛利天
下不为时。执中而不变通，与执一无异。"⑤由此可见"中"并不是个
"实体"概念，它只是动态地形成于特定时间条件下事物的相互关系之
中。程颐还强调内在的"中"与外在的"中"的相互作用。他在解释
《论语》中"克己复礼"时以"由乎中而应乎外，制于外所以养其中

---

① （宋）程颢，程颐. 二程集 [M]. 北京：中华书局，1981：510.
② 董根洪. "天下之理，莫善于中"——论二程的中和哲学 [J]. 中州学刊，1999
   （1）：45.
③ 董根洪. "天下之理，莫善于中"——论二程的中和哲学 [J]. 中州学刊，1999
   （1）：46.
④ （宋）程颢，程颐. 二程集 [M]. 北京：中华书局，1981：214.
⑤ （宋）程颢，程颐. 二程集 [M]. 北京：中华书局，1981：213.

也"① 来说明内在的"中"与外在的合于礼两者之间的辩证关系，表明完整的"中道"，其实既不是静止的内在心性，也不是外在强加的规则，而是两者互动最终达到一致。二程还认为，通过内外互动达到"中"的过程，不仅是修身修德的过程，也是获取知识的途径，因为"德"与"知"的终极原理是一致的。

朱熹（1130—1200）是宋代理学最重要的代表人物，他也为中道论哲学做出了巨大的贡献。他继承了他的老师程颐的观点，认为"中者，天下之正道"②。根据他对子思《中庸》首章立意的解释，"道之本原出于天而不可易，其实体备于己而不可离"③，中道的本源是来自天上，是不能改变的，但却又是具体呈现在我们每个人的内心深处，是不可分离的。尽管它在每个人的身上的呈现因为禀气不同而各有强弱、刚柔的偏重，但只要通过存养回归中正，也就接近于"道"，接近于"天理"。他说："学者要学得不偏，如所谓无过不及之类，只要讲明学问。如善恶两端，便要分别理会得善恶分明后，只从中道上行，何缘有差。"④儒家道德教化就是要人们存养维护内心的"未发之中"，进而能在实践中做到"随时之中"，也就是"发而皆中节"，这样就能实现其外在的"和"的大功用。

尽管朱熹在《中庸章句集注》开头仅以"不偏不倚""无过不及"来解释"中"，对后人理解儒家"中道论"丰富的内涵造成了一定的误导，但实际上朱熹对"中"理解并不局限于此。朱熹论"中"，其实也是把内心"未发之中"、"发而中节"之"中"以及"时中""中和"等含义综合起来进行理解的。他特别强调"未发之中"和"已发而中"也即"随时之中"两者之间的统一，他指出：

---

① （宋）朱熹．四书章句集注［M］．中华书局，1983：132.
② （宋）朱熹．四书章句集注［M］．中华书局，1983：17.
③ （宋）朱熹．四书章句集注［M］．中华书局，1983：18.
④ （宋）朱熹．朱子语类［M］．北京：中华书局，1985：229. 以下引《朱子语类》皆本此书，仅括注卷号。

　　《中庸》一书，本只是说随时之中。然本其所以有此随时之中，缘是有那未发之中，……《中庸》之"中"，本是无过无不及之中，大旨在时中上。若推其中，则自喜怒哀乐未发之中，而为"时中"之"中"。"未发之中"是体，"时中"之"中"是用，"中"字兼"中和"言之。……《中庸》之"中"，是兼已发而中节、无过不及者得名。故周子曰："惟中者，和也，中节也，天下之达道也。"（《朱子语类》卷六十二）

　　朱熹在其一生中花了很多时间思考存养未发之"中"与实现外在之"和"两者之间的辩证关系。这两者达到一致就叫作"致中和"。这可以说是朱熹及其新儒家理论的基本目标和基本方法论。

　　朱熹在与弟子讨论《中庸》文本时，阐述了"中"的微妙含义。朱熹明确指出，所谓"中"并不是简单地在两端之间各取一半。在回答弟子关于"执其两端，用其中于民"的问题时，朱熹解释道：

　　　　两端只是个起止二字，犹云起这头至那头也。自极厚以至极薄，自极大以至极小，自极重以至极轻，于此厚薄、大小、轻重之中，择其说之是者而用之，是乃所谓中也。若但以极厚极薄为两端，而中折其中间以为中，则其中间如何见得便是中？盖或极厚者说得是，则用极厚之说；极薄之说是，则用极薄之说；厚薄之中者说得是，则用厚薄之中者之说。至于轻重大小，莫不皆然。盖唯其说之是者用之，不是弃其两头不用，而但取两头之中者以用之也。（《朱子语类》卷六十三）

　　由此可知，朱熹认为"中"并不只是"折其中间以为中"，"择其说之是者而用之"这才是"中"，表明"中"包含有的放矢、以"用"为目标的实践理性精神。

　　朱熹在与弟子们讨论《中庸》"中立而不倚"的含义时，还特别强调了"中道"坚韧强劲的一面。在回答弟子们的问题时，他解释为什么"中立而不倚"在《中庸》里被称赞为"强哉矫"："凡人中立而无所依，则必至于倚著，不东则西，惟强壮有力者，乃能中立，不待所依，而自无所依。如有病底人，气弱不能自持。它若中立，必有一物凭依，乃能不倚；不然，则倾倒而偃仆矣。此正说强处。强之为言，力有以胜人之谓也。"（《朱子语类》卷六十三）这表明，中道绝不能被简单地理解为一种无原则的调和分歧、模糊是非界限的方法，坚持中道意味着坚守正确的立场，需要坚强的毅力和勇气。

　　然而，朱熹理学思想存在一个重大的误区，就是把"天理"与"人欲"对立起来，形成两端的分裂与对立。他说："凡一事便有两端：是底既是天理之公，非底乃人欲之私。""人只有个天理人欲，此胜则彼退，彼胜则此退，无中立不进退之理。"（《朱子语类》卷第十三）这在一定意义上可以说正是对先秦儒家"中道论"的背离，先秦儒家圆融的"中道"硬是被他分割为"天理""人欲"二端，并且执其一端以剿杀另一端。这种背离的恶果就是以"天理"宰制人性，甚至于"以理杀人"。

　　宋代对"中"和"中道"哲学进行了精辟阐述的人也并不仅限于所谓理学家，中道哲学对一些著名政治家如司马光、王安石等人的思想也有重要的影响。司马光和王安石是北宋时期的两位最著名的首相，尽管他们两人在政治上持有不同的政见，分别是对立的新旧两党的领袖，但是他们在有关"中"与"中道"的哲学观上倒有着相似的观点。

　　据说司马光在经历了苦思冥想之后，最终发现只有这个"中"字是能够使他感到内心宁静平和的字：

　　　　司马温公平生用心甚苦，每患无著心处，明道、伊川常叹其未止。一日，温公谓明道："某近日有个著心处，甚安。"明道曰："何谓也?"温公曰："只有一个中字，著心于中，甚觉安乐!"①

尽管二程对司马光的这一心得似乎并不以为然，但司马光对这个"中"字的确是有他自己的哲学体悟与理解的。司马光解释"中"的意义时说：

> 夫中者，天地之所以立也。在《易》为太极，在《书》为皇极，在《礼》为中庸。其德大矣至矣，无以尚矣。上焉治天下，下焉修一身，舍是莫之能矣。……是以圣人制动作礼义威仪之则，所以教民不离于中。不离于中，所以定命也。能者则养其中以享福，不能者则败其中以取祸，是皆在己，非在它也。②

可见司马光已经把这个"中"字提高到"天地之所以立"的哲学高度，对民众教化就是要使民众"不离于中"，只有"不离于中"，民众才有安身立命的根本。

同样，王安石也对"中"的重要哲学意义给予高度认可，他指出："中所以本道之体。其义达而为和，其敬达而为祗。"③王安石还认为"中"作为"皇极"代表皇帝的最高政治权力，"中者所以立本"，因此皇帝必须"有皇极以立本"，同时也要"有三德以趋时"，这样"人君之能事具矣"④。王安石通过对《尚书》中"洪范"一篇意义的深入解读，指出"中"是"王道"的本质，君主必须"无偏无党"、执中持

---

① （宋）程颢，程颐. 二程集 [M]. 北京：中华书局，1981：433.
② （宋）司马光. 答范景仁论养生及乐书 [M] //司马温公集编年笺注，成都：巴蜀书社，2009：59.
③ （宋）王安石. 周官新义 [M].《丛书集成初编》本，上海：商务印书馆，1937：137.
④ （宋）王安石. 王文公文集 [M]. 上海：上海人民出版社，1974：280.

正才能保证其在人民心目中的政治核心地位。"言君所以虚其心，平其意，唯义所在，以会归其有中者。其说以为人君以中道布言，是以为彝，是以为训者，于天其训而已。夫天之为物也，可谓无作好，无作恶，无偏无党，无反无侧，会其有极，归其有极矣。荡荡者，言乎其大；平平者，言乎其治。大而治，终于正直，而王道成矣。"①

此外，宋代苏轼文集中有《中庸论》上、中、下三篇，认为君子"而不知中庸，则其道必穷"。但真正达到无过不及之"中"却很难。苏轼引入庄子"莫若以明"的方法来阐发《中庸》里的"中"。苏轼认为圣人之道，从根本上来说，皆出于人情。但人情莫不好逸豫而恶劳苦，而圣人制定的礼似乎教人要勉强力行，非人情所乐者。因此常人要体认"中"，虽欲诚之，其道无由。因此不如用庄子"莫若以明"之法，使吾心晓然，知其当然，而求其乐。所谓"莫若以明"就是将是非对立的两端呈现出来，则"中"作为大本的合理性便会自然呈现。他说：

> 今吾以为磬折不如立之安也，而将惟安之求，则立不如坐，坐不如箕踞，箕踞不如偃仆，偃仆而不已，则将裸袒而不顾，苟为裸袒而不顾，则吾无乃亦将病之！夫岂独吾病之，天下之匹夫匹妇。莫不病之也，苟为病之，则是其势将必至于磬折而百拜。由此言之，则是磬析而百拜者，生于不欲裸袒之间而已也。夫岂惟磬折百拜，将天下之所谓强人者，其皆必有所从生也。辨其所从生，而推之至于其所终极，是之谓明。②

通过这种"莫若以明"的方法，便可以体认到"礼"之"中"可以理解为人们对舒适的渴望和对粗俗的厌恶两者之间的一种妥协。因为

---

① （宋）王安石. 王文公文集［M］. 上海：上海人民出版社，1974：287.
② （宋）苏轼. 苏轼全集［M］. 北京：中国文史出版社，1999：470.

这两者推至极端则皆有其弊，欲避其弊，则莫若取其中，中道的价值便自然彰显出来。

苏轼还极言辨别"中庸"与"乡愿"非常困难：

> 嗟夫，道之难言也，有小人焉，因其近似而窃其名，圣人忧思恐惧，是故反复而言之不厌。何则？是道也，固小人之所窃以自便者也。君子见危则能死，勉而不死，以求合于中庸。见利则能辞，勉而不辞，以求合于中庸。小人贪利而苟免，而亦欲以中庸之名私自便也。此孔子、孟子之所为恶乡原也。①

"中庸"虽然是儒家提倡的君子之至德，但小人也会把"中庸"庸俗化，利用"中庸"的名头作为见义不为、逃避担当，甚至满足私利的借口。苏轼对《中庸》的这些解读富于创造性和敏锐的洞见，而且与一般理学家的解读大异其趣。但他也仍然对"中"与"中道"的哲学意义给予高度重视。

明代大儒王阳明的思想，代表了宋明时期新儒学之"心学"一派的思潮。王阳明对儒家的"中道"，也即他所说的圣人的"大中至正之道"也时有创发。王阳明认为圣人推其天地万物一体之仁以教天下，"其教之大端，则尧、舜、禹之相授受，所谓'道心惟微，惟精惟一，允执厥中'"②。王阳明也非常重视对《中庸》所谓"未发之中"的探究。他把喜怒哀乐的"未发之中"看作就是"心之本体"，这个心之本体自身原本就是"中和"的，也是人人原来就有的。在王阳明看来"未发之中"其实也就是"良知"，也就是"天理"。它存在于每个人的本心本性。只不过常人之心有所昏蔽，故心之本体暂明暂灭，不能达

---

① （宋）苏轼. 苏轼全集［M］. 北京：中国文史出版社，1999：471.

② （明）王守仁. 传习录［M］//王阳明全集. 上海：上海古籍出版社，1992：54. 以下《传习录》引文皆本此，不再标注页码。

到全体大用。而道德修养就是要存养这个"未发之中"，《大学》所谓
"正心""诚意"，就是教人体悟这个"未发之中"。他认为："人只要
成就自家心体，则用在其中。如养得心体果有未发之中，自然有发而中
节之和，自然无施不可。"（《传习录（上）》）这个心之本体自身原本
就是"中和"的。一个人如果将一切货色名利之心都消灭了，只剩下
一个"心之本体"，也就是这个"寂然不动"的"未发之中"，那么它
自然就是"廓然大公"，自然会"感而遂通"，自然会"发而中节"
（《传习录（上）》）。因此在王阳明看来，其实也没有必要区分什么
"已发""未发"，只要守住了"心之本体"固有的"中和"，无论发与
不发，都是"中"，都是"和"。王阳明的偏颇在于完全把"中"看成
是自家心中之事，弱化了先秦儒家中道论重视客观对象和尊重社会实际
的现实主义因素。

　　但是在回答弟子关于《孟子》书中"执中无权犹执一"的观点
的提问时，王阳明也强调了"因时制宜"的"时中"思想。王阳明
说："中只有天理，只是易。随时变易，如何执得？须是因时制宜。
难预先定一个规矩在。如后世儒者要将道理一一说得无罅漏。立定个
格式。此正是执一。"（《传习录（上）》）在回答弟子关于为什么程伊
川叫人"不当于喜怒哀乐未发之前求中"的提问时，王阳明说："伊
川恐人于未发前讨个中，把中做一物看。"（《传习录（上）》）。可见
王阳明也并没有把"中"看作"一物"，也就是说"中"也并非西方
哲学本体论意义上的"实体"。作为"心之本体"的"中"只是一个
"灵明"。

　　对中国哲学史上有关"中"与"中道"传统的历史叙述还可以继
续延伸。但以上所述似乎已经足以说明，"中"与"中道"的思想在早
期儒学中的确已经发展成为儒家哲学最重要的根本哲学概念，并被后代
中国哲学家们普遍重视。"中"是具有"大本"性质的范畴，与"天
理""天道""本心本性"这些根本性范畴具有等同的地位，"中道"

是最正确的道，行"中道"是人类应该遵守的最高原则。因此，从某种意义上我们也可以说，"中"与"中道"在儒家哲学中具有某种"本体论"的意义，当然它与西方传统哲学中的本体论还是有很大的区别。下一章我们将进一步详细论述"中"与"中道"在儒家哲学乃至整个中国哲学中作为根本哲学或第一哲学的意义。

第三章

中道论在中国传统哲学中的意义

　　正如我们在前面章节中所讨论的，"中道论"可以说是一种孕育在中国古代历史与语言文化肥沃土壤中的哲学思维方式。孔子及后来的儒学继承人在中国古代漫长的历史长河中，从理论上和实践上对中道论进行了创造和发展。因此，中道论是具有一定的中国特色和文化特殊性的哲学形态。然而，中道论也具有普遍性，可以被认为是一种普遍的哲学，尽管它对于那些只熟悉西方哲学传统的人来说，看起来似乎有点陌生和另类，正像一些西方的哲学命题和理论在一些中国传统学者看来也很怪异一样。作为一种普遍的哲学，其哲学意义应该是普遍的、符合人类共同理性的。因此，中道哲学与西方哲学的对话是必要的，也是可能的。实际上，如果我们能够真正突破目前在哲学研究中仍然很盛行的西方中心主义或欧洲中心主义的偏颇与成见，我们就不难发现，在非西方哲学传统中，对于哲学根本问题其实还有许多不同的方法与路径。中道论就是其中之一。通过对不同哲学传统的对话和比较，可以看出人类获取终极智慧的途径其实是多样的，这些不一样的途径不一定相互替代，但可以相互补充。

第一节　中道论思维与本体论思维之不同

正如我们前面已经指出的，在先秦时期的上古汉语中，并没有与西方语言中谓语"to be"及其动名词形式"being"完全对等的词语。因此，所谓"存在"的问题，至少在其西方传统哲学本来的意义上，并没有成为中国古代哲学的一个重要问题。因此，一些现代哲学研究者认为中国古代根本没有"本体论"是可以理解的，尽管对这一观点本身也存在争议。而有些人甚至更进一步，宣称中国古代根本没有哲学。例如，2001 年 9 月，雅克·德里达（Jacques Derrida）访问中国，与一些中国哲学家共进晚餐，他宣称"中国（古代）没有哲学，只有思想"①。德里达在餐桌上对中国哲学的随意评论，在中国学术界尤其是哲学界引起了意想不到的反响。学术界颇有一些人附和德里达的观点，开始质疑"中国哲学"作为一门学科的合法性。事实上，早在德里达的评论之前，中国哲学的合法性问题就已经成为一个热烈讨论的问题②。另一些人则义愤填膺，批评德里达的傲慢和无知。由此又引发了一场关于"中国哲学合法性问题"的更大讨论③。

类似的争论在国外哲学界也曾发生，西方大学哲学系里甚至有一些西方哲学家持有某种更为极端狭隘的观点，认为任何哲学都只能是关于柏拉图或者就是柏拉图的脚注，将儒学等其他思想传统纳入哲学课程将

---

① 王元化. 与德里达对话访谈录 [M] //王元化文论选，上海：上海文艺出版社，2009：401.

② 赵景来. 中国哲学的合法性问题研究述要 [J]. 中国社会科学，2003（5）：36 - 42.

③ 彭永捷. 论中国哲学学科合法性危机 [M]. 保定：河北大学出版社，2011.

破坏哲学作为一种知识传统的独特之处①。如果真是这样，那么哲学将只会成为一种狭隘的知识话语，而不是关于人类普遍的、基本的理性和智慧的学术领域。幸运的是，并没有多少当代哲学家同意这种狭隘的观点。事实上，现在有越来越多的哲学家认为哲学系不应该成为展示"欧洲裔男性成就的殿堂"，哲学应该多元化，应该纳入非欧洲哲学传统②。

因此，即便在中国古代也许没有一种完全相同于西方传统哲学意义上的"本体论"，宣称中国古代根本没有哲学也是荒谬的。尽管"本体论"在西方哲学史上的确已构成了一个非常重要的独特传统，但哲学理论是否会因为没有解决所谓的"本体论问题"便不再具有哲学性，这是值得商榷的。事实上，包括德里达本人在内的许多现代和后现代西方哲学家所做的，恰恰是对西方传统的"本体论"提出质疑，甚至试图从根本上解构所谓的本体论问题。因此，哲学完全有可能摆脱传统的"本体论思维"而仍然是哲学。换句话说，中国哲学即使在本体论思维上确实薄弱，也没有理由受到轻视。事实上，正如一些学者已经澄清了的，德里达在餐桌上评论中国哲学时，并没有刻意贬低中国哲学的意思，因为根据他的解构主义观点，不仅是中国哲学，西方哲学也同样缺乏合法性③。

毕竟，又有谁能成为哲学的立法者来决定哲学的合法性呢？哲学又何曾被什么人正式立法加以合法化？因此中国的哲学家或中国哲学的研究者们大可不必为了维护中国哲学的合法性而去捍卫"中国哲学本体论"的堡垒，更需要做的倒是要努力探索和发展中国哲学不同于其他

---

① Nicholas Tampio. 2016. Not all things wise and good are philosophy［EB/OL］. https：//aeon. co/ideas/not－all－things－wise－and－good－are－philosophy，accessed July 25，2018.

② Jay L. Garfield, Bryan W. Van Norden. If Philosophy Won't Diversify, Let's Call It What It Really Is［N］. The New York Times，2016－05－11.

③ 同上，64.

哲学的独特性，为其他哲学传统提供一种补充，甚至提供某种纠偏的功能，从而对整个哲学做出自己的特殊贡献。在笔者看来，中道哲学恰恰是代表中国哲学独特性的理论体系之一。

毫无疑问，本体论在西方哲学的发展中起到了至关重要的作用。从某种意义上甚至可以说，整个西方哲学史都可以看作是在本体论问题的基础上或被本体论问题所困扰的一种精神演变史。因此，本体论的思维方式已经成为西方哲学根深蒂固的习惯。从一开始，古希腊哲学家就把本体论的"存在"设定为哲学智慧的终极追问目标，专注于对什么是终极的"是"，或什么是真正的"存在"的根本问题的探究。他们固执地相信有一个所谓真实的"存在"，总是隐藏在我们的感官所能感知到的事物背后，只有通过观念才能把握它。于是，现实被分隔为两个世界，一个是物体的（physical）世界，一个是形而上学的（metaphysical）世界；一个是现象的世界，一个是本体的世界；一个是物质的或感性的世界，一个是观念的或理性的世界。在这种二元对立中，前者是由后者所决定的，后者则通常被认为是真实的现实，它代表着根本的、终极的真理，是绝对确定性的来源。本体论思维方式的特点是对绝对"真理"的不懈探究，对一成不变、普遍适用的规则或原则的不懈追问。它追求绝对抽象的理论清晰度，不能容忍矛盾和歧义。

本体论思维方式一直是人类追求真理的动力，在人类文化的某些方面，如自然科学研究领域，本体论思维方式确实有其优势。然而，本体论的思维方式在人类社会中也存在着一些缺陷和负面效应。它倾向于否定或忽视现实世界感性杂多的生动性和可变性，易于导致理性宰制和观念霸权。其结果便是导致哲学与人类的实际经验越来越脱节，与人类的生活世界越来越疏离。它还会使人们痴迷于自以为是的"真理"而执迷不悟，从而导致独断论和教条主义。中世纪神学在欧洲的统治实际上也可以说正是本体论思维方式的一种极端形式。上帝可以被认为就是本体论思维中终极的、普遍的、绝对的"存在"的人格化。到了近代，一些西方哲学家逐渐意识到这种本体论思维与神学没有什么区别,于是开始了对传统本体论进行解构和改造的哲学进程。

与西方传统哲学不同的是,中国古代哲学一开始就并没有以本体论为导向。这意味着对于中国古代哲学家,尤其是生活在春秋战国时期的先秦诸子们来说,诸如"什么是"或"什么存在"的问题,并非他们哲学思维的聚焦点或学说理论的主要关注点。对他们来说,事物的"是""有"或"存在"不是他们所要关心的问题。这些对他们来说或许是一些很奇怪的问题。他们所关心的问题是天地万物是如何运行的,世间万事万物各有什么功能,事物是以及不同的事物是如何相互联系的,等等。一些先秦哲学家对"无""虚"似乎比对"是""有"或"存在"更感兴趣。他们不太沉湎于探索事物的"存在";相反,他们似乎更热衷于讨论事物的"虚""无",或事物与事物相互之间的关联性或中间性。

例如,老子的"道"概念时常被理解为宇宙的终极"存在"。但这其实正是中国传统哲学观念在西方哲学视域中被误读的一个例子。实际上老子用了很多比喻来说明"道"是"无"而不是"有"。"道"的特点是虚无和空虚,它不仅不可见不可闻,而且是不可思议和不可言说的,甚至用"道"这个词来命名它也是不得已而为之。按照老子的说法,一切事物乃至整个宇宙从根本上来说都起源于"无"。所以老子总是强调世界的虚无和空。例如,在《老子》第四章,他指出正是道的"空"为世界提供了无穷无尽的"用"。在第十一章,他借用制造车轴和陶器作为隐喻,指出正是"无"(车轴中心或陶器当中的虚无空间)提供了事物的有用性。在第四十章老子指出:"天下万物生于有,有生于无。"可见在老子看来,"无"而非"存在"才是更本原的东西,更值得哲学去探究。由此亦可知,老子的"道"代表的是"虚""空"和"无"(no - being),而不是"存在"(being),它并不是一个西方哲学本体论意义上的精神实体。从某种意义上也可以说,道家以"虚"

"空""无"为特征的"道",与儒家以"中"为核心的"道"也是相通的。《老子》所谓"三十辐共一毂"的中心之处,正是个空虚之处,也正是个玄妙莫测发挥功能的地方。故"空"就是"中","中"也就是"空"。这个"中"与"空"的地方也就是庄子《齐物论》所说的"枢始得其环中"的"环中之道"。郭象的解释也说:"夫是非反复,相寻无穷,故谓之环。环中,空矣。……天下莫不自是而莫不相非,故一是一非,两行无穷。唯涉空得中者,旷然无怀,乘之以游也。"①

中国古代哲学家关注事物之间的相互联系和相对关系似乎更甚于关注所谓的"事物本身(thing in itself)"。例如,所谓的"五行"理论的主要意义其实并不在于这五种要素或五种东西本身是什么,而在于它们之间"相生"或"相克"的相互联系和互动关系。"阴阳"理论的独特之处也并不在于提供了又一对二元对立的范畴,而在于其强调二者之间的相互依存和共生互补。习惯于西方本体论思维的人对中国哲学的这种独特性有时会产生某种误解。例如一位欧洲学者便似乎理所当然地用本体论概念来阐述中国哲学中的阴阳范畴:"中国古代人类起源论和社会经济发展的特殊条件催生了这个文化地区有关'存在'的原初理论,这种'存在'用现代术语可以被称为一个双极非匀称协同'存在'的本体论模型。"②

中国哲学中的许多概念不应被理解为是指一个孤立静止的"存在"或一个独立的实体。例如,儒家的伦理范畴"仁"未必完全只是指个人的内在德性,而是具有人与人之间主体间伦理关系的含义。儒家的"义"范畴往往被翻译为公平或正义的原则。但从词源上看,它的本义就是"宜",可能并不具有本体论意义上的绝对范畴原则的内涵,而是指在一定的语境或情况下,介于两个极端之间的某个具有可行性的适宜

---

① (清)郭庆藩. 庄子集释[M]. 北京:中华书局, 1961:68-69.

② Marina Carnogurska. Original ontological roots of ancient Chinese philosophy[J]. Asian Philosophy, 1998, 8 (3):203.

的度。再如，关于古代儒家哲学中是否存在"人权"的概念，学者们众说纷纭。在笔者看来，至少在古代儒学中并没有完全等同于西方本体论意义上的绝对"人权"概念。这意味着，中国古代哲学家可能并不认为每个人生来就具有一些不可剥夺的天赋权力，所有的人的权利其实都是在人类社会中逐渐建构起来的。汉语中"权"这个词在语源上并不具备英文"人权"的"权（right）"的绝对正确的语义，"权"的本义只是指秤砣，是一个可以随着重量而移动的动态范畴，意指一个可以灵活掌控的空间。因此如果我们从"权"这个字的古代汉语语义来理解所谓"人权"，就可以将其理解为人在具体情况下，在不同事物或不同价值之间权衡利弊、进行自主选择的范围，而不是一套具有先验正确性定义的原则。

这种非本体论的思维方式是中道论哲学得以产生的文化土壤。中道论的"中"不是事物的"存在"，而是事物之间的关系或事情发展过程中的适当的度，在某种意义上它可以被理解为不同事物之间共享的中心空间，但正是这个共享中心空间具有能够使事物互相作用共同运作的功能。"中"有时具有"正确"的含义，但其正确性既不是先天决定的，也不是绝对不变的，而是由所在环境和具体条件构建的。"中"可以作为现实生活中人们实践所参照的标杆，但它也并不是一个固定的、绝对的、永恒的或普世的原则。它就是一个可以适应新形势、与时俱进的"中"。

总的来说，中道论思维关注的是不同的甚至对立的事物之间的相关性和相对性。它试图在对立和冲突的事物之间架起一座桥梁，创造一个具有协调和中介功能的"中"。例如，在主客体二分中，"中"可以理解为主观意志与客观条件之间的契合或相互适应，即一种内在世界与外在世界消弭冲突融合为一的完美和谐。对于思想和意见的差异或分歧，中道论以阴阳哲学为背景，认为不同的甚至有时是激烈冲突的事物之间，其实也是相互联系、相互依存的。所以总是有可能在它们之间建立一个也许是临时的调停或平衡。中道论并不武断地排斥或试图取代所有的本体论观点或立场，无论这种立场是涉及一种不言而喻的本体论承诺，还是貌似已被科学证明的"真理"，甚或只是一些准宗教信仰。但中道论可以对本体论思维所导致的尖锐矛盾二元对立原则之间的两难困境提供辩证的认识和在实践中切实可行的解决方案。例如，中道论建议在个人权利和集体利益之间，在理想原则立场和在特殊情况下的明智灵活性之间进行因时、因事制宜的权衡。中道论包含着一种辩证的实践理性精神，可以为解决社会现实中的各类矛盾提供某种策略智慧。

第二节　从中道论的视角看"存在" 等根本哲学范畴

本体论（ontology）这个词的词源表明，它是指关于"存在"本质问题的哲学探究，而所谓"存在"乃是基于西方语言中的动词"是"（古希腊语 εIμ i，ont；德语 ist，sein；英语 to be，being）。"存在"的语义是指向事物的普遍存在，意指存在的事物具有超越、永恒、不变的本质和逻辑。因此本体论探究决定世界上一切存在事物根本的和终极的原因或逻辑。它涉及诸如"什么是"或"什么存在""什么东西最先存在？"以及"不同的存在之间是如何相互关联的"等基本的哲学问题。①

　　然而，在中国先秦时期诸子百家人物所使用的古代汉语中，其实并没有一个与西方哲学"存在"概念赖以形成的谓语动词"是（to be）"完全对应的词。古代汉语中作为判断句中连接主词和宾词的"是"的语法功能，是汉代以后才出现的。先秦时期古汉语中的"是"通常只

---

① Nicholas Bunnin, Yu Jiyuan. Dictionary of Western Philosophy：English – Chinese ［M］. 北京：人民出版社，2001：708.

做指示代词，相当于"这"。先秦时期的典型的判断句结构就是把两个词按主谓顺序连在一起，不需要谓语动词或系词"是"来连接①。因此，在先秦古代汉语中，不可能出现一个基于"是"这个系词的语义的抽象哲学概念"存在"。换句话说，研究所谓"存在（being）"问题的"本体论"作为哲学研究的一个分支或类型，在先秦诸子时代尚无法形成概念。近代以来，随着西方哲学传入中国，翻译者们发现要将"存在"这样一个如此重要的西方哲学概念翻译成中文是非常困难的。不同的译者或哲学家处理这个棘手问题的方式也不尽相同。有的人将其翻译成"是"，但"是"在早期古汉语中意思相当于指示代词"这"或形容词"正确"，只是到了汉代以后才逐渐成为判断句中的系词。也有人把它翻译为"在"或"存在"，还有人将它译为"有"。另一些人则根据西方原著不同的上下文语境，在中文翻译文本中交替使用不同的汉语词语来表示这个概念②。人们还创造了"本体论"这个中文词语来翻译西方哲学中所谓的"ontology"。在现存可靠的先秦文献中并没有"本体"这个复合词。汉语里"本体"这个词最早出现于汉代儒生解释《周易》的《易传》中，指的是六十四卦中某个卦在发生变化之前的卦体，跟西方哲学所谓"本体论"的"本体"毫无关系。在后来的中国哲学文本中，"本体"也只是偶尔使用的一个术语，意思大致相当于"本身"。在与西方哲学概念"本体论"相联系之前，并不那么重要。正如成中英所指出的："过去我们用'本体论'这个词来翻译西方的Ontology，然后用Ontology来规范中国的'本体论'，这是一个错误。"③即便如此，翻译成中文的西方哲学研究著作中的"本体""存在"概念

---

① 杨伯峻，何乐士．古汉语语法及其发展［M］．北京：语文出版社，2011：705 – 708．

② 有关"存在"概念的中文翻译问题，参看：王路．哲学概念的翻译与理解——以对"Being"的翻译为例［J］．哲学动态，2018（3）：60 – 68．

③ 成中英．本体诠释学三论［J］．安徽师范大学学报（人文社会科学版），2004，32（4）：392．

对许多中国读者来说仍然不那么容易理解，尤其是对于那些未被西方哲学熏陶的中国读者来说。因为整篇翻译过来的西方哲学文本中煞有介事深入讨论的所谓"存在"，似乎是一个在中国传统哲学文本中根本就不存在的东西。

　　当然这并不意味着中国古代哲学家或者中国人完全不能进行本体论或形而上学的思考。实际上，正如葛瑞汉曾经指出的，即便没有完全等同于西方哲学的"本体""存在"的概念，中国古代哲学家仍使用了许多其他哲学术语，如"道""理""有""无""是""非"等，来对许多属于西方哲学所谓本体论或形而上学的哲学问题进行了范围广泛的讨论①，这种哲学讨论可以被发现于几乎所有的中国古代哲学文本中。

　　然而，本体论或形而上学并不是中国早期哲学最突出的特征和最主要的关注点。至少在早期儒家哲学中，哲学探究的主要的任务不是要发现一切事物和世界的终极"存在"是什么，而是要寻求或构建"中"和"中道"使之成为人类社会可以遵循的标准，用中国古代哲学家的话来说就是要"建中立极"②。这种探究、发现或建构"中"的过程，就是一种复杂的、辩证的中道论哲学思辨过程。正是"中道论"，而非"本体论"，构成了早期儒家哲学的根本问题，并在总体上形成了中国古代哲学的基本思维框架和方向。要理解中国古代哲学的独特之处，必须重视中道论。正是中道论的特点使中国古代哲学有别于其他哲学传统。

　　中国古代哲学家似乎并不太关心所谓世间万物的绝对客观"存在"的问题，也似乎不太热心于纠缠万事万物的本源或本质到底是物质的还是精神的问题。道家代表人物庄子曾经说过的："六合之外，圣人存而

---

① A. C. Graham, 1990. "Bing in Western Philosophy Compared with Shi/Fei 是非 and Yu/Wu 有无 in Chinese Philosophy", in Graham, A. C. 1990. Studies in Chinese Philosophy and Philosophical Literature. State University of New York Press：323 – 359.

② （汉）孔安国传，（唐）孔颖达疏. 尚书正义 [M]. 北京：北京大学出版社，2000：364 – 365.

不论。"(《庄子·齐物论》)对那些不着边际的极端问题的追问,不是中国先秦时期大多数哲学家的兴趣所在。中国古代哲学家更感兴趣的似乎是人在世上到底能做什么或不能做什么,而不是世界和万物的起源或本质是什么。物质与精神、客观与主观的二元对立,似乎并没有使中国古代哲人感到多少困惑,因为他们并没有痴迷于这对立的两端或其中任何一端而不能自拔。他们关注的焦点似乎在于两端之间,这就是"中"和"中道"。

中道论所探求的"中道",试图构建天人合一的桥梁,寻求人与自然、精神与物质、心灵与身体、主观与客观等之间的统一,是一种不同于本质主义的一元论或两极对立的二元论的辩证的、综合的思维方式。中道论所追求的"中"或"中道",既不是所谓的"实体",也不是绝对的观念;既不是超越人类经验的客观自然规律,也不是人类头脑在不顾客观世界的情况下就具有的先验的、主观的、唯心主义的幻觉。中道论试图寻找天人之间、主观与客观之间的"中"(中介点或会接点)。因此,中道既不是独立于人的意志之外的某种实体存在或自然规律,也不是笛卡尔所确认的"我思故我在"的个体自我主观思想的产物。只有当天人相遇,主观与客观相互重叠吻合,精神和物质相互作用之际,"中"才会发生。这也可以说是一个内在之"中"(zhōng,指内心)与外部之"中"(zhòng,指"中节")两者之间双向辩证互动与建构的过程。

但这也并不意味着中道论与西方哲学传统中的本体论或形而上学是完全不相干的。实际上这两个哲学思域在许多方面是相互交叉的,尽管它们各自都自认为有自己独立的思域。按照西蒙·布莱克本(Simon Blackburn)的说法,西方形而上学的历史是一部依赖于其他根本关切的历史,尽管它声称自己具有终极的权威性和客观性。形而上学最好被理解为在特定的历史条件下对我们最根本关切问题之前提和意蕴的追踪①。换句话说，西方本体论形而上学中的"存在"或"真理"虽然被宣称为绝对的、终极的、普遍的，但实际上也是在特定的历史语境中发生的。它们的绝对性、终极性和普遍性，只不过是生活在其赖以产生的历史背景下的那些哲学家们的某种假定或信念而已。

实际上，先秦时期庄子便是一位对人们思维和语言中的"是（存在）"的绝对性进行批判的哲学家。他认为儒墨两家关于"是非""彼此"等问题的争论毫无意义。因为在庄子看来所谓的"是"都是不确定的，因此不可能是绝对的。"是"取决于说话人的立场以及说话时的语境。然而，这也并不意味着庄子认为人们永远不应该谈论"是"，而只是表明我们所说的"是"的意义总是有特定语境的、相对于具体时空而言的。因此，庄子区分了两种不同的"是"，即"为是"和"因是"。詹姆斯·彼特曼（James Peterman）把"为是"解释为"呆板的、无语境的就是这样"，把"因是"解释为"灵活的、有特定语境的就是这样"②。对此我们也可以理解为，"为是"意味着把"是这样"认定为固定的、绝对的和永久的"存在"，而"因是"意味着把"如此这样"仅理解为取决于特定语境与当下条件的"是"。显然，庄子认为所有关于"是非"的争论，都是由于把自以"为是"的观念固定化、永恒化而导致的。所以圣人倾向于"因是"而已，拒绝自以"为是"。庄子所谓"因是"也可以理解为中道论所说的"时中"。

因此，从中道论的角度来看，这些本体论或形而上学意义上的"存在"或"真理"，其实都只是一种人类自身对外部世界的理解，都离不开人类语言的表达，都只能发生于人类社会和人类历史的特定时

---

① Simon Blackburn. "Metaphysics". in Nicholas Bunnin and Eric P. Tsui – James ed. The Blackwell Companion to Philosophy. Oxford：Blackwell，1996：64 – 89.

② James Peterman. Why Zhuangzi's Real Discovery Is One that Lets Him Doing Philosophy when He Wants to［J］. Philosophy East and West，2008，58（3）372 – 394，379.

空，因而实际上都是一种主体与客体、人类与世界相遇相合而形成的"中"。西方传统本体论试图向终极的尽头（极端）——或者是从绝对客观这一端，或者是从绝对主观的这一端——来追问"存在"的本源，从而导致唯物主义与唯心主义、主观与客观等的二元对立。但是从中道论的观点来看，事物的"存在"实际上只是在一定时空中主观与客观相聚相合而形成的。实际上在 20 世纪西方反本质主义思潮中，一些现当代西方哲学家也表达了一些与上述中道论相吻合的对于本体论"存在"问题的看法。例如，海德格尔（Martin Heidegger）曾指出，"存在（是）"不仅仅是事物本身，而是一种当我们"照看事物"的时候发生的遇合（encounter）①。例如他说榔头的"存在（是）"就体现于人在使用榔头进行锤击行动时的"上手性"（handiness）②。

　　另一方面，长期以来，中国传统哲学也被人们从西方哲学的视角进行理解和诠释。一些中国传统哲学的基本概念如"道""理"等，也被理所当然认定为西方传统哲学本体论中某些概念的对等物。但是通过词源学的考察和文本的细读，我们可以发现，这些中国古代的所谓"本体论"概念往往都具有中道论的特征，这种特征使它们在内涵上与西方传统哲学本体论或形而上学范畴有细微的差别。例如作为中国哲学最重要的"本体论"范畴之一的"道"这个概念，本义就是人在路上行走③。另一个重要的本体论概念"理"，通常被译解为"理性"或"真理"，本义却是源于工匠根据一块璞玉的内在文理来处理这块璞玉，将其雕琢为玉器这样一种实践活动④。"道""理"等词语的语源学源头

---

① Martin Heidegger. Being and Time［M］. tr. by Stambaugh, Joan. Albany：State University of New York Press, 1996：63.

② Martin Heidegger. Being and Time［M］. tr. by Stambaugh, Joan. Albany：State University of New York Press, 1996：65.

③ 按照《说文解字》，"道"字的本义就是"所行道也，从辵从首"。湖北荆门郭店出土的战国楚墓竹简中"道"字有另一种写法作"衍"，字形生动显示"道"的本义就是人行走于十字路口。

④ （清）段玉裁. 说文解字注［M］. 成都：成都古籍书店，1981：16.

强烈提示着这些中国哲学概念中所蕴含的人类在实践中与外部世界之间的密切联系，或者也就是海德格尔所说的人类在"照看事物"时与外物发生的相遇。因此，我们可以说这些概念实际上是中道论的，而不是本体论的。

第三节　中国哲学之"道"与西方哲学之"真理"

在这里我们可以将中国的哲学中的"道"概念与西方传统哲学中的"真理"概念进行一些比较。"道"通常被认为是中国哲学中具有"本体论"意义的概念，而"真理"在西方形而上学中通常也被认为是具有本体论客观性的概念。我们的比较意在说明中国哲学的一些所谓"本体论"概念实际上具有中道论的特征。

"道"字在汉语中也是个多义词，具有"道路""行走""引导""言说"等语义。同时"道"也是中国哲学中的一个根本性的概念，具有终极的、时常被人们认为是"本体论"的意义。对"道"的不懈探求，是自先秦诸子以来中国哲学的基本内容。先秦诸子各家各派都在探究"道"，都在论说自己对"道"的理解。以老、庄为代表的"道家"当然不用说，以孔、孟为代表的早期儒学也把探求"道"作为终极的使命。孔子说："朝闻道，夕死可矣！"（《论语·里仁》）"笃信好学，守死善道。"（《论语·泰伯》）又说君子应当"志于道"，"谋道不谋食"。孟子也说："行天下之大道，得志与民由之，不得志独行其道。"（《孟子·滕文公下》）其他各家人物也都谈论、探究他们所理解的"道"。先秦诸子各家所说的"道"在具体内容上固然有许多不同，但相同之处是他们都把探究"道"作为学术的目的，认为无论是做人还是办事都应当知"道"、有"道"、守"道"、从"道"、顺"道"。

先秦诸子们对"道"热切探求的态度，与古希腊哲人探究"真理"的态度颇为相似。古希腊哲人大都把"真理"看作是认识追求的目标，认为没有什么比真理更接近智慧。柏拉图认为，真正的哲学家"就是那些喜欢知道真理的人"①。亚里士多德认为哲学的对象就是"适用于一切存在物的"真理，"哲学就应该被称之为关于真理的知识"②。尽管对于究竟什么是"真理"有不同的看法，如柏拉图认为真理是某种超验的、永恒的理念，亚里士多德认为真理是思想和物的符合，但总的来说，他们都认为"真理"是一个与事物的真实存在相关的典型的西方本体论概念，是人们的知识应当追求的最终目标，也是人应当服从的根本规律。

在一定意义上我们可以概括地说，古希腊哲学是以追求"真理"为导向的哲学，而中国先秦哲学则是以探求"道"为导向的哲学。那么，先秦哲学中所谓"道"，是否就等同于古希腊哲学中所谓"真理"呢？人们的确很容易产生这种联想并这样去理解。当西方哲学和中国哲学相遇时，人们往往会以西方的真理观来理解中国的"道"论。如孔子所谓"朝闻道，夕死可矣""守死善道"，就通常被阐释为执着追求真理、至死坚持真理的精神。例如，在林语堂对《论语》的英译中，这段话中的"道"字干脆就被简单地翻译成英文"真理（Truth）"③。显然，在这种阐释中，"道"这个概念已经被不言而喻地等同于"真理"，其内涵也就不知不觉被"真理"霸占。这种替代其实不仅出现在中西语言的翻译中，而且也出现在古今汉语的转译中。现代中国学者在其哲学研究著作中，也经常借用"普遍原理""客观规律""内在本

---

① 柏拉图. 国家［M］//见全增嘏. 西方哲学原著选读：上. 上海：上海人民出版社，1981：83.
② 亚里士多德. 形而上学［M］//W. D. Ross. trans. Aristotle's Metaphysics. Oxford：Claredon Press，1924：993b.
③ Lin，Y. T. The Wisdom of China and India［M］. New York，NY：Random House，1942：829.

质"等明显借鉴西方本体论形而上学真理观的概念，来对中国古代哲学文本中的"道"进行阐释。

不可否认，中国的"道"和西方的"真理"确实有一些共同之处。但这里的问题是这两者是否可以简单地认为是完全等同的。与之相关的问题是：中国古代哲学是否具有古希腊哲学意义上的形而上学真理观？或者说，中国古代哲学是否具有与古希腊哲学意义上的形而上学本体论相同的形而上学本体论？长期以来，这些问题一直困扰着对中国古代哲学的研究①。

哲学概念作为思想范畴的重要组成部分之一，与它赖以产生的文化特殊性是密切相关的。因此，产生于不同文化背景的哲学概念相互之间很难有绝对的对等。陈汉生（Chad Hansen）曾经断言："中国古典哲学家根本没有真理的概念。"② 如果陈汉生的"真理"仅指古希腊哲学意义上的"真理"，那么他的论断似乎是可以成立的，但同时这也意味着陈汉生的立场仍然深深植根于西方哲学传统，即认为一切事物都只能有一个"真理"，包括关于"真理"概念也只能有一个真的定义。然而，从比较的和相对的角度来看，我们似乎也有理由说"道"是中国版的"真理"，而"真理"不过是西方版的"道"。因为从一些中国古代哲学家的角度来看，不同的"道"并行而不悖不仅是思想史的现实，而且有时也是可接受的。关于这一点我们稍后还要讨论。

尽管中国哲学之"道"与西方哲学之"真理"二者不无相通之处，在某些上下文里二者也可以互相替换而不会造成太多误解，然而，通过深入仔细的比较我们可以发现，这两者之间还是有一些细微但却重要的

---

① 有关这个问题有不少讨论，例如：王珏. 中国哲学与形而上学问题 [J]. 吉林师范大学学报（人文与社会科学版），2004（1）：8-4；贾海涛. 中西对话困境中中国哲学的形而上学问题 [J]. 学术研究，2006（2）：22-28；俞宣孟. 论中国哲学形而上学的精神 [J]. 社会科学，2007（4）：115-139.

② Chad Hansen. Chinese language, Chinese philosophy, and "truth" [J]. Journal of Asian Studies, 1985, 44（3）：491.

差别，不应该被忽略。"道"并非就是一个完全等同于"真理"的概念。从某种意义上我们可以说，中国传统哲学所要追求的并不是西方传统哲学本体论意义上的"真理"，而是中国哲学中道论意义上的"道"。如果把二者混为一谈，则既混淆了中、西两种哲学传统的差异，又遮蔽了这两种哲学传统各自的特色。因此，将中国哲学的"道"与西方哲学的"真理"进行仔细比较，有助于深化对"中国形而上学"这一令人困惑的问题的讨论，也有助于进一步理解中国哲学的"中道"特征。

从语源上来看，"真理"与"道"的本义并无共同之处。"真理"（truth）的意思来源于"真"（true），意指真实地符合某种事实或实际情况。而"道"的本义是指"路"，路是由人走出来并供人走的。"道"后来的引申义还包括"言说"，抽象的引申义则指某种途径与方法。"道"的语源学起点表明"道"与人的实践活动密切相关。即使后来"道"这个概念已经被高度抽象化，它仍然保留着其原初的意蕴，即它产生于人来到这个世界并在地上行走这一原初意象。换句话说，它既不是脱离人类生存的绝对客观的"存在"，也不是人们在头脑中独自臆想出来的主观观念。它是人们在这个世界上生活的一种"方式"。即使在《老子》中，道也更多地被强调为一种有价值、有功用的"道术"，而不是跟人类实践不相干的客观的"真理"。老子之"道"的价值就在于它能为统治者提供"君人南面之术"。"真理"强调的是客观存在的"真"的实在，而"道"强调的是可以被人遵循、被人使用的方法的恰当性、正确性或适宜性。虽然在后来的发展中，"道"为一个抽象的哲学概念确实也获得了真实客观存在的含义，但它在语源上与"真"并无关系。

实际上在早期儒家经典里完全找不到"真理"和"真"这样的词汇，《论语》《孟子》《诗》《书》《礼》《易》《春秋》乃至于全部"十三经"中居然没有一个"真"字。"真"字是到了《庄子》书里才突然多了起来，但庄子所谓"真"与"真理"也不是一回事①。可以说早期中国哲学典籍中并没有完全相当于古希腊哲学所谓"真理"的概念。

在古希腊哲学中，作为知识对象的"真理"，是"事物不变的本质"。如亚里士多德所说："永恒事物的原理常为最真实原理（它们不仅是有时真实），它们无所赖于别的事物以成其存在，反之，它们却是别的事物所由成为存在的原因。"② 因此"真理"是先于人的存在而存在的，是不以人的意志为转移的。人只能努力去认识"真理"，发现"真理"，却无法改变"真理"，更不能创造"真理"。而中国古代哲学中的"道"却不同，孔子说："人能弘道，非道弘人。"（《论语·季氏》）荀子说："圣人也者，道之管也，天下之道管是也。"（《荀子·儒效》）甚至庄子也说："道，行之而成。"（《庄子·齐物论》）"道"是由人"弘"出来的，由人"行"出来的。也就是说，这世界上本来没有"道"，"道"是由人建构起来的。所以在孔、孟，乃至老、庄的语汇中，"道"往往是归属于人的，如"尧舜之道""文武之道""夫子之道""圣人之道""先王之道"等；或者与特定的人类活动目的相联系，例如"治国之道""修身之道""养生之道"等。正因为"道"是一种可以由人掌握的方法，中国古代经常强调求师问道的重要性，所谓"师"就是那些已经掌握了道的大师。孟子曾说："夫道若大路然，岂难知哉？人病不求耳。子归而求之，有余师。"（《孟子·告子下》）。《庄子》书中也有许多向高人学道的故事。

古希腊哲学中所谓"真理"应该是唯一的，而中国哲学中的"道"却可以是多元的。尽管呈现在人们知识中的"真理"总是具有相对性的，不同的哲学家、不同的学派所认定的"真理"具体内容是有差异的，但是"相对真理"总是相对于概念中那个绝对、唯一、不变的

---

① 徐克谦. 论庄子哲学中的"真"[J]. 南京大学学报, 2002 (2)：93 - 98.

② 亚里士多德. 形而上学 [M]. 北京：商务印书馆, 1997：34.

"真理"而言的。因此从观念上来讲，"真理"只能是唯一的。但在孔、孟的概念中却并非只有一个绝对、唯一、不变的"道"，而是有不同的"道"，如"圣人之道""君子之道""杨朱、墨翟之道"。甚至《庄子》书中还说"盗亦有盗"（《庄子·胠箧》）。它们相互之间可能是"道不同不相为谋"（《论语·卫灵公》），但都不失为一种"道"，甚至有时还可以"道并行而不悖"（《礼记·中庸》）。《孟子·离娄上》甚至引述孔子的话说："道二：仁与不仁而已矣。"（《孟子·离娄上》）仁与不仁，竟然都可以是"道"。而在亚里士多德们看来，如果甲是"真理"，则非甲一定是谬误，排中律乃是最确实无误的原理。因此"真理"的反面只能是谬误，不可能有正确与谬误都是"真理"，或不同的"真理"可以"并行而不悖"的情况。

探求"真理"追问的是"是"与"不是"的问题，探求"道"追问的是"可"与"不可"的问题。在古希腊哲人看来，一种知识或论断之所以是"真理"，是因为它符合其所表达的那个客观对象，这个对象或者是客观事物的实际状态，或者被认为是真实"存在"的绝对形式或观念体系。符合的就"是"，不符合的就"不是"。亚里士多德说："每一件事物都是关于存在的，所以它也是关于真理的。"① "把是说成不是，把不是说成是，就是谬误。是就说是，不是就说不是，这就是真实。"② 这就是亚里士多德对"真理"的定义。所以追求"真理"就是要追问一个客观的"是"与"不是"。而孔、孟之"道"却不太讲这种"真理符合论"意义上客观的"是"与"不是"，而是倾向于寻求在特定条件之下，主客体之间以及主体间的"适"与"不适"，"当"与"不当"，"可"与"不可"。孔、孟之"道"讲"时中"，"时中"就是要根据不同的时间、地点、对象、环境来决定什么是适当的，什么是不适当的；什么是可以的，什么是不可以的。如孔子的为官之"道"

---

① 亚里士多德. 形而上学［M］. 北京：商务印书馆，993b15.
② 亚里士多德. 形而上学［M］. 北京：商务印书馆，1011b25.

便是"可以仕则仕，可以止则止，可以久则久，可以速则速"（《孟子·公孙丑上》）。因此，"道"不是某种客观存在的事物在知识上的对应物，而是由人在特定的历史情境中，在人与物、人与人、人与世界、人与历史的互动中建构起来的适当的关系，是人"照看事物"的最佳方式。

"真理"与"道"的这些细微差别表明，我们不能简单地理所当然地把这两者看成是完全对等的概念而混为一谈，尽管二者也的确有一些相同的方面，例如都具有普遍性、客观性等。此外，我们也不应该认为这种细微差别是无关紧要的。哲学作为文化精神的核心内容，对整个文化的发展显然有着重要的影响。以追求"真理"为导向的古希腊哲学和以追求"道"为导向的先秦哲学，分别对后来中、西文化的发展都有着深刻的影响，形成了各具特质的两大文化传统。而以求"真理"为取向的文化与以求"道"为取向的文化，两者其实是各有其利弊长短。

以"真理"为取向，导致了更适合于自然科学与技术发展的科学理性精神的发达；以"道"为取向，导致了更适合于社会伦理政治学术和人文艺术发展的实践理性精神的发达。自然科学的对象是客观的、外在的，"真理"也具有客观外在性。自然界的现实也会发生变化，但那变化也是客观的，有其自身的客观规律，不以人的意志为转移。研究自然科学就是要找出那个客观的"是"和规律，"真理"也就是那个客观的"是"和规律。客观的真理是不掺杂人为因素的，不以人的喜怒哀乐为转移，也不会因人的主观需要而改变。所以研究自然科学，须以认定"真理"存在的信念为前导。而社会人文领域虽然也有一些客观的规律，但这里所谓客观只是对个人而言的客观。而对"我"而言的客观，其实往往是由许多其他的"我"的主观构成的。因此，就人类社会和人文领域作为一个整体而言，任何规律都已经包含了人的实践行为和意识活动的介入，都脱离不了人为的因素。如果没有人的实践行为和意识活动，社会人文领域本身就不存在，当然也就根本不可能有什么社会人文领域的客观规律。因此在社会人文领域其实并不存在古希腊意义上的"真理"，只有先秦儒家意义上的"道"；没有绝对外在于人的客观的"是"，只有主客体互动情境中"合外内之道"的"可"。

以"真理"为取向，易于培养一往无前的进取心，但也易于形成独断；以"道"为取向，易于形成兼容并蓄的宽容，但也容易流于圆滑散漫乃至于相对主义。认定了有一个客观的不变的"真理"，并相信人最终能够认识或得到这个"真理"，故义无反顾，一往无前。好比一个人认定了山顶上有金子，所以不顾一切，只管拼命往山顶上攀登。而求"道"的人却好像只是到山中来旅游，只求找一条路，既可以看到好风景又能避开危险一步一步走稳走好。求"真理"的人一旦自以为找到了"真理"，便容易形成独断，否定其他人的学说，并且只有在否定了其他人之后才能确证自己所发现的为"真理"，因为"真理"是唯一的。故追求"真理"为取向的学术史，较多呈现为对前人历史的否定与批判，不断用新的"真理"取代旧的"真理"。有时新一代的西方哲学家甚至干脆简单地把他们的前辈"搁置"在一边而懒得去跟他们辩论①，而"道"却不是脱离人而独立存在的东西，它从我们祖先的足下延伸到我们的足下，并将继续延伸到我们的下一代。因此求"道"的人往往善于在古今中外不同的"道"之间求同存异，而不是简单地否定前人或他人的"道"。他们对前代圣贤之"道"往往怀有敬意，善于接着前人走出来的"道"继续走。如孔子所声称的"述而不作，信而好古"，如后代儒者对先儒学说的"照着讲"或"接着讲"。中国哲学史上的哲学家很少会把前贤的思想搁在一旁不管而自说自话，相反，他们往往喜欢"温故知新"，"继往开来"。故追求"道"为取向的学术史呈现出返本开新、兼容并蓄、融会贯通的特征。但其流弊则是容易

---

①　Richard Rorty. Philosophy and the Mirror of Nature ［M］. Princeton, NJ: Princeton University Press, 1979: 6.

形成认识上一味容许"见仁见智"差异的散漫，行为上"无可无不可"的圆滑，乃至于"此亦一是非，彼亦一是非"的相对主义。

以"真理"为取向更关注于最终目标，为了达到最终目标甚至不择手段；以"道"为取向比较重视过程本身，对于最终的结果有时倒不十分计较。追求"真理"因为最终目标明确，并且目标具有终极价值，所以为了达到这个目标不惜采取一切手段。好比撒网捕鱼，目的只在于得到鱼而已。而求"道"的人却好像姜太公以直钩钓鱼，愿者上钩，是否能钓到鱼无所谓，重要的是"钓"的过程本身。崇尚"真理"的文化往往以最终结果论成败，故易于刺激人不顾一切奋力追求，因而使得社会整体上在可量化的"发展""进步"的历程中表现出比较高的效率。崇尚"道"的文化则往往能"不以成败论英雄"，一个人如果因为坚持"求之以道"而未能达到或未能像其他人那样快地达到某个既定的目标，是应当得到同情与赞赏的。因为他即使没有成功，也已经"得道"，"得道"就是"有德"。换句话说，"道"与其说是某个最终目的，不如说是通往这个目的的整个过程本身。但也正因为对过程本身的关注甚于对具体结果的关注，求"道"的文化在"发展""进步"方面，面对以数字为手段的量化衡量标准仿佛显得效率不高。

当然，任何像上面这种两种不同文化差异的宏观概括比较都难免被人批评为过于一般概括而忽略细节，并且很容易被人用具体案例来进行批驳。这并不奇怪，因为不同文化相互之间的差异只是相对的而不是绝对的。上述关于"道"与"真理"之差异的比较只是将其差异的方面加以突出，以强调二者不可混为一谈，但这并等于不否认两者也有相通或者相同的方面。实际上"道"的含义在中国古代不同哲学家的思想体系中差异也是很大的，有的时候"道"的含义与西方哲学传统中的"真理"概念的含义也有许多交叉重合。如先秦道家著作中有时会用夸张的描述把他们的"道"神话为"先天地生"的"常道"或"恒道"；

汉代儒生说"道之大原出于天，天不变，道亦不变"①，试图将"道"说成是永恒不变的东西；宋儒在对儒家之道的探求中"体贴"出"天理"二字，强调"天下只有一个理"。近、现代以来受到西学东渐影响的中国哲学，更是有意识地确立并不断强化着"真理"的观念，以至于在哲学乃至一切学术研究中，都坚信有"真理"并以发现真理作为毋庸质疑的目的。因此，中国哲学家对"道"的追求，有时的确与西方哲学传统中对"真理"的探求具有同样的意义。但尽管如此，我们认为中国古代的"道"概念确实有其独特内涵，因此不应被简单视为一个与西方哲学传统中"真理"概念完全对等的概念。

然而非常有趣的是，在过去的一个多世纪里，中国和西方哲学界在理解"道—真理"问题上似乎经历了某种反向互动的过程。一方面，伴随着中国的现代化进程，中国知识界总体上逐渐接受并确立了与西方哲学传统相一致的"真理"观。另一方面，西方哲学却出现了一股以反西方传统哲学为特征的"后现代"思潮，这种思潮从一定意义上也可以说恰恰是对西方传统"真理"观的颠覆而向中国古典哲学原本意义上的"道"观靠拢。

中国近、现代史通常被描述为中国人民追求"真理"和解放的历史。所谓"真理"既包括自然科学中的科学真理，也包括历史和社会发展的根本规律或原理。进入近、现代以后，绝大多数中国人相信"真理"是在西方。最终，中国共产党人相信他们找到了历史和社会发展的"真理"，这就是马克思主义。马克思主义在当代中国又被称作"科学共产主义"，被认为是"放之四海而皆准"的"普遍真理"。"真理"的概念，特别是西方传统的真理符合论意义上的"真理"，在中国已被广大知识分子和普通民众所接受。现当代主流的中国学术话语中人们不再过多谈论"道"，而"真理"一词无论在自然科学、社会科学，

① （汉）董仲舒．天人三策［M］∥（汉）班固．汉书．北京：中华书局，1962：2518－2519．

还是人文科学的讨论中出现都更为频繁。"文化大革命"结束后，中国思想界最重要的全国性事件之一就是关于"真理标准"问题的大讨论。尽管这一讨论最终得出的结论是"实践是检验真理的唯一标准"，并且以"摸着石头过河"和"不管白猫黑猫，抓住老鼠就是好猫"的实践理性的比喻作为注脚，其内涵其实更接近于中国传统哲学中根据具体情况在实践中探寻正确之道的中道论。然而，普遍的"真理"信念在绝大多数中国人头脑中已经根深蒂固，不可动摇。如果有人在当今中国宣称自己不相信"真理"，那不仅会显得很可笑，而且会被视为极其荒谬。

然而具有吊诡与讽刺意味的是，在过去的一个世纪，尤其是在 20 世纪后期，现代西方哲学乃至整个西方知识界整体上正在经历一场趋势恰好相反的、被称作"后现代"的思想运动，其主要特征之一便是解构传统的"真理"观念和其他类似的本质主义观念。后现代主义的西方哲学家对西方哲学传统进行了深刻的理论反省，试图跳出西方传统哲学的藩篱，显示出当代西方哲学发展的一种新转向。几千年来的西方哲学以发现终极实在，建立绝对真理的知识体系为己任，而后现代主义却举起反本质主义和反基础主义的大旗，从根本上否定了作为世界基础而存在的终极本体及其绝对真理，倡导多元性、不确定性、无序性、矛盾性等。

后现代的西方哲学家们反对传统的形而上学，对传统"真理"观所假设的那些不证自明的、具有终极真理意义的观念或概念进行解构，否定"真理"具有脱离人的思维和实践而独立存在的客观实体性。在西方传统哲学家那里，真理本身同人的目的、需要和兴趣等毫无关系，人们必须不带任何成见去研究问题才能发现真理。然而，在后现代主义著名代表人物之一的理查德·罗蒂（Richard Rorty）看来，真理并不是被发现的，而是被发明的。他说，"真理不可能现成的在那儿"①，"只有语句能够是真的，人类通过在其中表达了语句的语言来构造真理"②，"真理是由人类构造的"③。这不禁使人联想到中国古代哲学所谓"人能弘道""道行之而成"的道论。

在某些 20 世纪后现代西方哲学家看来，"真理"与客观现实之间并不存在完全符合的对应关系。海德格尔说："真理并不意味着所知与客体之间的一种相符合的结构，好像可以把一个实体（主体）比拟于另一个实体（客体）。"④"真理"有时仅被视为人们为了适应特定历史环境和条件而建构或制造出来的一种信仰或主张，它取决于社会习俗、人类感知和社会经验，或者它仅仅是某个特定人群在哈贝马斯（Jürgen Habermas）称之为"理想的话语情景（ideal speech situation）"⑤条件下达成的理性共识。"真理"作为被人们构造出来、发明出来应付环境的一种信念，其价值并不在是否跟某种与人的目的无关的实在相符合，而在于它同人们已经持有的信念是否会发生冲突。一个信念只要与其余的大多数信念不发生矛盾便是"真理"。用罗蒂的话来说："所谓'客观真理'恰恰只是我们当前有关如何说明发生事物的最佳观念之谓。"⑥换句话说，"是"与"不是"的意义已退居其次，重要的在于"当"与"不当"，"可"与"不可"。

---

① Richard Rorty. Philosophy and the Mirror of Nature［N］. Princeton, NJ：Princeton University Press, 1979：5.

② Richard Rorty. Philosophy and the Mirror of Nature［N］. Princeton, NJ：Princeton University Press, 1979：9.

③ Richard Rorty. Philosophy and the Mirror of Nature［N］. Princeton, NJ：Princeton University Press, 1979：21.

④ Martin Heidegger. 1962. Being and time［Sein und Zeit］. Trans. John Macquarrie & Edward Robinson. Oxford OX：Basil Blackwell, 1962：261.

⑤ Jürgen Habermas. Truth and justification. Studies in contemporary German social thought.［Wahrheit und Rechtfertigung.］. ed. and trans. by Barbara Fultner. Cambridge, MA：MIT Press. 2003. p. 251.

⑥ Richard Rorty. Philosophy and the Mirror of Nature. 251.

因此，在一些当代西方哲学家看来，发现"真理"已不再是哲学的目的，如罗蒂所说："开导哲学以维持对话为目的，而不是以发现真理为目的。"① 新阐释学在"语言本体论"意义上提出了"对话""视界融合""协同性"等新概念，以作为认识之客观性的替代，这实际上等于是宣告了西方传统形而上学本体论和真理观的终结。而"真理"成了一种在人与人的"对话""视界融合"和"协同性"中"建构"起来的东西，那它实际上就已经不再是西方传统哲学意义上的"真理"，而接近于中国古代哲学意义上在人的"言"与"行"中诞生的"道"了。同时这也会让人联想到，如果"后现代"西方哲学意义上的"真理"仍然可以被称为"真理"，那么陈汉生关于"中国古典哲学家根本没有真理的概念"② 的论断就未免显得有点不公正了。

从比较的和动态的角度来看，无论是中国的"道"还是西方的"真理"，都没有绝对的和永恒的定义。"道"与"真理"都是一种"中"。或许在全球化的背景下，中国的"道"与西方的"真理"之间，中国的形而上学与西方的形而上学之间，也可能发生某种"视域的融合（fusion of horizons）"。其实，所谓"视域的融合"与中道论的方法非常相似，中道论的方法就是要在不同甚至对立的两端之间求同存异，汇聚融合，从而凝聚出一个新的共识，这就是"中"。

总的来说，中国哲学中的"道"概念并不完全等同于西方传统哲学中的"真理"或其他类似概念。"道"不是本体论的"存在"，而是中道论的"中"。正因为此，宋代理学家认为天下之正道，根本就在于"中"。因此中国传统哲学的特点是中道论而非本体论。中道论从不主张任何绝对真理，但它总是对任何可能的"真理"敞开大门。同时，中道论也并非纯粹只是相对主义，完全否认有正确与错误的区别。"真

---

① Richard Rorty. Philosophy and the Mirror of Nature. 373.
② Chad Hansen. Chinese language, Chinese philosophy, and "truth" [J]. Journal of Asian Studies, 1985, 44（3）: 491.

理"或"是""正确"确实存在，但它只存在于历史的特定时空中。

第四节　从中道论的角度看认识论
与知识合法性问题

认识论，或关于知识的理论，是哲学探究的一个重要方面，它探讨的问题包括：知识如何可能？知识的来源是什么？知识的性质和范围是什么？知识和信念之间的关系是什么？知识与真理的关系是什么？如何证明自己的知识是正确的？等等。在本体论思维方式的影响下，西方的认识论哲学讨论，通常集中在主体如何知道某个命题是正确的，或者一个人如何证明他所信仰的是真实的知识等问题上。他们通常以一个想象出来的个体，即认知主体为基础来分析知识的正当性。有的人认为知识的来源和知识的正当性与理性有关，而理性在某种程度上是人类大脑先天具有的；另一些人则认为知识来自主体的经验，并且应该由主体即思维的个体的经验来证明其合法性。

然而，从中道哲学的观点来看，无论是先验的理性，或是孤立的个体经验，都不足以构成正确和合法的知识的唯一来源。正确和合法的知识应该是基于对事物的多视角、无偏见、全方位的考察的融合。这就意味着，系统的知识并不是某种先于任何人类经验和实践而存在先验理性结构或先验逻辑的反映，同时它也不能仅仅建立在个体的私人经验的基础上。真正的知识既不只是一种个体的精神现象，也不是对独立于人类实践活动之外的"本体"的反映。它是在人的内心与外部世界辩证互动中建构起来的"中"，并且应该在人类历史和人类社会中通过人的实践来证明其合法性。

孔子似乎并不排除某种天生的先验知识的可能性，但他更强调的是知识的获得性而非先天性。孔子曾说："生而知之者，上也；学而知之者，次也；困而学之，又其次也；困而不学，民斯为下矣。"（《论语·季氏》）然而，孔子从来没有认可过现实中某个人真的拥有与生俱来的知识，他也没有发现自己有什么先验的知识。他说："吾非生而知之者，好古，敏以求之者也。"（《论语·述而》）事实上在整个儒学发展的历史中，我们从未见过任何活着的人被认为是"生而知之"者。也许只有像尧、舜那样的传说中的古代圣王才能被归入"生而知之者"的范畴。总的来说，儒家认为知识是通过学习、教育和实践获得的，孔子、孟子、荀子等儒家先贤对这些问题有很多精彩的讨论。同时，在儒家看来，知识完全是可能的，因为荀子说："凡以知，人之性；可以知，物之理也。以可以知人之性，求可以知物之理，而无所疑止之，则没世穷年不能遍也。"（《荀子·解蔽》）人类有认知的能力，这是人的本性；事物有被认知的可能，这是事物本身的道理。人们利用自己的认知能力去了解可以认知的事情，为什么知识是不可能的呢？只不过世上的事物无穷无尽，变化无穷，人以其有限的生命不可能获得全部的知识而已。孟子也认为人都有辨别是非的天性，也即他所谓"四端"之一的"是非之心"。但"是非之心"本身还不是"知识"，它只是认识的能力或条件。只有把它运用到学习、思考和实践中，知识才有可能实现。因此，我们可以说，知识是人们内在的认知能力（"是非之心"）在现实中与外部客观事物在实践中相遇的结果，这种相遇也就是"中"。

孔子从不否认知识的客观性，但这种客观性也只是发生在一定的历史语境和时间中的一个"中"，而不是某种只有上帝才知道的终极的、绝对的、永恒的"真理"。孔子有句名言："知之为知之，不知为不知，是知也。"（《论语·为政》）显然，孔子是认为知识应该是客观的，你不能在实际上不知道的时候假装知道并以此为真知。但是，从西方哲学认识论的角度来看人们或许会问：如果一个人自信他知道某件事，而实际上他并不知道；或者他所知道的其实并不代表认知对象的真实存在，那又该怎么办呢？换句话说，是否有可能存在虚假的或错误的知识？从儒家中道论的角度来看，对这个问题的回答是肯定的，人们在认知活动中往往会犯错误。但认识上的错误并不是因为人们不能看透"现象"以达到事物绝对真实的"本质"，而仅仅是因为人们或是由于偏见和蒙蔽，或是受限于特定的时空条件，在实践中没有能与认知对象充分互动，无法获得关于认知对象的完整和全面的信息。换句话说，人们有时会获得虚假的或错误的知识，并不是因为认知对象隐藏了其真实的"本质"而仅仅呈现其虚幻的"现象"，而是因为人们的认知由于某种遮蔽而产生了偏见。

这种遮蔽和偏见就是《荀子·解蔽》篇所要解的"蔽"。《解蔽》具体讨论了人们在认识活动中可能遇到的各种会导致虚假或错误知识的"蔽"，以及如何在认识活动中破除这些"蔽"的方法。荀子指出："凡人之患，蔽于一曲，而闇于大理。"（《荀子·解蔽》）又说："万物为道一偏，一物为万物一偏。愚者为一物一偏，而自以为知道，无知也。"（《荀子·天论》）由此可见，导致认识上出现错误的原因是蔽于一曲、一偏，也就是只知其一不知其二，只看到事物的这一面，看不到另一面，偏于"一曲""一隅"，导致认识的片面与不完整。最能形象地说明这个"一曲""一隅"之"蔽"的就是盲人摸象的寓言，几个盲人各得象之一体，以为象就是自己摸到的那个样子。这不是因为他们摸到的只是"现象"，摸不到"本质"，而是因为它们只摸到一部分，没有摸到全部，所以认识走偏了。

偏于"一曲""一隅"其实就是不"中"，背离了"中道"。荀子认为人们普遍的"心术之患"就是容易被矛盾对立面的某一方所"蔽"。任何矛盾对立面的两端，如荀子所列举的欲—恶、始—终、近—远、博—浅、古—今等，都会形成"蔽"，使人不能全面均衡地看问题。荀子在《解蔽》篇和《天论》篇批评各家之"蔽"，就是指出他们的错误在于对构成矛盾对立的两端只知其一，不知其二，如《解蔽》说：

> 墨子蔽于用而不知文。宋子蔽于欲而不知得。慎子蔽于法而不知贤。申子蔽于埶而不知知。惠子蔽于辞而不知实。庄子蔽于天而不知人。

可见这些"蔽"都是偏于矛盾对立面的一端，不"中"，所以他们的"道"都是偏道，"一隅"之道，而不是"中道"。荀子认为要解除这个"蔽"，就要破除一偏之见，多方了解情况，全面掌握信息，然后用"中道"来权衡取舍，"兼陈万物而中悬衡焉，是故众异不得相蔽以乱其伦也"（《荀子·解蔽》）。

荀子承认人可以通过"心"来获得正确的知识并认识"道"。汉语里"心"所指既包括身体上的心脏（heart）也包括精神上的心灵（mind）。也许中国古人认为这两者本来就没有必要加以割裂区分。"心"可以被认为是一个精神和肉体合一的"中"，它既不是笛卡尔式的"我思故我在"的纯粹精神实体，也不是像吉尔伯特·赖尔（Gilbert Ryle）所说的那样纯粹是个"范畴错误"。"心"不仅是身体的中心，包含着"血气"，也是精神的居所，有情感有意志，就像一国之君，下达命令而不接受命令。然而，在荀子看来，这样的"心"也需要通过"治气养心之术"来修养培育，使之归于中正：

> 治气养心之术：血气刚强，则柔之以调和；知虑渐深，则一之以易良；勇胆猛戾，则辅之以道顺；齐给便利，则节之以动止；狭隘褊小，则廓之以广大；卑湿重迟贪利，则抗之以高志；庸众驽散，则劫之以师友；怠慢僄弃，则炤之以祸灾；愚款端悫，则合之以礼乐，通之以思索。凡治气养心之术，莫径由礼，莫要得师，莫

神一好。夫是之谓治气养心之术也。(《荀子·修身》)

"心"也是认识的器官,但"心"要获得正确的知识,必须使心保持"虚壹而静"的状态:

> 人何以知道?曰:心。心何以知?曰:虚壹而静。心未尝不臧也,然而有所谓虚;心未尝不两也,然而有所谓壹;心未尝不动也,然而有所谓静。人生而有知,知而有志;志也者,臧也;然而有所谓虚;不以所已臧害所将受谓之虚。心生而有知,知而有异;异也者,同时兼知之;同时兼知之,两也;然而有所谓一;不以夫一害此一谓之壹。心卧则梦,偷则自行,使之则谋;故心未尝不动也;然而有所谓静;不以梦剧乱知谓之静。未得道而求道者,谓之虚壹而静。作之:则将须道者之虚则入,将事道者之壹则尽,尽将思道者静则察。知道察,知道行,体道者也。虚壹而静,谓之大清明。(《荀子·解蔽》)

什么是"虚壹而静"呢?

首先要"虚"。"虚"就是要以谦卑开放的心去接受新的知识,悬置心中已有的成见,把心空出来,去面对新事物、新问题,防止已有的成见形成"偏"和"蔽",也即荀子所说的"不以所已臧害所将受"。"心"不是一个现成的空虚的容器,每个人心中都难免有"成心""成见"。"虚"就是要防止"成心""成见"对接受知识形成遮蔽。孔子就是一个保持"虚"的典范。他虽然知识渊博,但却说:"吾有知乎哉?无知也。有鄙夫问于我,空空如也;我叩其两端而竭焉。"(《论语·子罕》)。他敢于承认自己的"无知",承认自己"空空如也"。"空空如也"就是"虚"。《论语·子罕》记载:"子绝四:毋意,毋必,毋固,毋我。"这也是说的要保持心的空虚与开放。

其次要"壹"。"壹"是对"一"的否定之否定，是对"一"和"二"折中和扬弃。因为"心"是开放的，能包容矛盾对立的"两端"。只知其一不知其二是"偏"，知道二以后忘了一也是"偏"。知一知二但不能综合统一，还是不能形成新的知识。这都不是"中道"。必须把"一"和"二"综合统一起来，这就是"壹"，也就是"中"。这就是孔子所说的"叩其两端而竭焉"，也就是舜的"执其两端而用其中于民"。同样，悬置已有的知识，并不是叫人完全抛弃已有的知识，而只是叫人不要让已有的知识"蔽"住新的知识。但新知与旧知也并不总是对立的，所以也要"温故而知新"。最终还是要把新、旧知识"壹"起来，这样才能真正认识"中道"。

最后要"静"，就是要让"心"安宁，不受各种杂念的干扰。杂念太多，心不宁静，难以获得正确认识、做出正确的判断，也就"中"不了。好比射击运动员比赛时患得患失，脑子里有许多杂念，心理压力很大，"心"不能安宁平静，这样他就射不"中"。心，睡着的时候会做梦，松懈的时候会走神，运用它的时候就可以进行谋划。所以心总是处在活动之中，然而也可以使它宁静，不因为梦想和剧烈的心理活动扰乱认知就叫作宁静。要正确认识"道"，就得平心静气，排除杂念，让心像平静如镜的水面一样不起波澜。保持心静可以说也就是保持"不惑""不动心"。孔子说"智者不惑"，又说自己"四十而不惑"；孟子则说"吾四十而不动心"。可见达到这种境界并不容易，需要长期的修炼工夫。

总的来说，中道论认为知识是内在的"心"与外部世界在实践过程中互动与建构的结果。内在的"心"就是《中庸》所谓未发之"中"，它有知觉能力，也有情感能力，甚至有一定的超越维度，因为它是天命之性的所在。然而"心"本身不能独自创造任何知识，它必须与外部世界保持沟通和交流以获取或构建知识。外部世界不仅指自然和社会，也指他人的思想和想法。正确的知识是在交流和实践中与他人共享观点形成视域融合基础上的建构。合法的正当的知识不一定是绝对的、终极的"真理"，但在当时应该是全面的、公正的、理性的，而不是片面的、偏颇的。为了获得正确的知识，个体必须使"心"保持"虚壹而静"。"虚壹而静"也就是"大清明"，透彻澄明，没有遮蔽，这样才能避免"偏"，保持"中"，均衡、全面、正确地认识事物，遵循"中道"办事。

第五节　中道论在伦理学与政治哲学上的意义

在伦理学和道德哲学领域，儒家中道论认为，道德和伦理规范只有在人与人的相互关系中才能被建构并被合法化。"中道"的目的之一便是在"人—己"相关视域中发现并确立道德规范和伦理原则。道德并不仅仅是从一个孤立的个体的内心或"本性"生发出来的东西，而是发生在人类社会中人与人的相互关系及人们的社会实践中。道德的范畴、标准和原则必须建立在自我与他人相互对待的关系之中，亦即必须在自我与他人的相互关系中具有双向可行性。例如，"仁"作为儒家伦理中最重要的道德范畴，就正像这个汉字本身所显示的，从人从二，意指人与人之间的对等关系，表明"仁"的道德不只是属于孤立的个人的属性。它必须通过现实中人与人之间的相互关系来得到体现与确认。孟子认为人性之善表现为"四端"，即恻隐之心、羞恶之心、辞让之心和是非之心。这四者都涉及自我和他人的关系，离开了他者作为对象，四者便失去了实质性意义。在一个从未与他人和人类社会有过任何接触的生物学意义上的人身上，是无法想象其具有任何这些道德心的。因此，孟子关于道德萌芽源于人性之善的理论不能简单地理解为认为道德是作为人类一员的所有人的一种自然或生理的属性。从中道论的观点来看，儒家的伦理道德并不仅仅是基于道德主体即个人内心真诚的德性，而且也必须在人与人相互交往的社会道德实践中得到证明和批准。因此将儒家的伦理道德仅仅理解为西方意义上的德性伦理也是具有一定片面性的。

儒家伦理道德并不是一种道德单边主义。这就是说，真正的道德不能仅仅是从道德主体内心的"中"出发，还应该在社会上"发而皆中节"，在与他人的共同道德实践中得到验明或确认。一种道德原则，只有当它不仅能被自己内在之"中"心悦诚服地接受，同时也能被他人心悦诚服地接受时，它才是道德的。道德标准和规范必须是在自我与他人或社会成员之间被相互接受、可以相互适用。儒家把这一原理表述为"忠恕"，并认为这是孔子一以贯之的道，具体内涵就是："己所不欲，勿施于人。"（《论语·卫灵公》）《中庸》里也说："忠恕违道不远，施诸己而不愿，亦勿施于人。"朱熹解释道："尽己之心为忠，推己及人为恕。"① 所谓"恕"就包含理解他人就像理解自己一样，能够换位思考，对他人宽容仁慈，能够原谅他人的缺陷和错误等含义。显然，"忠恕"也意味着内在之"中（zhōng）"与外在之"中（zhòng）"两者之间的辩证互动关系，是中道论思想的具体体现。所以现代新儒家学者徐复观先生非常精辟地指明"忠恕与中庸，本是一事""中庸与忠恕，是一非二"②。《大戴礼记》中记载的孔子与鲁哀公的一段对话，也清楚地表达了"忠恕"与中道论的关系：

> 知忠必知中，知中必知恕，知恕必知外，知外必知德……内思毕心曰知中，中以应实曰知恕，内恕外度曰知外，外内参意曰知德……（《大戴礼记·小辩》）

① （宋）朱熹. 四书章句集注［M］. 北京：中华书局，1988：23.
② 徐复观. 中国人性论史［M］. 上海：上海三联书店，2001：101，107.

所谓"外内参意曰知德"与《中庸》所谓"合外内之道"的精神是完全一致的，表明道德既不能只从纯主观的一面去理解，也不能只从纯客观的一面去理解。道德是主观（内）与客观（外）相遇之"中"。"忠恕"的中道论原理在《大学》里又表述为所谓"絜矩之道"：

> 所恶于上。毋以使下。所恶于下。毋以事上。所恶于前。毋以先后。所恶于后。毋以从前。所恶于右。毋以交于左。所恶于左。毋以交于右。此之谓絜矩之道。（《礼记·大学》）

儒家这种"忠恕"与"絜矩之道"的原则，有时被人仅仅理解为一种对等互惠原则，但这种理解并不十分确切。互惠是指双方之间的对等交换关系，即我帮你一个忙，只是因为你帮了我一个忙；或者我帮你一个忙，只是因为我希望你也会帮我一个忙。这种互惠原则倒有点像是墨家"兼相爱、交相利"的伦理观的理论基础，尽管在实践中，墨家门徒实际上是不求回报的利他主义者。儒家伦理道德的基础显然并不只是这样。"忠恕"或"絜矩"之道只是提供了认知理解人与人之间道德情感合理性的一个框架，并不意味道德就是我必须做并只能做别人曾对我做过的一切。例如，我被某人粗鲁地对待，是我所不欲。此时"忠恕""絜矩"之道并不意味着我用同样粗鲁的方式对待他也是道德的，而是通过"忠恕""絜矩"的方法来将心比心：既然我不喜欢他对我这样，由此可知其他人也会像我一样讨厌这种行为，进而意识到这种粗鲁的行为是普遍令人厌恶的，不道德的。因此，基于对他人的同情恻隐之心，我不应该对任何人再做这种令人厌恶的事情，包括不应该对那个对我这样做的人以同样的方式进行报复。因此儒家不主张以牙还牙，以怨报怨。当然也不主张以德报怨，而是主张"以直报怨"。

"絜矩""忠恕"中道原理在伦理学上所强调的正是在相互关系中对人与人之间实存的同情、理解、宽恕精神的体悟与认知。它构成了儒家伦理道德的中道论基础，表明道德不只是一种个人头脑中不知从哪儿来的先验的绝对道德律令，而且也是在现实社会人际交往中切实可感的人伦关系。中道论的道德观有助于避免道德单边主义和双重道德标准。它也可以给个体以启示，使其能够自觉培养一种更加社会化的道德人格，减少个体之间乃至社会族群之间的矛盾冲突，从而增进人类社会群体成员之间的和谐。

正如我们在前面章节已经提到的，中道论源于中国上古时期一些圣王的政治故事与传说，因此中道论的政治意义是显而易见的。"中"有中心、核心的意思，有时就是表示一个政治中心，甚至是中央集权的中心。正如"中国"一词在中国历史上常常具有政权合法性的意蕴，"中"这个词也往往带有正统、合法和权威的意义。"中道"也就是"王道"，或者换句话说，"王道"必须是"中道"。正像《尚书·洪范》里所表述的：

> 无偏无陂，遵王之义；
>
> 无有作好，遵王之道；
>
> 无有作恶，遵王之路；
>
> 无偏无党，王道荡荡；
>
> 无党无偏，王道平平；
>
> 无反无侧，王道正直；
>
> 会其有极，归其有极。

《洪范》这几句是对"洪范九畴"中的第五范畴"皇极"的表述。所谓"皇极"就是王者的最高法则。我们在本书第一章已经提到，按照古人的注释，"皇极"又可训为"大中"。因此这里所包含的政治含义也可以理解为王者的最高法则就是"中"。君王作为国家政权的"中心"的合法性，也就在于其能执"中"、坚持"中道"。只有王者"执

中"，天下人才会"遵王之义""遵王之道"，使之成为"中心"。而
"中"的具体含义又包括"无偏无党""无党无偏"，也即持中守正，
坚持公平、正义。《尚书·君牙》篇曰："弘敷五典，式和民则。尔身
克正，罔敢弗正。民心罔中，惟尔之中。"君主要成为民众拥戴的中
心，成为民众的主心骨，他首先要保持自身执中守正，也即孔子所谓
"其身正，不令而行"（《论语·子路》）。换句话说，公平、正义应该是
政治权力中心得以建立的基础。所有这些意义，其实都聚集在"中"
这个汉字的多重语义之中。

因此，在政治哲学意义上，中道论表明，"中"也就意味着公平正
义是政治中心和法律权威的基础。实际上"中"这个汉字本身在视觉
上也具有公平、正直的直观象征意义。在西方文化中，常用一个天平的
图像来直观地象征法律的公平正义。而在中国政治和法律文化中，
"中"字也具有类似的象征意义。我们在第一章中提到，关于"中"这
个象形字最初的含义，学者有不同看法。然而，无论其本义是指一面旗
帜，一个日晷、土圭，还是一卷法律文件，这些意义都与公平正义的理
念有一定的关联。为了在部落成员中树立权威，赢得信任，"中"作为
旗帜必须保持正直，没有偏斜。作为日晷或土圭则代表一种标准，也必
须公正可靠。在早期文献中，"中"与公平正义的联系似乎更为明显。
在《尚书》里，"中"这个概念出现在许多与司法问题直接相关的语境
中。例如《吕刑》篇在讨论刑法问题时，多次提及"中"的原则：

　　　士制百姓于刑之中，以教祗德。……故乃明于刑之中，率乂于
民棐彝。……
　　　上下比罪，无僭乱辞。勿用不行，惟察惟法，其审克之。上刑
适轻，下服；下刑适重，上服。轻重诸罚有权，刑罚世轻世重。惟
齐非齐，有伦有要。罚惩非死，人极于病。非佞折狱，惟良折狱，
罔非在中。察辞于差，非从惟从，哀敬折狱。明启刑书胥占，咸庶

中正。(《尚书·吕刑》)

在《吕刑》的上下文里,"中"明显具有在司法程序和刑罚执行中坚持公平正义的含义。它意味着对刑法的准确理解和在司法过程中的正确执行,以及在具体案件中根据具体情况进行量刑和调整(权)。可见"中道"不仅是中国古代先王留给后人的一种一般的政治智慧,而且在法制意义上也有其具体意义。所以有研究法制史的学者指出,"中道"不仅是儒家的"道统",而且也是中华法系的"法统"①。

"中"这个汉字后来的标准字体本身,也直观地给人以一种公平正直的表征。它以一种平衡对称的方式,将一个方形和笔直的一竖组合在一起,非常形象地象征着方正、包容、公平、正直、持中等理念。其他一些跟政府官员或公共事务相关的汉字,如"史""吏""事"等,从字形上分析,也都包含有以手持"中"的会意,似乎隐含着中正、公平、正义是政府官员和公共事务必须坚持的原则的象征意义。

中道论意义上的公平正义的内涵也包括在处理矛盾和冲突时对涉事的各方坚持公允不偏斜的立场,能包容兼顾社会中不同的,甚至是对立的群体的利益、诉求、想法等,在不同的社会阶层和社会群体之间寻求相互理解、利益平衡、和谐共处。如我们在前面章节所讨论的,"中"字具有正确和恰当的意思,但它同时也意味着调停和弥合两端之间的差异和分裂。这两个不同语义在"中"字上的聚合所包含的意义就是,所谓的"正确"或"适当"并不是一个先验的范畴或预设的标准,而是矛盾对立各方相互沟通和妥协的结果,是一种在具有一定共同基础的社群内部不同观点、不同主张之间视域融合和共同建构的产物。它通常会是在一定时空范围内人们现有的各种不同思想、意见的基础上形成的一个比较折中的、温和的均值或公约数。如果在一个特定的社会中,所

---

① 俞容根. 寻求"中道"——儒家之法的精神及其普世价值 [J]. 现代法学, 2006, 28 (6): 66-75.

有的社会成员都被包容在发展之中，并且都能够从发展中受益，那么这个社会的公平正义就庶几实现了。因此"中道"也是一个协调对立、化解矛盾、寻求社会平衡与和谐的政治途径。能坚持中道是一个可信可靠的政治权威中心必需的资质。换句话说，合法的政治权力中心，必须坚持"中道"，能最广泛地协调、均衡其所治理范围内所有社会成员的利益和诉求。

从这个意义上来说，作为政治原则的"中道"与民主的价值和原则是不谋而合的。特别是在政治决策或战略选择方面，儒家中道政治的原则和目标，与民主的一些原则和方法，如多数决定、相互妥协、包容少数等，都可以说是殊途而同归。

按照通常的理解，民主的原则之一是多数决定原则。而在一个信息开放的社会中，多数人通过民主程序最后做出的决定通常会是一个比较折中的选择，是在那些不同的意见和对立的政治力量之间做出的妥协。健康的民主制度可以被理解为这样一种程序，通过这个程序最终可以在相互冲突的利益、思想和诉求之间达成平衡或和解，最终形成一个大家都能接受的共识，这一共识从某种意义上也可以说就是一个"中"。因此可以说，民主制度及其目标与儒家中道观的基本精神和价值是一致的。

早期儒家学说的"中"或"中道"既是一种难能可贵的道德境界，也代表一种思维方式，同时也是一种处理世俗事务的实践智慧，甚至还可以说也包含了某种决策程序理论。作为一种个人道德境界，它要求一种对不同的思想和意见具有宽容精神的品格；作为一种思维方式上，它提倡包容、辩证、灵活，反对武断、顽固、偏执；作为一种处理世俗事务的智慧，它赞赏以和平方式解决冲突，促进多样性之间的和谐共处；作为一种决策理论，中道就是要在广泛了解各方面诉求的基础上，选择最恰当、最适宜、最稳妥的策略和措施，来运用于实际政治，而这往往应该是不走极端、无过不及的中道策略。《中庸》说："舜好问而好察迩言，隐恶而扬善，执其两端，用其中于民。"这就是说，舜的决策方法，是善于主动地、广泛地听取各方面的意见，择善而从；将对立的意见加以比较分析，从中选取适中的、恰到好处的主张运用于政治。孟子说："大舜有大焉，善与人同，舍己从人，乐取于人以为善。"（《孟子·公孙丑上》）可见，作为儒家政治典范代表的舜的领导作风绝不是独断专行，而是善于听取别人的意见，乐于采纳别人的意见。正如弗朗西斯·福山所指出的："儒家思想在任何意义上都不授命一个专制的政治制度。"①

理想的民主文化还要求政治家具有宽容的精神，能同情、理解、包容少数派，为了形成共识，必要时愿意做出妥协，等等。这些与儒家"中道"的和而不同、与人为善、成人之美的精神也都是兼容的。孔子说："君子和而不同，小人同而不和。"（《论语·子路》）"和而不同"就是说虽然和睦相处，但不要求意见一致，不必完全同一。民主政治就很需要这种"和而不同"的精神。在任何政治制度下，人们的意见都绝不可能是完全一致的，但在经过民主程序，根据多数意见做出决策后，大家应当在此基础上维持"和"的大局。同时，民主制度又允许少数人保留自己的不同意见，表达自己的不同观点，并以适当方式尽可能保护少数派的利益。在维护总体的"和"的前提下，允许"不同"的存在与表达，甚至应该允许对立的两端意见继续存在。实际上"中"与"两端"的关系是辩证的。如果没有"两端"，也就不可能有"中"。失去了"两端"作为参照与平衡，"中"就变成了孤立的"一"，"执中"也就变成了"执一"。所以儒家主张既要"尊贤"也要"容众"，既要"嘉善"也要"矜不能"。这与现代民主社会对待异见和少数派的态度是一致的。在一个健康的民主社会中，即便多数人通过民主的程序做出了决定，少数人的权利和利益仍应得到保障和尊重，对少数派和持

---

① Francis Fukuyama. Confucianism and Democracy [J]. Journal of Democracy, 1995, 6
　(2): 30.

不同政见者也应给予足够的关注和照顾，允许他们在不破坏"和"的大局的前提下适当表达意见。这是完善的民主文化的重要内涵，也是君子"和而不同"的中道政治的应有之义。相反小人政治则是"同而不和"，表面上要求所有人意见一致，隐瞒实际上存在的不同和分歧，与此同时，私下里却拉帮结派，各怀鬼胎，钩心斗角，互相拆台。这就是小人的政治。

"和而不同"的中道观念对那些想要成为政治领袖的人也有很好的启发：如果你想成为一个政治"中心"，你就应该在自己和他人，包括你的对手之间有一个相互对待的视角和辩证的观点；你应该知道如何与那些可能有不同想法的人一起工作，以及如何使你麾下的那些可能具有不同观点、不同个性的同事或下属，相互之间能保持一个合理的平衡。

中道论在所谓"人权"问题上也有其独特的意义。前面已经提到过，中文"人权"一词中的"权"字，本义是指秤杆上的秤砣。同时"权"也是中道哲学中的一个重要概念。它表明在中道论意义上所谓"正确"或"对"，不是一个固定不变的先验范畴，而是一个应该根据具体情况进行调节的适当的度，正如汉语"权宜"一词所表明的。因此，与西方固定的范畴概念的人权观相比，中国的"人权"概念或多或少更像是一种可以让"权"的所有者进行自主衡量和调整的尺度。如果一个人合法地拥有属于他自己的某项"人权"，就意味着这个人可以自主地比较和衡量做某事的代价和所得，从而做出自己认为是最佳的选择，而不是由外人告诉他应该如何取舍。他如何"权"取决于具体情况和语境，是灵活的，可以调整的，而不是一个天生固定适用于所有人和任何情况的抽象范畴。从中道论的观点来看，对个人来说，真正的"人权"其实也是一个"中"。它是个体的主观需要与当前的客观情况以及所需资源的可得性之间的一种遇合。它是动态的、适时的。它是个体根据自己所处的特定情况进行掂量权衡的结果，而不是强制他们接受的一组先验概念。它之所以是一种"正当的权利"，仅仅是因为它让个

体在特定的情境、特定的条件下，在可能的选项中，自主做出当时对自
己最合适的选择。

总的来说，儒家中道原理在政治上的运用，就是要以辩证的、相对
的和非对抗性的态度来处理政治事务中的矛盾和冲突，力求在自我与他
人、左派与右派、保守派与激进派、多数派与少数派、富人与穷人、大
众与精英、中央与地方等矛盾对立的两端之间找到并维持一个动态的
"中"，也即某种动态的统一与平衡。这并不意味着"中道论"完全忽
视矛盾和冲突，或试图消除一切差异和多样性，而是表明儒家认为和谐
共生、和平共处是一个社会更优先的价值。它倡导均衡、和谐、太平与
共赢的价值，努力调解矛盾，缓和冲突，以保持社会的总体和谐与稳
定，防止混乱和失序。毕竟，古代儒家社会政治的最高理想便是"天
下太平""天下为公""海县清一"。

第六节　中道精神与儒家君子理想人格

《中庸》引述孔子的话说："君子中庸，小人反中庸。"《论语》中
孔子也说："中庸其至矣乎，民鲜久矣。"可见在孔子看来，"中庸"是
一种十分难能可贵的品德，在普通民众中已很少见。换句话说，能坚持
中庸之道的人，在人群中是少数派，而"君子"则应该努力达到"中
庸"的境界。《孟子》书中也提到"孔子'不得中道而与之，必也狂狷
乎！狂者进取，狷者有所不为也'。孔子岂不欲中道哉？不可必得，故
思其次也"。可见，"中庸"或"中道"是儒家君子的极高境界，也是
君子和小人的重要区别之一。

对"中庸"或"中道"，人们通常只是从不偏不倚、无过不及、执
两用中的意义上来理解的。在《论语》和其他早期儒家经典中也的确

可以找到许多材料，证明不偏不倚、无过不及、执两用中，的确是儒家中庸之道的应有之义。

但是，如果儒家"中道"的内涵仅限于不偏不倚、无过不及、执两用中，那就很难免于别人给儒家的"中道"贴上调和主义、折中主义标签。事实上，许多人就是仅仅从这个意义上来片面地理解儒家的中庸之道，甚至批评儒家没有原则，没有执着，总是在不同的对立面之间搞平衡，和稀泥。这样理解的"中庸""中道"也就跟"乡愿（乡原）"没什么区别了。然而，孔子提倡"中庸"显然不是"乡愿"，因为他说过"乡原德之贼也"（《论语·阳货》），而"中庸"则是至高的道德境界。这两者在先秦儒家话语中有天壤之别，不容混淆。

关于孔子对"乡愿"的极度憎恶，《孟子·尽心下》有一段比较详细的论述：

> 阉然媚于世也者，是乡原也。……曰：非之无举也，刺之无刺也；同乎流俗，合乎污世；居之似忠信，行之似廉洁；众皆悦之，自以为是，而不可与入尧舜之道，故曰德之贼也。孔子曰："恶似而非者：恶莠，恐其乱苗也；恶佞，恐其乱义也；恶利口，恐其乱信也；恶郑声，恐其乱乐也；恶紫，恐其乱朱也；恶乡原，恐其乱德也。"君子反经而已矣。经正，则庶民兴；庶民兴，斯无邪慝矣。①

人们之所以往往只从不偏不倚、无过不及、执两用中的意义上来理解儒家"中道"，在很大程度上是因为忽视了"中"这个多义词的多重语义，仅仅从"中间"这一语义上来理解"中"与"中道"。但实际上"中"还有心中、内在之义，还可以用作动词，表明"切中""中的"

---

① 杨伯峻．孟子译注［M］．北京：中华书局，1981：341.

之义。关于这一点，前面章节已有论析，兹不赘述。这里只想重点论述一下作为中心、内在之"中"所代表的价值论含义和发而中节、事行得中之"中"所代表的实践论含义，及其在儒家"中道"哲学中的重要意义。

"中"可以指内心、内在，在先秦两汉文献中多有证据。特别是《中庸》一文本身就把"喜怒哀乐之未发"称之为"中"，也就是说"中"指的就是人心中最本然的情感欲望。这个未发状态的喜怒哀乐，可以理解为就是人的赤子之心，是每个人最真实的自我，也可以理解为当代人所谓"不忘初心"的那个"初心"。这其实也就是孟子所说的"本心""本性"。郭店简《性自命出》篇也说："喜怒哀悲之气，性也"；"好恶，性也"①。这正可以证明我们把"未发"的"喜怒哀乐"之"中"理解为人的本性是可以的。

从语源学上来看，"言不由衷"的"衷"，"忠心耿耿"的"忠"都是指内心，都有个"中"在里面。这个"忠"字的本义尤其值得我们注意。后代人讲"忠"，往往说"忠君""忠于国家""忠于爱情"等，好像"忠"是专门对别人而言的。但实际上"忠"的本义是指忠于自己，忠于内心，不自欺，也即真诚地对待自己本心里这个"中"。《大学》里说，"诚于中"才能"形于外"。所以"修身""齐家""治国""平天下"之前，首先要"诚意""正心"。我们常说那些说话言不由衷的人，是自欺欺人。一个人如果连自己都欺骗，还怎么能指望他不欺骗别人？因此只有先忠于自己、不自欺，不违背自己的本心本性，才不会欺人。

故"忠"首先是指忠于自己、内心真诚。这一含义在"忠恕"这个词里表现得也很清楚。曾子认为夫子之道一以贯之曰"忠恕"（《论语·里仁》），《中庸》也说"忠恕违道不远"。什么是"忠恕"？朱熹

---

① 荆门市博物馆. 郭店楚墓竹简［M］. 北京：文物出版社，1998：179.

《论语集注》曰："尽己之谓忠，推己之谓恕。"什么是"尽己"？"尽己"就是孟子所说的"尽其心"，就是老老实实真诚对待自己的本心本性。《中庸》解释"忠恕"说："施诸己而不愿，亦勿施于人。""施诸己而不愿"，那必须是自己内心真的不愿。这是"忠恕"之道的前提和基础。如果连自己内心真实的愿望都不肯承认、不敢面对，还拿什么去"施于人"？只有在忠于自己内心的前提下，推己及人的"恕"才是道德的。如果连自己最真实的本心都不敢面对、不敢承认，却要言不由衷地用一些自己都不相信的道德教条去"施于人"，那就是伪君子，是不道德的。《中庸》里指出"喜怒哀乐之未发，谓之中"，又说"中也者，天下之大本也"。这就等于说中庸之道有个"大本"，这个"大本"就是我们内在的、未发的本心本性。

另一方面，这个作为"天下之大本"的"中"，不仅是指"喜怒哀乐之未发"的本心本性，而且还有"天道"的源头。《中庸》一开篇就说："天命之谓性，率性之谓道，修道之谓教。"郭店简《性自命出》也说："性自命出，命自天降"；"教，所以生德于中者也"[①]。这就是说儒家的中庸之道源于"天"，顺乎"性"，而儒家的教化就是顺着这个作为天命之性的"中"来培养道德。春秋时期刘康公曾说："吾闻之，民受天地之中以生，所谓命也。"[②] 也就是说，这个"中"是人受之于天地的"命"。孟子也说："尽其心者，知其性也。知其性，则知天矣。存其心，养其性，所以事天也。"这也就是说，真诚地面对自己的本心本性，才能知性、知天，存养本心本性也就是侍奉天，完成天命。所以我们可以说，"中庸""中道"之"中"，不止是在偶然相遇的两个极端之间搞个平衡，搞个折中，而是有一以贯之的天道人性作为其"大本"的。这个"大本"是儒家"中道"的价值根基与出发点。"君子中庸"，就应该首先明了《中庸》里面十分强调的这样一个天道人性

---

① 荆门市博物馆. 郭店楚墓竹简 [M]. 北京：文物出版社，1998：179.
② 杨伯峻. 春秋左传注 [M]. 北京：中华书局，1981：860.

的根基。内心有这样一个根基，君子才能真正做到"居易俟命""素位而行""无入而不自得"。以此为"大本"，在这个基础上和前提下，再去运用执两用中、不偏不倚、无过不及的具体方法。

"中道"之"中"的另一个往往被人们忽视的语义就是作为动词用的"中"（现代汉语拼音读第四声）。其实这个语义在《中庸》里也是讲得很清楚的。《中庸》在"喜怒哀乐之未发，谓之中"之后，紧接着就说："发而皆中节，谓之和。""发而中节"，就好比射箭要射中靶子，不偏不倚，恰到好处，射中靶心。"君子中庸"，也就意味着君子除了有天道人心的内在信念，还要有面对现实、实事求是的实践精神。也就是说做事不能只从主观愿望出发，要有的放矢、注重效果。如果说前面所说的"喜怒哀乐未发"的"中"是内在于人心的"内道"，那么"发而皆中节"的"中"则是在客观现实中落实的"外道"。只有"合内外之道"才是完整的"中庸之道"。这一强调客观实践的维度突出了儒家"中道"的实践性。

"中庸"的"庸"字，到底怎么理解？前人有不同说法，现在人理解也不一致，乃至语焉不详。《庄子》说："庸也者，用也。"朱熹《中庸章句》说："庸，平常也。"又引子程子曰："不易之谓庸。"① 哪一个意思是"中庸"之"庸"的正解？笔者认为这几个意思是相通的，互相联系的。把它们综合起来理解，就是作为哲学概念的"中庸"的正解。或许我们也可以用过去宋明儒生经常会说的"平常日用"或"寻常日用"四个字来概括这个"庸"。"中庸"也就是说"中"的理想、信念、原则，最终是要落实于人类社会生活、个人言行出处的实践中。有些搞哲学的人，尤其是受传统西方哲学影响较深的人，往往会认为儒家思想不是哲学，因为儒家谈论的似乎都是些具体实用的伦理道德、社会政治等方面的问题，都是些很普通、很平常的道理，是一种常

---

① 朱熹. 中庸章句. 四书五经，上海：世界书局，1936：1.

识思维，一说出来大家都能懂。哲学怎么可以是这样的呢？哲学似乎应该是高精尖的东西，普通人不可能懂，也不可以懂。西方哲学有很多书确实很难懂，很玄妙。中国古代也有很多玄妙的哲学家，如先秦名家的一些奇谈怪论，也是超出人们常识的东西，即班固所谓"苛察缴绕""时失人情"。但是儒家学说不是这样的。《论语》里面孔子所说的话，早期儒家经典里面的东西，都是实实在在教人怎么做人、怎么办事的道理，都是很平常、很实用的东西，同时也是具有普遍性、恒久性的道理。这就是"庸"。这在一些高精尖的哲学家看来，也可以说就是平庸。但是儒家就是认为"道不远人"（《中庸》），"君子之言也，不下带而道存焉"（《孟子·尽心下》）。

但这并不等于说儒家学说中就没有高明的、超越的维度。前面所说的天道人心、未发之"中"就具有高明的、超越的维度。《中庸》说："君子之道费而隐。夫妇之愚，可以与知焉，及其至也，虽圣人亦有所不知焉；夫妇之不肖，可以能行焉，及其至也，虽圣人亦有所不能焉。……君子之道，造端乎夫妇；及其至也，察乎天地。"可知君子之道既有极其高深甚至连圣人都未必理解透彻的一面，同时又应用广泛，呈现为极其平常、极其普通的一面，连匹夫匹妇都能懂，都能行。儒家非常重视实践、讲究实用，极高明的道理最终要落实到平常日用。这就是《中庸》所说的"极高明而道中庸"。所谓"庸德之行，庸言之谨"，也就是说道不论怎么高明远大，最终还是要落实于"平常日用"。

"发而皆中节"的"中"（zhòng），也就是说要面对现实，切合实际，要管用。就像射箭要中的，不能无的放矢。这也是儒家"中道"的一个重要意涵。所以儒家的"中庸之道"也可以说是"中用之道"。"中用"也就是具有实践意义，能解决实际问题。在这个方面，正如有些学者曾经指出的，儒家哲学与杜威的实用主义，与马克思的实践哲学，都是有共同话语的。

作为"大本"和内在价值之源的天道人心之"中"，和切合实际、发而中节的实践之"中"（zhòng），这两者之间是有一定的矛盾和张力的。因为在现实社会中，高明的理想未必都切合严峻的现实，理想往往是单纯的、明晰的，而现实却永远是复杂的、含混的。面对充满矛盾并随时都在变化的客观现实，君子必须以"时中""经权"来对内在之"中"与外在之"中（zhòng）"进行灵活调节，这也是"君子中庸"所包含的内容。《中庸》说："君子之中庸也，君子而时中。"孟子也称孔子为"圣之时者"。所谓"时中"就是要根据时势的变化，灵活掌握，以求实时处中。所谓"经权"就是在坚持大的原则的前提下，进行权衡。"时中"和"经权"正是儒家"中道"哲学的实践品格、务实态度的具体表现。但是，无论是"时中"还是"经权"，都是有原则、有底线的。孔子以"无可无不可"的态度求仕，甚至欲响应公山弗扰、佛肸之招，但是孔子并非无原则地为了求仕而求仕，为了应招而应招。孔子曰："夫召我者而岂徒哉？如有用我者，吾其为东周乎？"（《论语·阳货》）由此可知，孔子是为了实现其更高理想，面对现实的权宜之计，而他最终并没有应招，也许正表明即便是权宜之计，孔子也是有原则、有底线的，不会无条件妥协。这就是孔子所说："无适也，无莫也，义之与比。"（《论语·里仁》）

君子的"中庸"与"乡愿"的根本区别，就在于君子内有一分对于天道人心的高明理想的执着，外有一种面对现实，把理想落实于实践的锲而不舍的精神。在此前提下，执两用中、协调矛盾、平衡两端、制约极端、因时制宜、灵活运用，都是可以采用的方法和手段。

儒家"中道"从一开始就包含有执着、坚守的含义。从尧、舜、禹、汤一以贯之的"允执厥中""执中"，到周文王的"求中""得中""假中""归中"①，到孔子的"择善而固执"，都包含"执"即坚持、坚守的含义。因此"中道"不是没有立场，没有准则。"中道"本身就

---

① 清华简《保训》篇［M］//李学勤.清华大学藏战国竹简（壹）.上海：中西书局，2010：142.

是个立场，就是个准则。孔子曾说："毋意，毋必，毋固，毋我。"（《论语·子罕》）反对主观主义和固执己见，但这不等于说儒家的"中道"就完全没有坚持，没有执着，没有立场。只不过如孟子所说，"执中"不能变成"执一"，因此必要时需以"时"与"权"的参数对之进行调节。

正因为"君子中庸"意味着君子是有立场、有执着的，"小人反中庸"是因为小人没有这种立场和执着，所以小人"无忌惮"。君子有立场、有执着，因此不是一味八面玲珑讨好别人的老好人，君子在人群中也未必总是受到多数人追捧、喜好的人。《论语·子路》篇记载，子贡问曰："乡人皆好之，何如？"子曰："未可也。""乡人皆恶之，何如？"子曰："未可也。不如乡人之善者好之，其不善者恶之。"坚持"中道"的君子不会无原则地迎合所有的"乡人"，所以做不到使"乡人皆好之"。只有无原则的"乡愿"才可能使乡人皆好之。"君子中庸"意味着"择善而从""择善固执"，因此只能使"乡人之善者好之"。

那么什么是"善"呢？孟子说"人性善"，"可欲之谓善"，而《中庸》曰："天命之谓性。"郭店楚墓竹简曰："性自命出，命自天降。"因此可以说，最大的善，就是天命人性，"顺乎天而应乎人"，不违背天理，不违背普遍人性，就是最大的善。《中庸》说："诚者，天之道也；诚之者，人之道也。诚者，不勉而中，不思而得，从容中道，圣人也。诚之者，择善而固执之者也。博学之，审问之，慎思之，明辨之，笃行之。"圣人"不勉而中""从容中道"，也就是天然的"中"，天然的善。但是一般人做不到，因此需要通过博学、审问、慎思、明辨、笃行的过程和功夫"择善而固执"。也就是在充分掌握各种信息的基础上，运用理智和良心进行判断和选择，并付诸实践。

因此可以说"求中"就是"择善"，"执中"就是"择善而固执"。"中道"是一种在充分掌握已有信息基础上，进行判断和选择的智慧。

选择了善，认准了"中道"就要坚持。但坚持"中道"并不容易，有时甚至是很艰难的，需要极大的勇气和毅力。坚持中道的君子需要具有特立独行的品格和实事求是、面对现实、做出正确判断和选择的智慧和能力。《中庸》说："君子和而不流，强哉矫！中立而不倚，强哉矫！国有道，不变塞焉，强哉矫！国无道，至死不变，强哉矫！"孟子说："大匠不为拙工改废绳墨，羿不为拙射变其彀率。君子引而不发，跃如也。中道而立，能者从之。"（《孟子·尽心上》）荀子说："天下有中，敢直其身；先王有道，敢行其意；上不循于乱世之君，下不俗于乱世之民；仁之所在无贫穷，仁之所亡无富贵；天下知之，则欲与天下同苦乐之；天下不知之，则傀然独立天地之间而不畏。"（《荀子·性恶》）由此可见，坚持"中道"的君子，绝不是没有原则、苟且迎合、随波逐流的人。君子既不阿谀奉承迎合在上的统治者，也不哗众取宠讨好一般的群众；既不唯上，也不唯下，而是"择善而固执"，恪守"中道"，也即以天地良心为本，以切实可行、有利于天下民生为用。这才是君子应该恪守的真正的"中道"品格。

第七节　作为实践理性的中道哲学方法论

总的来说儒家中道论体现着儒家的实践理性精神。人类特有的一种智慧便是能在各种社会实践活动中，依据实践理性做出正确的选择。从实践理性出发进行选择，就必须综合考虑各种条件和前提，这其中涉及的因素包括主观内在的欲望和需要，当前特定情况和条件下的可行性和适用性，可以预见的效果和目标的正当性、善良性和有效性等。如前所述，这些内涵都天然地聚集在"中"这个汉字所代表哲学概念的原始语义中。"中"不仅指涉人们内在的未发的"喜怒哀乐"等发自人性的本心和真情，同时也指向这种本心和真情的恰到好处、无过不及的适当、合理和合法的表达与满足，并且还指向中道实现后的结果和目标，即"和"，也即《中庸》里所说："天地位焉，万物育焉。"这一中道智慧可以为我们在所处的历史条件下做出正确明智的选择或决定，以实现合理的和良好的目的提供指引和启迪。尤其当人类处在复杂、不确定的局面，或面临巨大危机的情况下，这种中道智慧所体现的实践理性精神的意义显得尤为重要。

中文"危机"一词是一个复合词，包含了"危险"和"机会"两层意思。其实所谓"危险"和"机会"都表明我们面临着某种程度的不确定性。换句话说，处于"危机"中的人们，通常面临着"危险"和"机会"的双重不确定性，他们可能缺乏对事物及其发展走向的全面、详尽和准确的信息和认识，他们不确定下一步将会发生什么，不知道现象背后的真相是什么。处于危机中的人们甚至可能会怀疑他们以前一直相信的所谓"真理"或绝对规则，他们需要用自己的智慧来回顾和反思，以便为未来重新做出正确的选择。

智慧是人类智能中最微妙的部分。人们通常认为智慧一定只能是在丰富的知识和经验的基础上形成。然而，实际情况并不总是如此。因为每个人的知识和经验总是有限的和不完整的，一个人不可能穷尽所有的知识和经验，然后才能达到智慧。根据中国古代一些哲学家如庄子的观点，一个人试图穷尽所有的知识是根本不可能、徒劳的。这就好比"形与影竞走，穷响以声"（《庄子·天下》），即与自己的影子赛跑，试图把自己发出去的声音收回来。而且在庄子看来，所谓的知识是依靠它与某一外在对象相对应才成为知识的，但世界上所有的事物都是动态变化的。人类掌握固定的知识根本跟不上事物的变化，依据这样的知识又怎么能保证人具有智慧？在庄子看来，古人书中记载的知识、前代先贤们留下的经验，都是"糟粕"，就像是蛇蜕下的皮、蝉蜕下的壳。一些怀疑论者甚至怀疑所谓的人类知识其实只不过是一种信仰。而在现实中，有时人们也的确很难证明某些知识的绝对真实性。

尽管如此，作为一个有限而又自由的个体，世界上的每个人在其一生中都必然要不断地做出各种选择和决定，无论其知识储备或经验的水平如何。在人类进化和社会发展的整个过程中，人类作为一个整体也必须不断做出选择，探寻正确的前进道路。为了生存和发展，人类需要智慧和能力在进化的道路上做出正确的选择和决定，特别是在面临危机和不确定的时候。中道论所体现的实践理性正是这样一种智慧和能力，它可以指导人们在需要进行选择的时候做出相对正确稳妥的决定，从而在各种挑战和危机中生存下来。

中道论的实践理性提示我们在做出选择、进行决策时，应坚持"中"的原则。但"中"既不是一个单纯的具有固定的先验形式的原理，也不是一种准宗教的绝对律令，也不仅是某种基于科学知识的归纳推理。"中"是在特定条件背景下对所能知晓的相关信息和相关因素进行全面综合考虑和权衡的结果，它更多的是一种对现实中复杂情况的一种综合、辩证、动态、现实的态度。

"中"的起点是每个人内心最真实的存在，包括人的直觉与良知、基本的和普遍的人类欲望和人性关切，等等。这也意味着一个人将要进行一个选择与决策的进程时，从一开始就应该真诚地面对自己的内心，换句话说，一个人永远不应该自我欺骗。这也就是《大学》在讲到"诚其意"时所说的"毋自欺也，如恶恶臭，如好好色"。这也是因为这种内心真实的存在并不仅仅只是个体的主观欲望或动机，它也就是《中庸》第一章中所谓未发之"中"，也就是孟子所说的"本心""本性"。孟子认为人性具有善的萌芽。这种原初的、内在的善端及其生发出来的朴素情感，甚至也可以理解为人类从上天所接受的"授命"或"使命"，它不是由外在的利益所诱导的，因此它是纯粹的善。从这样一种内在的原始而纯粹的善出发，是做出正确选择和决策的前提。

但仅仅是善的出发点和导向还不足以保证选择和决策的正确。内在的善必须在客观现实中外化为正确的行为。而行为的对错不仅取决于原初内在的善的动机和愿望，也取决于行为在其得以实现的特定客观情境下的适宜性和有效性。因此，为了做出正确的选择和决定，我们必须尽可能充分和全面地理解客观现实和外部情况，尽管这种理解也许永远也不可能做到绝对的圆满和穷尽。在此基础上，努力在内在的善的要求和现有的外在条件及可行性两者之间进行权衡取舍，从而找到正确的解决方案。这个正确的解决方案就是《中庸》所说的"发而皆中节"的"中节"，也就是内、外之道相吻合的"中道"。

为了能在客观现实中"发而皆中节"，一个人当然需要获得尽可能多的关于客观现实的"知识"。但这又不仅仅是一个获取"知识"的问题。它更需要一种现实主义的态度和宽厚包容的心态，就像舜那样，"好问而好察迩言，隐恶而扬善"（《礼记·中庸》）。这就是为什么中庸不仅是一种哲学方法论，而且也被孔子认为是一种难能可贵的美德。

多少世纪以来，知识不仅是一种力量，而且也是一种特权，因为在历史上很长一段时间里，接受教育的机会并不是对所有人平等的。因此，少数受过良好教育的社会精英通常拥有更多的知识，因而也往往被认为比其他人拥有更多的智慧。而事实上并非如此，并不是拥有各种知识越多的人就一定更加智慧。《中庸》曰："人皆曰'予知'，驱而纳诸罟获陷阱之中，而莫之知辟也。"智慧体现于选择，有知识的人不一定知道如何做出智慧的选择，他们有时也会做出愚蠢的错误的决定。当今现代科学技术的快速发展已经积累了海量的知识，导致了所谓的"知识爆炸"，而新的信息技术极大地提高了知识传播的效率和便利性，增强了知识向大众传播的可及性。今天，每个人都比以前拥有更多的知识，人们可以很容易地获得那些曾经只是少数受过良好教育的社会精英的特权的知识。然而在实践中，知识更渊博的当代人对于什么是对自己、对社会、对人类、对世界、对未来的明智和正确的选择的问题，仍然会感到困惑，有时甚至是比从前更加困惑。大量不同来源和不同取向的繁杂知识信息往往互相矛盾、互相冲突，使人们无法辨别真伪。这使得人们在面临选择和决定时，产生更多的疑虑和困惑。一些人期望宗教信仰可以指导拥有科学技术和生活在现代信息社会的人们做出明智和正确的选择。然而各种不同的、固执于自身信仰的宗教，在某些情况下又恰恰成为人类冲突的原因。

人类需要世俗的智慧和实践的理性来处理当今世界的复杂局势，在面临危机和不确定性时做出明智和正确的决定。儒家不排斥宗教，但儒家学说本身并非宗教，而是一种现代社会仍然很需要的世俗智慧和实践理性。儒家的中道论在当今社会仍然能为人类在面对危机和不确定时做出明智的选择提供参考。

中道论以"中"为原则来指导人们在现实社会中的实践行为，而不是以任何其他本体论真理或宗教信仰为指导。这表明，即使没有终极的宗教信仰，没有关于绝对"真理"的本体论知识，人类如果真正遵循"中"的原则，仍然可以运用自己的智慧和理性做出适当的选择和正确的决定。这是因为我们人类是历史的存在，总是生活在特定的时间和空间中。但尽管如此，如果我们正确地运用我们的智慧和理性，我们还是可以在给定的情况下做出正确和适当的选择。而正确恰当的选择往往是"中"的选择，也即一个在特定情况下现实的、可行的、管用的选择，一个协调了不同观点、消弭了极端立场的选择，同时也是一个不违背我们内心人性之善的选择。

第四章

中道论哲学与中国传统文化精神

正如我们已经在前面章节讨论过的，聚集在"中"这个概念上的多重语义并不是互不相干的，相反，它们是具有内在的原初相关性的。这些原初的语义及其相互之间的内在联系极大地丰富了中道论的内涵，使之具有了深刻的哲学意义。中道论提供了一种独特的儒家哲学视角来考察人与天、自我与他人、主观与客观、一体与多元、原则性与灵活性等之间的辩证统一关系。它指明伦理道德和社会公平正义的原理不是某种先验的真理范畴，而应该是"合外内之道"的结果，也即建立在主体内在之"中"在现实世界里"发而中节"的基础之上，所谓正确、正当、完善只意味着在现实和实践中发挥了恰如其分、恰到好处的作用。而这绝不可能是某种先验的、抽象的、绝对的概念在现实中的显现，而只能是主客观条件和各种因素在特定的时空和语境中的机缘遇合，也就是"中"。这种"中"的确具有无过不及、不偏不倚、恰到好处的意思。但所谓"中"也并不仅仅是一个固定的一半对一半的中间。在特定的情况下"中"本身即包含因事制宜、因时制宜的灵活性和变通性。中道哲学还指出，政治权力中心的正当性在于其执中、持正，而执中、持正其实也就意味着公平、正义、平等、均衡与包容。这些内涵使中道论成为具有典型儒家语用特征的一般哲学方法论。它为中国古代伦理规范、社会正义和政治原则的确立提供了辩证的、实践理性的哲学基础。它也深刻地影响了中国传统文化的许多方面。因此，我们也可以从中道哲学的角度来对中国传统文化精神的许多常见特征进行解读。

第一节　中道论与"天人合一"

"天"与"人"的关系问题是中国古代哲学家探究的最重要的哲学问题之一，古代许多哲学家的著作都涉及有关天人关系问题的讨论。天人关系问题在不同语境中涉及人与天命、人与神、人为努力与自然天成、内在愿望与外在条件、主观能动性与客观必然性等一系列问题。尽管在这些问题上古代哲学家的看法也很多样，但论者大多倾向于认为中国古代哲学乃至中国文化的一个重要特点是强调"天人合一"。

"天"这个概念在中国古代哲学文本中的含义丰富而复杂，在不同文本中的含义也不尽相同。有时"天"的确带有一定的宗教意味，具有神性，特别像在《诗经》《尚书》《周易》等早期经典中。因此在这些文本中的"天"有时就被理解为宗教性的"神"或"上帝"。《中庸》最后所谓"上天之载，无声无臭，至矣！"也给人一种类似于宗教徒崇敬神或上帝的神圣感。但是与此同时"天"还有其他一些含义，如"自然""天然""天生""非人为"等。因此，我们不能仅从一位中国古代思想家的学说是否强调"天"的地位来判断他是有神论还是无神论，而不论"天"在其学说中的具体含义。

"天"在先秦诸子文本中的意义是多样的。比如墨子强调"天"具有人格神的特征，因为他认为"天"是有意志的，并会对人的行为的善恶进行奖惩。而荀子在《天论》一文中似乎认为"天"主要是一种自然现象，没有任何意图和目的。而在孔子、孟子等其他学者的思想中，"天"的含义则显得比较混杂。例如，当孔子说："予所不者，天厌之！天厌之！"这里的"天"似乎是具有人格的神，也有自己的好恶，也有惩罚人的力量。但当孔子说："天何言哉？四时行焉，百物生焉。天何言哉？"这里的"天"似乎就是指一年四季的自然变化和世上万物的自然生长。庄子的情况也很相似。《庄子》书中的"天"具有明显的"自然""无为"的特征，但我们也不能完全排除《庄子》中"天"具有某种超越的神圣的属性。也许在庄子看来，这两个方面本来就不一定是相互矛盾的，"天"既是"自然"的，也是超"自然"的；"自然"和"超自然"是可以合二为一的。

　　尽管人们对中国古代哲学文本中"天"的含义，以及"天"与"人"的关系问题还有不同的理解，但从总体上来说，中国传统思想文化对于"天"与"人"的关系的主流观点是倾向于将"天"与"人"结合起来而不是对立起来，主张对"天""人"关系持一种中道论的辩证平衡的观点。这就是人们通常所说的"天人合一"，这也被普遍认为是中国古代哲学和中国思想文化最重要的方面之一。钱穆先生甚至认为"天人合一"观念"是整个中国传统文化思想之归宿处"①。

　　探究天人之际的关系是中国古代哲学的根本问题之一。在天与人这对关系中，所谓"天"无论字面上是指神、上帝、天堂、天命、自然或超自然等，总体来说它都是指向某种客观性和必然性、前定的客观条件、不以人的意志为转移的因素、人为的努力无法改变的事情，等等。而所谓的"人"一般指人的主观能动性、人的有意识的努力、人工的结果和产物、人类的生产、建设及科学和社会创造，等等。在西方传统哲学中，主体和客体、精神和物质、人类与自然之间的二元对立，似乎是讨论哲学问题时的一个默认的前提，或者用中国哲学的术语来表达，那就是"天"与"人"之间的二元对立是一个不证自明的前提。然而，在中国古代哲学中，许多哲学家都倾向于认为"天"与"人"是处于一个天生自然不可分割的统一之中，喜欢强调"天地与我并生，而万

---

① 　钱穆. 中国文化对人类未来可有的贡献［J］. 中国文化，1991（4）：93.

物与我为一"（《庄子·齐物论》）。他们倾向于认为"天"与"人"，"我"与世间万物是不可分离、无法割裂的。孟子认为"尽心""知性"即所以"知天"，"存心""养性"即所以"事天"，这里隐含的命题就是"天"与"人"在人身上本来就是相通的、合一的。汉代大儒董仲舒则将这个命题更加具体化、形象化，说："人有三百六十节，偶天之数也；形体骨肉，偶地之数也；上有耳目聪明，日月之象也；体有空窍理脉，谷川之象也。"（《春秋繁露·人副天数》）故"天人之际，合而为一"（《春秋繁露·阴阳义》）。

对"天人合一"这一观念，从西方主—客、天—人二分的思维模式来理解，似乎既可以从唯心的、主观的立场出发，将其理解为一种视天地万物皆藏于我心的主观唯心主义观点，也可以从唯物的、客观的立场出发，将其理解为把人类主观自我完全消解在宇宙自然的整体进化过程之中的泛自然主义的观点。

但是，我们也可以超越主—客、天—人二分，超越唯心、唯物对立的西方哲学思维模式，把这种"天人合一"理解为一个"中"，即以一种"中道"的视角来看待主观与客观、天与人、自然因素与人为努力等两端的对立，关注两端之间相互依存的辩证关系。其哲学意义即在于揭示所谓的主—客、天—人，或唯心—唯物的二元对立，或许只是人类思维方式的一种毛病与固执，实际上这两端本来就是相互依存、天然合一的。"天人合一"意味着"天道"与"人道"在根本上是相通的。"人道"是"天道"的呈现，"天道"也需要通过"人道"来实现。因此"天人合一"也意味着人类依靠自己的智慧，通过自己的努力，可以达到对"天道"的认知与领会，从而进入圣明的境界。正如《中庸》所说："诚者，天之道也。诚之者，人之道也。""天"与"人"终究在"诚"中合而为一。一个人既可以是"不勉而中，不思而得，从容中道"，也可以是经过人为的努力，"择善而固执"，通过博学、审问、慎思、明辨、笃行的过程，最终与天道合一。然而，无论是"自诚明"，还是"自明诚",这两种过程都表明"天"与"人"在根本上是合一的。正如宋儒张载所言：

> 儒者则因明致诚，因诚致明，故天人合一。致学而可以成圣，得天而未始遗人。(《正蒙·乾称》)

就个人道德修养而言，"天人合一"意味着外在的道德准则与内在善良德性的本源其实是一致的。因为儒家相信"天理"与人的良知和本性在根本上是同一的。所以孟子说："人尽其心者，知其性也。知其性，则知天矣。存其心，养其性，所以事天也。"(《孟子·尽心上》)一个社会良好道德状况应该是天理流行，同时也不应该违背正常的人性。因为根据《中庸》的观点，人性就是天命。就自然生态学的意义来说，人是自然的一部分，人的生命本来就是天的授命，所以人的生命只是整体自然的有机组成部分。"天人合一"观把自然作为人类存在的前提，同时也把人看作自然的灵魂。正如《尚书》所言："惟天地万物父母，惟人万物之灵。"(《尚书·泰誓上》)二者是一个有机的统一体。因此，自我与他人，人类与世间万物，其实都是一个有机相连的命运共同体。这当然并不意味着中国古代哲人根本没有主客体意识，或者说中国文化总体上忽视人的主观能动性和主体精神。而是说总体而言，中国哲学更强调人与自然、主体与客体之间一以贯之、不可分割的联系，更倾向于从相互关联、相互作用的观点来理解所谓"自我"，而不是从单边的、片面的角度来自我肯定和自说自话。中国传统文化把天人合一、主体与客体交融的境界作为一种文化价值来追求。中国古代思想家通常认为任何人类的活动或创造都不应该违背天道、违背自然。他们认为，人类的事业必须与天地自然合作才能成功。因此，中国传统文化并不鼓励人类"战天斗地"，而是提倡"赞天地之化育"，与万物共生，与天地合德。当然，这并不意味着在中国历史上的人类实践活动中就不存在人类破坏大自然以满足自己利益的具体行为，"天人合一"作为一种哲学观或价值追求，或许恰恰是对现实中人类某些射天笞地的"逆天"行为的警示和纠正。

第二节 中道论与"实事求是"

"实事求是"是一个当代中国政治话语中常用的短语。它包含求真务实、面对实际问题、反对形式主义、反对理论脱离实际等思想内涵。在日常政治生活中，它通常表示一种务实的、脚踏实地的、注重实际效果的工作作风。但"实事求是"这个短语所代表的思想也具有深厚的历史背景和深刻的哲学意义，并且与儒家中道论所代表的实践理性精神密切相关。

"实事求是"强调从实际的事情、事物、事件中去寻求"是"与"不是"、正确与错误的道理，检验理论的是非对错。故有一些哲学家将其与现象学家的"面向事情本身"（"zu den sachen selbst"，或"to the things themselves"）相比较①。关于"是"这个汉字，我们在前面曾提到，在先秦时期它还不是一个现代汉语判断句中常用的系词。但是自汉代以后，"是"已逐渐成为判断句中的系词，其含义逐渐变得有点类似于英语中的"being"、德语中的"sein"之类，也就是所谓的"存在"。因此"求是"在某种意义上也可以理解为类似于西方哲学中对"存在"的探究。"实事求是"这个表述的起源可以追溯到东汉班固所著《汉书》，班固在《汉书·河间献王传》中以"修学好古，实事求是"一词来赞扬河间献王刘德在古典文献的整理和研究方面的贡献，

---

① 张庆熊. "朝向事物本身"与"实事求是"——对现象学和唯物论的基本原则的反思 [J]. 哲学研究, 2008 (2): 18-22.

以及他尊重历史事实的态度和努力寻找真相的精神。后来在中国传统文化中，"实事求是"便成为一种受到推崇与提倡的精神，它不仅是一种值得称赞的学术态度，而且也代表一种值得鼓励的处理实际事务的方式。

但是"实事求是"这个表述在现当代中国政治话语成为一个非常普遍的口号，主要还是由于中国共产党领袖毛泽东的倡导。毛泽东在一篇题为《改造我们的学习》的著名文章中强调，把马克思列宁主义的理论运用到中国时，不能脱离中国的实际情况，要有的放矢，要实事求是。他解释说：

> 这种态度，就是有的放矢的态度。"的"就是中国革命，"矢"就是马克思列宁主义。我们中国共产党人所以要找这根"矢"，就是为了要射中国革命和东方革命这个"的"的。这种态度，就是实事求是的态度。"实事"就是客观存在着的一切事物，"是"就是客观事物的内部联系，即规律性，"求"就是我们去研究。①

从毛泽东的这段论述中我们不难发现其与儒家中道论的联系。跟儒家先贤一样，毛泽东也借用射箭要对准靶子来比喻主观与客观在实践中的关系。所谓"有的放矢"也就是说要面对客观现实，避免一厢情愿的主观主义，这与《中庸》所谓"发而皆中节"的精神是一致的。毛泽东将"是"解释为"客观事物的内部联系"，而不是理解为事物孤立的"存在"，这与中道论关注事物之间的辩证关系的思想方法也是一致的。毛泽东在文中呼吁共产党领导人要理论联系实际，破除主观主义，更多地关注中国的历史和当时中国的实际情况和问题，从客观存在着的实际事物出发，而不只把兴趣放在脱离现实的空洞"理论"的研究上。

---

① 毛泽东. 改造我们的学习［M］//毛泽东选集：第三卷. 北京：人民出版社，1991：801.

这都与儒家中道论的实践理性精神一脉相承。

从那以后，"实事求是"就成为中国共产党人一再强调的重要的原则和优良传统。它代表了一种现实主义的态度和实践理性的精神。在现实中，它通常被用来作为反对教条主义和"形而上学"的思想武器。而所谓的"形而上学"在中国现代政治话语中有其特殊的含义。它通常指的是那些纸上谈兵的理论家，他们只会照搬书本上的抽象理论和原则，相信书本上所谓的"真理"是永恒的、绝对的，而不顾现实中的实际情况。

在改革开放初期，邓小平等中国共产党的最高领导人也用"实事求是"这个口号作为他们积极推动改革开放事业的指导思想，以抵挡反对改革的顽固"左倾"保守派的批评和攻击，并且以"实事求是"作为旗号，拨乱反正，大力纠正了许多"文革"以来的不切实际和荒谬的做法。直到今天，《求是》仍然是中国共产党中央机关主办的一份最重要的理论刊物的名称。

求"是"，或探求"真理"、研究"存在"的本质，当然应该是哲学的重要任务。但是"实事求是"这个短语的中国特色主要在于它强调从"实事"中去"求是"。也就是说，不管"是"也好、"真理"也好、"存在"也好，都不能脱离现实中具体的事物与事情，都必须以现实世界的事物和事情为基础。因此，理论、原则、思想主张，都必须有的放矢、对准现实中的目标。理论、原则、思想主张的正确性、真理性都必须在现实中、在实践中进行检验。显然，这种"实事求是"的口号，与传统儒家中道论哲学的实践理性精神是有着深刻的思想渊源关系的。

中道论哲学的实践理性精神的一个重要维度，就是实事求是，面对现实。"中道""中庸"的重要含义之一就是要"中用""管用"。它要求以一种面对现实的和求真务实的态度来处理社会和世间事务，强调人的主观意愿和想法，必须符合当下的客观情况和条件，理论和理想必须符合现实，内在的"中"必须对外在的客观情况和条件保持关注与警觉，在内在志向与外在目标之间进行协调校准，这样才能"发而皆中节"，以达到预期的目标。换句话说，现实中的适用性和实践中的可行性，是优先于理论的正确性或逻辑推理的可信性。无论什么样的理论，无论它看起来多么完美，它都必须有助于在现实中切实可行、发而中节，必须经过实践的检验和证明，必须适用于当前的具体情况。这使得儒家的中道哲学带有一定的实用主义色彩。它是一种处理人类生存和社会实践中各种问题的现实主义方法论和世俗智慧。如杜维明在对《中庸》的解读中所指出的：儒家之道"与饮食、走路这些为人所熟悉的行为是相容的，与日常生活是不可分离的"①。

　　儒家之道的"中道"品格还表现在，一方面儒家之道虽然有其深刻、广大、高明的一面，其极高境界即便圣人也有所不能，但是另一方面，儒家之道又是不远离于人，不脱离现实事务的。其贴近现实的一面，即便匹夫匹妇也能知，也能行，因为它是与人们的日常生活和社会实践分不开的，它就体现在日常生活中。因此，面对现实，以实用主义的态度务实地应对当下的现实情况，其实就是一种寻找正确的道或真理的方法。正如冯友兰先生曾经指出："实用主义提供了一种发现真理的方法。"②邓小平也曾用了两个著名的比喻来反映这种面对现实、实事求是的现实主义态度。一个是"摸着石头过河"，另一个是"不管白猫黑猫，能捉到老鼠就是好猫"。对于如何过河并没有一个放之四海而皆准的方法或理论，因为每条河的情况各不相同。正确的渡河之道只有在人们开始"摸"的时候，即当主体和客体相遇并发生互动时，才会出现。同样，什么是"好猫"也没有绝对的普遍的本质定义。它取决于当下

---

① 杜维明 Tu, Wei‒ming. Centrality and Commonality：An Essay on Confucian Religious-ness［M］. Albany：State University of New York Press. 1989. 24.

② 冯友兰. 冯友兰哲学文集（Selected Philosophical Writings of Fung Yu‒lan）［M］. 北京：外文出版社，1998：661.

的实际目的，只有在诸如"抓老鼠"这样的实践或事件中加以检验，所谓"好猫"的"是"才会呈现出来。这与海德格尔所说的榔头的"存在（是）"只体现于人在使用榔头进行锤击行动时的"上手性"（handiness）是同样的道理。换句话说，理论、思想、主张的真理性或正确性，只能通过其是否能在现实中发而中节、命中目标来加以检验。

第三节　中道论与"与时俱进"

中国文化或许是世界上几大远古文明古国中唯一一个将其没有中断的悠久历史文化传统延续到现代社会的文化。当代中国人仍然在使用他们的祖先在几千年前创造的语言和文字系统。尽管经历了多次政权更迭、朝代兴衰和外族的入侵与征服，但中华文化的主要载体和核心精神一直延续至今。因此，可以说中国文化是一种具有持久生命力的文化。这在很大程度上得益于中国传统文化自身具有的一种精神特质，即"与时俱进"的精神。而"与时俱进"的思想观念与儒家中道论中的"时中"观念也是密切相关的。

如前文所述，"时中"是中道论哲学的一个重要观点，意即中道所秉持的"中"当随着时势的变化而调整，在动态与变化中因事制宜随时处"中"。也就是说，所谓的"中"并不是孤立抽象不变的，它可以在不同的时势和条件下呈现出不同的取舍，但却仍然不失为"中"，即仍然不失为正确和恰当的。《中庸》第二章说："君子之中庸也，君子而时中。"《论语·乡党》的末尾有一段记载孔子与子路在路上看见一只雌雉"色斯举矣，翔而后集"，于是孔子称赞道："山梁雌雉，时哉！时哉！"因时而动，见机而作，是动物都具有的一种自然天性，怎可以人不如雉哉！故朱熹曰："人之见几而作，审择所处，亦当如此。"①
"山梁雌雉，时哉！时哉！"的寓意就是君子应该审时度势，及时调整，
选择正确的做法，这便是"时中"。能把握"时中"之义，才能真正领
会中道。如前所述，孔子本人也被孟子称为"圣之时者"，这表明孔子
并不是一个被永恒不变的形而上学的教条束缚的人，他能适应不同的情
况，及时做出不同的调整和选择，但同时仍能保持内在的"中
（zhōng）"与外在的"中（zhòng）"的辩证统一，在任何特定的条件下
都能表现得恰到好处、无过不及。这就是孔子的"时中"之道。而形
而上学教条主义则有点像传说中的尾生高，不知变通，最后抱柱而死。
孔子曾经说过："君子之于天下也，无适也，无莫也，义之与比。"
（《论语·里仁》）这表明只要可以实现道义的价值，儒家的君子可以灵
活地调整策略，选择不同方法和路径。随着历史的发展和时代的变化，
新方式、新途径、新制度都是可以接受的。而与此同时，核心价值观和
道德准则却得以延续。这种"时中""变通"的态度使得文化传统的核
心价值和基本内涵能在不同的时代以不同的方式、不同的形式得以保存
和发展，从而获得持久的生命力。

如第二章所讨论的，孔子的"时中"，体现在他对仕途出处行为的
选择上。孔子虽然有自己坚定而崇高的政治理想，但他从不以固定的规
则和不变的先决条件来限制自己何时何地接受什么样的职位，与什么样
的政治伙伴合作，等等。为了实现他的政治理想，推行他的道，他可以
灵活地适应时代的发展。这种随时处宜的态度，也体现在他与学生就一
些基本理论问题的互动讨论中。例如孔子对于弟子们关于什么是"仁"
的请教，从未给予不变的本质主义的定义，而是依据不同的对象和不同
的语境，随时指点在特定情况下什么样的行为和品德便算是"仁"，什
么样的则是"不仁"。所谓"时中"就是说"中"（正确性、适宜性

---

① （宋）朱熹. 四书章句集注［M］. 北京：中华书局，1988：122.

等）不是抽象的形而上学的概念或原则，而只是发生在特定的历史时空、特定的语境之下，各种因素、各种条件的一个汇聚点。此时此地特定时空发生的"中"并不保证其在另一个时空里仍然是"中"。如果把此时此地之"中"当成是形而上学的不变真理，以为换了一个时空仍然可以照此办理，那就不是"时中"，而是像"刻舟求剑""守株待兔"一样愚蠢。这也就是说，虽然"中道"作为一种原则具有普遍的、广泛的指导意义，但"中"本身并不是一个固定不变的公式或模版，可以不受时间和条件的限制而到处套用。这或许可以帮助我们理解为什么今天的中国人总是认为西方发达国家的成功经验和发展模式不一定适用于中国；同样，中国的发展模式和经验也不一定适用于其他国家。每个国家都有各自不同的情况，应该根据自己的历史文化背景，以及所处时代的自然、社会和经济环境来寻找各自的"时中"。

　　"时中"的概念意味着"中"只发生在特定的"时"里面。正因为如此，为了达到"中"，就必须趋"时"、赶上"时代"。这也就是"与时俱进"这个表述所要传达的意思。汉语的"时"字可以指"时间""时势""时代潮流""当前的新发展"等，同时它也有"时机""机会"的意思。在中国古代哲学中或许并没有一个现代意义上的历史进化论的观念，但中国古代学者通常相信历史总是在不断的运动和变化过程之中，没有什么东西是静止的、永恒不变的。因此历史总是呈现为终则又始、盛衰兴亡的循环和轮回。在历史的大循环中，有时会达到一个必然的、无法避免的关键时刻或转折点，有某种不可抗拒的趋势已经出现，有某种不可逆转的变化即将发生，顺之者昌，逆之者亡。这个关键时刻或历史转折点，也就是所谓的"时"，同时也就是变化之"机"。在这个关键时刻或历史转折点做出及时的调整和正确的选择，就是"与时俱进"，也就是"时中"。故"与时俱进"这句话在中国文化中经常被用来作为鼓励改革、创新，甚至倡导革命的口号，其现实含义是批评保守主义，谴责那些抱残守缺、保守顽固的人。

　　尽管在历史上儒家思想通常被人认为是倾向于保守的，但传统儒学中也有主张创新和革命的因素。《大学》一开篇提出的"三纲领"之一是便是"作新民。"《大学》引用商汤王的《盘铭》曰："苟日新，日日新，又日新。"引用《康诰》曰："作新民"。又引用《诗经·大雅·文王》曰："周虽旧邦，其命惟新。"后世的学者、政治家也经常会用这些名言来强调改革和创新的必要性和重要性。《易经》有"革"卦，《彖》辞曰："天地革而四时成，汤武革命，顺乎天而应乎人，革之时大矣哉!"①儒家经典里的这些内容在历史上都曾经被用来作为改革乃至革命的合法性论证。

　　然而，儒家思想中的"革命"或"日新"并不意味着与过去的根本决裂，"与时俱进"并不意味着忘记历史和传统。儒家中道的历史观认为历史文化的发展总体上是包含因、革、损、益的动态过程，文化传承与文化创新两者之间的关系并不是对立的，而是辩证统一的。每一个发展阶段其实都应该是历史与未来的桥梁，是新与旧的融合。因此改革和创新毋宁是给传统注入新的活力，而不是为了给新的东西腾出空间而把旧的完全抛弃。这体现在孔子对古代礼仪的继承与更新的看法上。他认为："殷因于夏礼，所损益可知也；周因于殷礼，所损益可知也。"（《论语·为政》）夏、商、周三代之礼有因袭集成的一面，同时也有损益革新的一面。整个文化传统的传承发展情况也是如此。如果只有革新而没有继承，文化传统就断绝了，文化生命就死亡了。相反，如果只是继承而不与时俱进、损益革新，文化传统就停滞了，文化生命就僵化了。因此，继往开来、与时俱进、因革损益，乃是一个民族文化生存发展的必由之路。保持继承与革新两者之间的平衡，也是中道论原理的一种应用。这既是中国文化传统发展的历史现实，也反映了儒家中道哲学的历史发展观。

---

① （魏）王弼注，（唐）孔颖达疏. 周易正义 [M]. 北京：北京大学出版社，2000：238.

第四节 中道论与"和而不同"

"和而不同"是儒家中道论哲学的重要内涵之一，它意味着个性与共性、多元与合作之间的辩证统一关系，主张多元和谐共存，不强求一致，同时又在一个整体中互补、合作。"和而不同"的观念可以追溯到《国语·郑语》中记载的郑桓公与周太史伯之间的一段对话：

公曰："周其弊乎？"

对曰："殆于必弊者也。《泰誓》曰：'民之所欲，天必从之。'今王弃高明昭显，而好谗慝暗昧；恶角犀丰盈，而近顽童穷固。去和而取同。夫和实生物，同则不继。以他平他谓之和，故能丰长而物归之；若以同裨同，尽乃弃矣。故先王以土与金木水火杂，以成百物。是以和五味以调口，刚四支以卫体，和六律以聪耳，正七体以役心，平八索以成人，建九纪以立纯德，合十数以训百体。出千品，具万方，计亿事，材兆物，收经入，行（姟）极。故王者居九畡之田，收经入以食兆民，周训而能用之，和乐如一。夫如是，和之至也。于是乎先王聘后于异姓，求财于有方，择臣取谏工而讲以多物，务和同也。声一无听，物一无文，味一无果，物一不讲。王将弃是类也，而与剸同。天夺之明，欲无弊，得乎？……"①

在这段对话中，周朝的史官太史伯表达了一个可能是从历史经验中总结出来的重要规律，即"和实生物，同则不继"。这一观念很可能与

---

① 徐元诰撰，王树民，沈长云点校. 国语集解 [M]. 北京：中华书局，2002：470 - 473.

古人对血缘相同近亲结婚会导致后代衰落的现象的认识有关。《左传》里就说:"男女同姓,其生不蕃。"① 后来这一观念被孔子接受,并被发展为"和而不同"的思想。孔子说:"君子和而不同,小人同而不和。"(《论语·子路》)"和"与"同"的区别在于:"和"是一个包含多样性和个体差异的开放状态,但同时却仍然维持着整体的和谐与团结。一个群体若能开放包容,则可以多元互补,和谐共生,欣欣向荣。而"同"则意味着单一化、同质化,这必然导致单调沉闷,失去活力。一个群体、一个社会如果强求表面上的完全一致与服从,必然死气沉沉,没有生气,实际上也往往潜藏着分裂与崩溃的隐患。孔子还有另一个相关的说法:"君子周而不比,小人比而不周。"(《论语·为政》)"和"与"周"意义想通,都意味着对多样性和个性化的包忍和开放态度,不强求一律。但另一方面,"和"也意味着不同因素能够在一起和平共处,不发生冲突和混乱。在儒家文本中往往用音乐和烹饪来比喻"和"。演奏音乐需要把不同的音调、不同的乐器按照一定的规律组合在一起,但音乐绝不是一堆杂乱无章的随机的声音,那样只会是噪音而不是音乐。烹调需要用不同的食材和调味品来烹饪菜肴,但这并不意味着随便把不同的食材和调料胡乱放在一起就能做出一道好菜。因此,"和"绝不仅仅是把不同质的东西混杂在一起,和稀泥捣糨糊而已,而是也意味在不同元素之间进行协调、平衡、组织、安排,使它们发挥各自应有的作用和功能,并实现相互之间的配合、互补、共赢共生。换句话说,"和"既不是把不同的东西杂乱无章地混杂在一起,也不是排斥多样性把不同的东西排斥在外,而是介于这两者之间的"中"。因此,在儒家话语里,"中"往往也被称为"中和"。

"中和"也可以理解为以中道和合多元。"中"与"和"两者在"中和"中的关系也是辩证的、互相制约、互为条件的。"中"是一个

---

① 杨伯峻. 春秋左传注 [M]. 北京:中华书局,1981:408.

可以促进、维持和保证"和"的核心和中介。但是，由于"中"并不是一个固定不变的点，而是一个相对的、动态的汇聚点，有赖于多元和差异的存在作为参数，因此我们甚至可以将多样性和差异性的存在作为"中"的前提条件。换句话说，"中"是相应于这些现存的"端"（"两端"乃至"异端"）而成立的，它与现存的分歧、差异和多元相关。没有这些分歧、差异和多元，"中"就无从恰当地定位。因此，"中"并不能也无须完全消除所有这些分歧和差异。但同时，"中"的目标则是促进和维持这些分歧、差异和多元之间的和谐共生，它提供一种解决矛盾和冲突方案，以预防和制止矛盾对立面之间发生剧烈冲突和斗争，以保持各种不同要素之间的平衡与和谐。这个方案就叫"中道"。作为一种解决方案，一个具体的"中"当然有它自己在特定时空背景和条件下的立场或主张，但"中"的实质，是不同的、对立的元素的协调者或调节器。它是一个动态的"度"，而不是一个固定不变的定义或实体，它甚至可以被看作是协调或调解这一复杂过程本身的产物。

没有多元存在，也就无须"和"，当然也就无所谓"中"。反过来说，唯当有了"中"才能实现真正的"和"。我们在前面已经讨论过，儒家的"礼"是依据"中"的原则设计的，故"礼"也就是"中"的尺度。而儒家的"乐"则与"礼"相配合以促进"和"。因此"礼"与"乐"的关系，也就类似于"中"与"和"的关系。礼乐相配合，实现"致中和"，则君臣官民、男女长幼、父子兄弟、远近亲疏、贫富贵贱等，在一个共同体中便能够井然有序、合作互补、和谐共存。《礼记·乐记》曰：

> 大乐与天地同和。……乐在宗庙之中，君臣上下同听之，则莫不和敬。在族长乡里之中，长幼同听之，则莫不和顺。在闺门之内，父子兄弟同听之，则莫不和亲。故乐者，审一以定和，比物以饰节，节奏合以成文，所以合和父子君臣，附亲万民也。

儒家认为"和"是天地的自然之道,伟大的音乐应该代表天地的自然秩序与和谐。另一方面,音乐与人的内心情感密切相关。在古汉语中"乐"字既指"音乐"也指"快乐"这一人类的普遍情感。因此,音乐具有很强的感染力,很易于影响人们的情感和心灵,乃至于移风易俗。音乐可以在人们之间传播和平、正义、善良、真诚的信息,培养温文尔雅、谦恭有礼的性格,消除粗鲁、乖戾、诈伪的气质。因此,儒家非常重视音乐在创造社会和谐、维护儒家礼制方面的作用。

同时儒家也把"和"看成是实施了儒家之"礼"之后的结果。所谓"礼"指的是中国古代在国家体制、政治、外交、宗教、军事、家庭伦理、社会交往,以及日常生活许多方面的一系列法规、准则、习俗和惯例。总的来说"礼"的制定正是基于社会人群之间的差异和区别,包括人在社会上、家庭中的身份、角色、地位,乃至于年龄和性别等方面的差别,为社会提供办事和行为的准则、仪式、程序等,指导人们在各种场合如何正确、适当、体面和礼貌地行事。"礼"的目的是建立一个稳定的社会秩序,避免尴尬和混乱,防止摩擦和冲突。因此,"礼"的总体目标也是构建一个稳定有序的和谐社会。这也正表明儒家的"和"绝不是无原则、无秩序地将多样和差异混杂在一起和稀泥。《论语》中记载有子曾说:

> 礼之用,和为贵。先王之道斯为美,小大由之。有所不行,知和而和,不以礼节之,亦不可行也。(《论语·学而》)

有子这段话表明,"礼"有促进和谐的功用,而和谐是可贵的、美好的。但是,我们也不能为了和谐而和谐,无视"礼"所体现的秩序、规范和准则。这就意味着"和"不只是把差异和不同混杂搅和在一起,它必须由"礼"来规范。但"礼"也并不是不分具体情况用同一的规则去要求所有的人,而是为不同的人设计了不同的规则和条文,以适用于不同的情况。例如，礼规定，不同社会地位的人在丧礼上应根据经济承受能力的不同而适用不同的标准，男和女在某些场合因性别差异而适用不同的礼仪，年长者根据年龄的不同，享受不同的官方礼遇，等等①。从某种意义上可以说，"礼"正是通过区别对待不同的人与事，使之各得其所，恰到好处，诸事适宜，从而形成有秩序的和谐。事实上，只有精心设计的区别对待的规则和制度安排，才能保证一个包容多元化和差异性的社会实现真正的和谐。

尽管早期儒家精英们设计的那些复杂而烦琐的"礼"的细节，即使在古代也未必在社会实践中被广大民众遵循，但"礼之用，和为贵"的价值观念，对中国文化和中国人民的日常生活却的确有着广泛而深刻的影响。在家庭生活中，人们相信"家和万事兴"，这意味着如果一个家庭有了和谐，每个人都会很开心，诸事都会顺利兴旺。做生意的人相信"和气生财"。在社区邻里关系中，中国人相信"邻居好赛金宝"，邻里和睦比金银财宝更有价值。在日常社会交往中，人们通常很在意别人的"面子"。所谓的"面子"可以理解为人与社会接触中的一个缓冲地带。一个体面优雅的人，应该避免与他人撕破脸皮，发生直接冲突。因此，君子在与人交往时，应该始终保持礼貌和得体，在乎别人的感受，对别人的隐私和忌讳保持敏感，尊重别人的不同习惯和风俗，委婉地表达不同意见，等等。这些都是儒家"和为贵"价值观在中国人社会交往中的具体体现。

中国社会中不同宗教的和平共处，也许正是"和而不同"精神在中国传统文化中的突出表现之一。中国原有自己的本土宗教，如道教和各种民间祭拜。自汉代以来，佛教及其不同宗派传入中国，并开始盛行。基督教和伊斯兰教也很早就来到中国。但在中国漫长的历史中，这些宗教之间很少纯粹因为宗教信仰不同而发生冲突或战争。不同宗教信

---

① 徐克谦 . A Contemporary Re – Examination of Confucian Li and Human Dignity ［J］. Frontiers of Philosophy in China, 2018, 13（3）449 – 464.

仰的人往往能够和平共处。像十字军东征以及所谓"圣战"那样的纯粹出于宗教原因而发动的战争，在中国从未发生过。笔者曾经去过贵州省西南部的一个著名的古镇，叫青岩镇，那里有 3 万多居民，却包括了11 个民族。镇上有各种寺庙和宗教建筑十多所，包括佛教寺庙、道观、基督教堂、天主教堂、财神庙、文昌帝君庙、孔庙，此外还包括两个共产党人革命先驱的小型纪念馆等。像这样多种不同的文化元素在一个地区和谐并存的情况在中国各地并不罕见，这可以说是中国文化"和而不同"精神的一个生动写照。

第五章

从中道论的视角看西方哲学问题

如前所述，西方传统的本体论哲学以探究"存在""真理"为主要取向，而中国早期儒家哲学则更注重在世间万事万物中探求"中道"。早期儒学的许多重要概念都贯穿着"中道"的原理，是"中"的体现："道"体现着"天"与"人"之"中"；"性"是先天自然与后天养育之"中"；"仁"体现着自我和他人关联之"中"；"义"是诸事适宜之"中"及"情"与"理"之"中"；"礼"是个人欲望与社会约束之"中"；"知（智）"是主观的能知与客观的可知之"中"，也是"知"与"行"之"中"。因此，儒家哲学可以被认为是"中道"哲学。

中道哲学所要探求的"中"不是一个"实体"，所以它并没有一个不变的"存在"，不能被准确地定义。但它却是一个总是在发生的、动态的和可变的事情或事件，具有恒常的价值和意义。发现和执守"中"始终是对人的智慧的哲学挑战。能够被准确定义的具体事物的"存在"，都可以交由科学家按照科学的方法去研究，而总是处于事物或事件过程中的动态的"中"却只能由哲学智慧来把握。

形成对照的是，西方传统哲学似乎倾向于拒绝、排斥这种"中"（中间性、中介性、两可性），这可以说是一种"排中"的思维方式，即认为非此即彼，不承认彼与此之间可以有个"中"，拒绝矛盾和悖论，尽管事实上西方哲学就整体而言内部充满了矛盾和悖论。"排中"的思维方式的优势在于其精确性和缜密性，但它的缺点是容易倾向于一端，形成偏见，导致对事物认知的对立、分裂、碎片化和固执化，乃至引发不必要的冲突和纠纷。在科学技术日益发达的今天，对万事万物的客观的"存在"进行精密的研究的任务已经主要由科学家们来承担，而在人类社会文化实践中寻找"中"却仍然是哲学家们不可推卸的使命。换句话说，探究"中"而不是"存在"，才是哲学的真正任务和对哲学智慧的真正挑战。

从中道论的视角来看，西方哲学史上的不少二元对立的问题，比如形式和质料二分的问题，身与心的二元论，本体和现象的分离，等等，从一定意义上可以说都是由于执迷于两端或二元对立，不知道如何在对立的两端之间寻求"中"而造成的困惑。中道论哲学的视角，或许可以为解决西方哲学中那些长期以来令人困惑的问题提供某种别样的思路或方案。

第一节 "形式"与"质料"的二分

西方哲学传统中的一个基本的二分法，便是存在的形式与质料的二元对立。它假定事物都是由它们的"本质"和"材料"两部分组成的。"本质"是指事物的形式或理念，它决定了某一东西到底"是个什么东西"，而"材料"是指这个东西是用什么物质材料做成的。这种二分法可以追溯到古希腊时期柏拉图和亚里士多德的哲学，并深刻影响了后来西方哲学的发展，尽管柏拉图和亚里士多德对于"本质"和"材料"二者哪个是决定性的、哪个是更根本的或第一性的问题，有不同的看法。柏拉图认为事物的普遍的形式或理念才是永恒的现实，它定义了事物的"是"或"存在"；而特定的物质的东西则是有限的，是会变化的。比如，我们能看到的世上所有活着的狗，都是有限的，都是会死的。然而决定狗之所以为狗的形式或理念却是永恒存在的，它超越于现实世界中所有的狗而独立存在，并且永远不会消亡。亚里士多德也明确区分了形式和材料，他认为是形式赋予了事物以本质特征或属性。而另一方面，材料则是构成万物的基质或质料。材料或质料除非从什么地方获得某种形式才能成为某个东西而存在，否则就什么都不是。他甚至认为女性的月经液代表材料，而男性的精子则代表形式。只有当男人的精子赋予了女人的月经液以形式和理念，才能诞生出人这种东西。这种形式与材料的二分法，进一步发展为物质世界与精神世界的二元对立的划分。按照中世纪神学家圣托马斯·阿奎那（St. Thomas Aquinas）的说法，物质世界只是由那些已经与物质材料结合在一起的固有形式所居住的，也就是说，是由具体事物居住的；而另外则有一个精神世界，居住着非物质的、与材料分离的纯粹形式，也就是说，那是魂灵和天使居住的地方。

尽管这种古老的形式质料说后来已经从根本上受到了经验主义哲学和现代科学方法的挑战，但形式和质料两分的二元论在现代哲学中仍然以不同的方式存在。例如，在康德的哲学中，"形式"已变成了人类思维中的先天理性，而人们从外界事物中获得的多种感性直观，则被称为"材料"。当人们理解和认识世界上的事物时，先天的理性（形式）便赋予了感性直观（材料）以秩序、范畴和本质，从而帮助我们认识外部世界。

在古代中国哲学中，虽然没有与"形式"和"质料"的二分法完全对等的二分法，但也有一些与之相似或相关的二分法，如"物"与"则""器"与"道""气"与"理"等的二分。然而，尽管中国古代哲学家们也意识到事物自身存在的二元对立的关系亦即这些相应的矛盾对立范畴，但他们一般倾向于强调对立的两者之间的统一性和不可分割性。

古汉语中"物"这个词基本的含义就是"事物""东西"。现代学者有时会将它完全等同于西方传统哲学中的"物质"或"材料"的概念，但这种理解其实包含了一定的误解。在中国古代哲学中，"物"这个词并不是指与"形式"相对的没有形式的纯粹质料，而是指的具体有形的东西。因此，它并不完全等同于西方的"形式"与"材料"二元对立中代表"质料"的"物质"概念。"则"这个词意味着"规则""规定""原则"等。在"则"与"物"的对应关系中，"则"是指决定事物是其所是的内在规定性。在这个意义上，"物"与"则"的对比，的确与西方哲学"质料"与"形式"的二分法有某种家族相似性。然而，正如一首经常被古代儒家学者引用的诗句所言"天生烝民，有物有则"（《诗·大雅·烝民》），"有物有则"一语表明世界上任何事情都有其规则，"物"与"则"是无法分开的，既不可能有没有"则"的"物"，也不可能有离开了"物"的"则"。也就是说，事物和事物的规律是不能独立存在的，它们总是合二为一的，是彼此同一的。认为"物"与"则"可以分离，甚至属于不同的世界，或许只是人类思维的一个误区，就像先秦名家公孙龙子的"离坚白"认为一块石头可以分离为坚、白、石三者一样。

"道"与"器"之间的关系也是如此。"道"作为一个抽象的概念，通常指的是事物的一般规则或普遍原理。"器"则是指具体的器具、工具、器皿等。《易·系辞》曰："形而上者谓之道，形而下者谓之器。"现代学者使用《易经》中这个表述来翻译西方传统哲学中的"形而上学"（metaphysics），遂把"形而上学"理解为研究超越有形之物的学问，尽管事实上，在西方哲学，至少在柏拉图和亚里士多德的形而上学中，研究普遍的"形（形式）"恰恰是属于形而上学的任务。然而在中国古代哲学话语中，"道"是没有任何"形（形式）"的，它是无形的。"形"只属于现实世界中那些具体的、看得见摸得着的事物或"器"。因此，"道"与"器"的二分，也不是精确地对等于西方哲学"形式"和"物质"的二分。但不管怎样，中国古代哲学总的来说是倾向于强调"道"与"器"的统一，并普遍认为"道"就体现于"器"，无法与"器"相分离，并不存在一个没有任何"器"的纯粹"道"的世界。朱熹说："理则一而已矣，其形者则谓之器，其不形者则谓之道。然而道非器不形，器非道不立。"①王夫之也认为"道"与"器"是不分开的：

> 无其道则无其器，人类能言之。虽然，苟有其器矣，岂患无道哉？君子之所不知，而圣人知之；圣人之所不能，而匹夫匹妇能之。人或昧于其道者，其器不成，不成非无器也。
>
> 无其器则无其道，人鲜能言之，而固其诚然者也。洪荒无揖让之道，唐、虞无吊伐之道，汉、唐无今日之道，则今日无他年之道者多矣。未有弓矢而无射道，未有车马而无御道，未有牢醴璧币、钟磬管弦而无礼乐之道。则未有子而无父道，未有弟而无兄道。道之可有而且无者多矣。故无其器则无其道，诚然之言也，而人特未之察耳。②

王夫之一方面承认"无其道则无其器"，另一方面他更强调"无其器则无其道"，总之还是认为"道""器"不可分离。中国哲学的这一特性使中国哲学家对精神和物质两者之间的关系倾向于采取一种更加综合和贯通的观点，更加专注于全面考察现实世界中具体的、真实的、鲜活的事物，而不是陷溺于一个精神与物质、理念与现实、彼岸与此岸互相分裂冲突的世界观而不能自拔。

相比于西方哲学比较关注"形式"和"质料"的关系，中国古代哲学似乎更关注所谓"体"与"用"的关系。汉字"体"的语义包括"身体""实体""固体"等，通常是指某一具体事物本身。而汉字

---

① （宋）朱熹. 答丘子野［M］//（第四册）. 成都：四川教育出版社，1996：2147.
② （清）王夫之. 周易外传［M］. 北京：中华书局，1977：203.

"用"通常意指事物的"有用性""应用""功能"等属性。"体"与
"用"之间的关系问题也是中国古代哲学一个重要问题。由于受西方哲
学理论和概念范畴的影响和干扰，中国传统哲学中的"体"与"用"
的关系问题也往往与西方本体论话语混淆在一起。而现代学者也时常在
"体"与"用"二者哪个是属于形而上的范畴、哪个是属于形而下的范
畴的问题上产生困惑。有些人认为"体"相当于"道"，是属于形而上
学的范畴；"用"是指具体的物理的功效，是形而下的。但另一些人却
认为"体"相当于"器"，是具体的物体，当然是形而下的，而"用"
指的才是形而上"道"。但尽管有这些分歧，中国传统哲学总的来说是
倾向于强调"体"与"用"的统一，认为"体""用"一源，二者本
是原始地统一在一起，不可分离的。明代哲学家王阳明说："即体而言
用在体，即用而言体在用，是谓体用一源。"①清代哲学家王夫之也说：
"天下无无用之体，无无体之用。有是用必固有是体，是言体而用同
在，言用而体同存矣。"②

　　中国哲学中另一对与此相关的二分范畴是"气"与"理"的关系。
"气"与"理"的关系是宋代理学家讨论的热门话题之一。"气"字面
上的意思本不难理解，凡是在空中可以流动、循环、扩散、挥发的都可
以说是"气"。但作为一个哲学概念就比较难理解，尤其是要翻译成外
文让外国人理解就更困难，因为不知道这种"气"是"air""vapor"
还是"gas"，通常在哲学文本的英译中只好直接用"*qi*"这个汉语拼音
来代替。"理"则通常被理解为理性、原理或逻辑等。宋代哲学家在
"理"与"气"二者哪一个是事物存在的基础或决定性因素的问题上有
不同的观点。张载（1020—1078）认为"气"存在于宇宙中的每一个
角落，宇宙中的一切，包括天、地、万物与人类，都只是"气"的聚

---

① （明）王守仁. 传习录（上卷）　［M］//王阳明全集. 上海：上海古籍出版社，
1992：31.
② （清）王夫之. 读四书大全说：卷六［M］. 北京：中华书局，1975：412.

散的结果。"气"聚而为世界万物，"气"散则为太虚。但同时"气"的运动或变化是有某种"理"或逻辑的，这种"理"决定了"气"的动静聚散。也就是说，"理"只是"气"运动的逻辑，不可能独立于"气"而存在。而朱熹则倾向于强调"理"的先验性或优先性，但是他也认为任何事物都兼有"理"和"气"，二者不可分离。"气"决定事物的形式或形状，而"理"则决定事物的性质。"天下未有无理之气，亦未有无气之理。气以成形，而理亦赋焉。"①

总的来说，中国古代哲学也有一系列二元对立的范畴，虽然并非完全对应于西方哲学中"形式—质料""物质—精神"等的二元对立的范畴，但两者之间确有某种"家族相似性"。然而，中国的哲学家总是倾向于强调这两个对立面的统一性或不可分割性。正如一些中国哲学家所指出的，这种统一性或不可分割性，在道家称为"一"，在儒家则称为"中"。它是折中于两个对立面（两端）的意义聚集中心，也是超越两个对立面（两端）的意义聚集中心。

第二节　"心""身"二元对立及"自我"的问题

西方哲学中一个有趣的哲学问题是关于"自我"的悖论。真的有一个叫作"自我"的东西存在吗？如果是，那么这个所谓的"自我"到底是不是一个独立存在的"实体"？它究竟是指我的肉体还是指我的心灵？肉体和心灵二者，到底哪一个代表了真正的"自我"？当一个人老了之后，他到底是否仍然拥有他从小一开始就拥有的那个"自我"？

诸如此类关于"自我"的本质，以及关于个体自我身份认同的问

---

① （宋）朱熹. 朱子语类：卷第一［M］. 北京：中华书局，1986：2.

题，一直是西方哲学传统中颇受关注的重要哲学问题。但长期以来，许多西方哲学家们一直陷溺于身心二元论以及本体论思维方式的陷阱，对这些问题感到非常困惑。

从中道论的观点来看，"自我"是存在的，但却不是作为西方哲学本体论意义上的实体而存在。所谓的"自我"既不只是个物质实体，也不只是个精神实体，而是一个有其本末终始过程的事件。或者我们也可以说，用中文来表述，则"自我"不是一"物"，而是一"事"。而用英语来表述遇到的一个麻烦则是它经常把"物"与"事"混为一谈，都叫作"thing"。而实际上"物"与"事"是很不相同的"things"。"物"是相对稳定的，有其相对恒定的"存在"，因此比较容易给它下一个固定的定义。而"事"就像一个总是处在进行过程中的动态的事件或活动，它不单单是个确定的"存在（being）"，而是"存在（being）"和"成为（becoming）"的结合。

从中道论哲学的角度来看，所谓的"自我"其实可以看作是一个动态的和持续的"事"，而不是一个固定的、不变的"物"。我们可以把"自我"想象为发生在整个个体生命过程中的一个持续的事件，始终伴随着肉体的和精神的各种活动。它是一个动态的"中"，连接着每个人的过去、现在和未来，也是一个开放的、不稳定的"中"，不断地与它周围的环境交换着各种物质的和精神的资源和信息。

作为一件"事"或事件，"自我"实际上可以看作是一个意义或信息的聚集。就像在自然界里一样，无数的事物每天、每时、每刻都在相互交流，相互作用，制造无数的事件。同样地，在我的身体里，不同的身体部件也在相互交流、相互作用，并且与身体之外的事物交流与互动。当胃里是空的时候就有饥饿的信号，当缺水的时候就有口渴的信号，当我的身体受伤的时候就有疼痛的信号，当我的耳朵听到音乐的时候就有快乐的信号。所有的信息和信号都在我的"心"中传递和聚集，形成了一个我们称之为"自我"的事件。"自我"在"心"中就像一个永恒的会议，有一些固定的甚至是永久的参与者，但也经常有一些新来者参与其中。即使是经常或永久的与会者也经常带来新的信息。因此，"会议"的议题内容也一直在变化。我所接受的教育，我读过的书，我遇到的人，我经历过的一切，总是在不断地塑造和重新塑造这个"自我"。只是因为"会议"总是在同一个地点举行，有那么多的长期参与者，所以这个地点遂被认为是同一个"自我"。但是，那些维持"自我"存在和延续的同一性并非是固定的、一成不变的。实际上"自我"总是处在成长、变化的过程之中，并且最终也要结束。当"自我"这场"会议"最终结束时，会场也会消失。

这种"自我"也可以看作是一个"中"，它可以比喻为一个包含有中央处理器的信号、信息和意义的聚集处。这些信号、信息和意义既有来自我身体自身的生理器官的，也有来自现实中的各种对象和资源的。也许有一些内在的、固有的、超越的信息已经预先设计在我的生理和心理结构之中，并且与我的同类共享着这些信息。这些信息可以认为是造物主的先天赋予，可以认为是"自我"的根源。但仅此并不足以构成我们称之为"自我"的事件的全部。也许有一些相对来说比较重要的部件提供了最重要的信号或信息，犹如"中央处理器"或"电源"。没有这些关键部件的支撑，"自我"这场"会议"就将结束。但仅仅是这些关键部件及其提供的信号和信息还并非"自我"内涵的全部。缺少任何其他看起来不那么重要的组成部分也一定会使"自我"有所不同。

因为"自我"是可变的，而且实际上也总是在变化的，所以"自我"是可以更新的。吃喝、学习、实践、沟通、交流，这些都是"更新"个体"自我"的方式和途径。正如庄子所说："孔子行年六十而六十化，始时所是，卒而非之，未知今之所谓是之非五十九非也。"（《庄子·寓言》）孔子是一个终身学而不厌的人，所以他总是在其一生中不断"更新"他的"自我"。当然，这种"更新"并不等于是庄子所谓的"物化"，完全化为其他事物，比如一只蝴蝶。这种"更新"发生在同一个"地点",故仍然保持"自我"的同一性。同时"更新"也并不是完全的重新格式化,而只是在原有基础上的修改与损益。在"自我"作为一个事件在其发展过程中,在同一"场所"总是既有变化的内容也有不变的内容。因此,自我不会失去自身的同一性。

这种中道论的"自我"观,与西方以本体论哲学思维方式为背景的个人主义"自我"观对"自我"的理解是很不相同的,后者认为"自我"是一个固定的、不可分割的实体存在。而从中道论哲学的角度来看,"自我"是一个不断成长的过程,是一个进行中的事件,它始终与其他事物、其他事件、其他人(或其他的"自我")进行着互动与交流,并互相影响。正因为如此,中国传统哲学中关于"自我"问题有两个突出的观点值得注意。

首先,既然"自我"是可以改变、可以更新的,因此每个人都有可能也有必要通过学习和自我修养使"自我"变得更好。儒家的道德教育和人格修养理论正是基于这种对"自我"的认识。美国著名儒学家狄百瑞(William Theodore de Bary)强调儒家之学是"为己之学"①,这是符合先秦儒家"古之学者为己,今之学者为人"(《论语·宪问》)的说法的。狄百瑞试图强调儒家思想传统尤其是宋明理学中"心学"一派的"自我"观念与西方自由主义传统中的"个体"观念的一致性。然而,儒家的"自我"观念虽然与西方自由主义的个人观念不无某些共同之处,但二者并不完全等同。按照儒家中道论哲学观,"自我"既不完全是一个先验的、本体论意义上的"存在",也不是一个封闭的、不变的"实体"。"自我"是建构起来的,也是可以重构的,是先天之性与后天之习结合的产物,是内在固有因素与经验习得因素的综合。正因为如此,"自我"的人格,是可以被教育和培养的,通过学习成为更好的"自我"是可能的。

①　William Theodore De Bary. Learning for One's Self: Essays on the Individual in Neo - Confucian Thought [M] . New York: Columbia University Press. 1991.

其次，一个人不应该过分拘泥于"自我"的现状而不能自拔，不应局限于自己当下的见识和思想而固步自封。这就是为什么孔子提倡拒斥四件事："毋意，毋必，毋固，毋我。"（《论语·子罕》）即不要从自我角度出发胡乱猜想，不要持绝对的必然的观点，不要固执己见，不要以自我为中心。同样，中国古代道家哲学也高度赞赏"无己""忘我"的精神境界。这也使得庄子等人的道家学说中的个人主义与西方文化传统中的个人主义思想颇有不同之处①。当然，这并不意味着中国古代哲学家完全没有"自我"或"个体"的概念，而是表明在中国古代哲学中，"自我"的观念或许更加开放和灵活。"自我"不应该被自己的"成心"所限制，不应该画地为牢，将"自我"囚禁于其已有的、当下的属性或固定性。"自我"可以向他人开放，可以突破已有的"自我"，可以不断走向超越。

第三节　"本体"与"现象"的割裂

西方哲学传统中另一个带有强迫症性质的二分法是所谓的"本体"和"现象"的二分。这种二元对立的划分可以追溯到古希腊的柏拉图哲学。根据柏拉图的理论，思想和形式是本体，而在我们的感官中呈现出来的事物是现象。后来康德则认为，我们人类在时间和空间中所能感知的，只是事物的"表象"或"现象"，而不是作为"本体"的"事物本身"。"事物本身"或"本体"是独立于人的认知而存在的。因此，世界遂被分为两部分：现象世界和本体世界。现象世界的一切都总是在

---

① 关于庄子式的个人主义与西方文化传统中的个人主义的异同，参见：徐克谦. A Different Type of Individualism in Zhuangzi [J]. Dao: A Journal of Comparative Philosophy, 2011, 10 (4): 445 - 462

不断变化的，不可能永远保持下去，所以现象世界只是一种幻觉，不是真实的，而本体世界才是永恒的、真实的。

但是在中国古代哲学中，实际上并没有西方哲学意义上的那种"本体"和"现象"的划分，尽管一些现代学者时常套用西方"本体"和"现象"的二分法来分析中国古代哲学中的一些相关问题和观念。例如，有学者从中国古代哲学文本中找出"本体"这两个汉字，用来作为与西方哲学中"本体（noumena）"对等的概念，当今学者早已习惯于这种阐释。但在笔者看来，这完全是个错误，因为在中国古代哲学中并没有一个与"本体"相对应的"现象"概念，当然也就没有所谓"本体"与"现象"的二分法。

中国古代哲学家对于世界上万事万物中何者是重要的，何者是根本的，何者为因，何者为果，当然也有自己的认识和观点。《大学》说："物有本末，事有终始。知所先后，则近道矣。"中国古代哲学文本中的"本体"概念就应该在这一语境下来理解。它可能并不具有与西方哲学"本体（noumena）"相同的含义。"本体"之"本"原意就是指树根，引申为指事物的根基、源头、主体或原因。与之相对应的则是"末"，本义就是指树梢，引申指事物的次要的、非主体的部分或结果。"本"与"末"相对而言，"本"显然是更重要的，是基础和实质，是事物的决定性的部分或决定性的因素。"本"和"末"之间存在因果关系。"本"表示原因，"末"表示结。一切事物都必须先有"本"然后才可能有"末"。因此"本"也意味着开始，"末"意味着结束。中国古代哲学注重研究世上万事万物的"本—末""始—终"的关系，提倡一种追根溯源、原始察终的方法，以求找到事物的起因或原由，从而解决问题。这意味着"本"比"末"重要，也说明事物总是有一个从"始"至"终"的发展过程。但如果硬要将"本"和"始"阐释为"本体"，将"末"和"终"解释为"现象"，则未免生拉硬扯，毫不相干。因为中国哲学所谓"本"与"末""始"与"终"都是在同一个世界里，并非分别在"本体"界与"现象"界两个分离的世界。人们有时也许只看到"末"而不知道"本"在哪里，但这并不是因为"本"在另一个世界，而只在这个世界上留下"末"的幻觉。这只是因为人们由于认知的局限而一时尚未找到"本"而已。

总的来说，笔者认为中国古代哲学并不存在西方哲学意义上的"本体世界"与"现象世界"的二元对立，认为世界上除了所有活着的和死去的大象之外，还有一个永恒的、不变的大象的"本体"，这在中国古代大多数哲学家听起来恐怕是很奇怪很荒唐的事情。也许少数哲学家如某些先秦名家人物会是个例外，他们有个命题认为鸡有三只脚，据某些运用西方哲学观念来理解名家学说的人的说法，其中两只脚是"现象"，我们看得见，还有一只脚是脚的"本体"，我们看不见。绝大多数中国古代哲学家并不认为他们已经知道的或能够知道的只是事物的幻觉，或只是不真实的"现象"，而不是"物自身"的"真理"或"本体"。相反，中国人普遍相信他们亲眼所见、亲身经历的才是真实的、可信的。就像一些流行的汉语成语所说的"眼见为实""百闻不如一见"。这并不是说中国古人只知道靠感觉去认识事物，没有逻辑推理和理性思考能力。实际上，强调观察事物采取"本—末"、"终—始"的观点，正是一种中国哲学理解事物的逻辑，它表明不同的事物或因素之间总会存在一定的因果关系，万事万物的存在都是动态的，总会经历一个从开始、发展、兴旺、变异、衰落直至结束的过程，这种演变过程取决于该事物生存的环境、条件和机遇，也取决于该事物与其他事物之间的关系，它所受到的来自其他事物和因素的影响，等等。也许古代中国人很难相信万事万物都有一个永恒不变的"本质"。在中国古人看来，事物的有些属性也许很难改变，但同一事物的另一些属性也可能很容易改变。总的来说，中国古代哲学认为没有什么事物是绝对不变的。因此中国古代哲学家通常不以"本质主义""基础主义"的观点看待事物。

相比较而言，中国古代哲学，特别是早期儒家哲学，是比较现实主义和注重实践的，相信世界上的一切都是可以被人认识的，人类最终是有可能获得对一切事物的真实的和全面的知识的，尽管在人类认识万事万物的历史过程中，总会有尚未被认识的事物，或尚未被充分认识的事物。但他们不认为有一个神秘的"本体世界"是人类的认识和思维永远无法通达的。只是有一些事物的"本源""根本"或"原因"在目前尚未被人类发现而已，因为他们总体上相信世界和宇宙是个统一的"一"，而不是分离割裂的"二"。

第四节　效果论与义务论伦理观的两难困境

西方伦理学或道德哲学中一个令人困惑、争论不休的问题，就是结果主义或效果主义的伦理观（consequentialist ethics）与义务论伦理基础观（deontological ethics）之间的两难困境。结果主义认为，一个行为在道德上是对是错，取决于这个行为所产生的结果。如果这个行为最终能产生一个好的结果，它就应该被认为是道德的。这种方法也被称为"目的使手段正当"（end justify the means）。结果主义观点通常与义务论或范畴论观点形成对立。义务论或范畴论认为，一个行为在道德上的对或错，是在本体论上或在范畴上定义了的，与特定情况下该行为产生的实际后果无关。

西方道德哲学课程的教授们，经常会在课堂上使用一些极端的例子来展示在道德行为选择上结果主义伦理观和义务论或范畴论伦理观之间的鲜明对比和冲突。例如下面这个在西方一些大学哲学课堂上已经被讲述了几十年的案例：一个司机正在轨道上以非常快的速度驾驶电车，突然发现在轨道的那一头有五个工人在工作。司机试图使电车停下来，但偏偏刹车失灵了。与此同时，司机注意到前方有一条岔道，上面只有一名工人在工作，而此时方向盘还灵。所以司机这时有两种选择：一种选择是什么都不做，听任电车继续沿原轨道上行驶，后果则是五名工人可能被碾死。另一种选择是把车转向岔道，结果是只碾死一名在叉道上工作的工人却挽救了另外五名工人的生命。教授提出的问题是：这位司机此时应该怎么做才是道德的？哪种选择更道德？根据结果主义的逻辑，为了救活五个人而只杀死一人，结果似乎更好，所以司机应及时将电车转向岔道，这样是道德的，即使司机清楚地知道这样做等于是他故意去杀死叉道上那个无辜的生命。但是从义务论或范畴论的观点来看，故意杀人就是故意杀人，无论如何都是绝对错误的，即便其效果实际上拯救了更多人的生命。其他极端的例子包括：如果医生出于减轻病人焦虑的考虑，对得了不治之症的病人撒谎，隐瞒其病情的真实情况，这样是否可以被认为是道德的？为了造福更多的人，有时甚至是为了整个国家的利益，要求个体牺牲其个人的利益或权力，这样做是否道德？等等。教授在课堂上使用这些案例时，通常不会给一个最终解决方案，而学生们在这个两难选择上的态度分歧也很大。事实上，这个难题没有解决的办法。因为这两种伦理观各执一端，在极端情况下相互冲突，互不兼容。

类似的两难困境在中国古代哲学也存在。实际上最早的结果伦理学理论或功利主义伦理观可以追溯到生活在春秋末年和战国初期的墨子。墨子认为，道德就是建立在兴天下之利、除天下之害的基础上。因此，只有那些能够带来和平、稳定、繁荣和人口增长的行动才可以被认为是道德的。先秦法家也可以看作是某种结果主义或功利主义。例如，先秦法家的集大成人物韩非子，在其政治哲学中便持一种结果主义或功利主义的态度。韩非子认为，为了巧妙地说服统治者接受其正确的治国之术从而造福于人民和国家，所谓的"法术之士"们可以采取任何手段来迎合奉承君主，包括伪装、撒谎、引诱等，以便获得君主的信任。韩非子甚至专门写了《说难》《难言》两篇文章，传授这方面的技巧。而这显然是儒家学者所不齿的。儒家认为，君子士大夫在朝廷上应该永远是正直的，不应该去迎合君主的错误行为。如果他不能说服君主遵循正确的道，他可以辞去他的职位隐退。然而，这并不意味着儒家从不关心道德行为的结果。事实上，即使是像孟子这样最理想主义的儒家学者也曾指出，当我们对一种行为做出道德判断时，我们不仅要注意行为的动机，还要注意行为的结果。关于这一点我们稍后还将讨论。

总的来说，儒家的伦理道德学说既不是以结果主义为基础，也不是以义务论为基础。正如乔治·康奈尔在其研究中指出的："孔子既不支持结果主义，也不支持义务论伦理，而是一种专注于道德修养的伦理学。"① 这是因为，一方面，当孔子跟弟子们讨论一些礼仪实践问题时，例如是否应该"去告朔之饩羊"（《论语·八佾》），是否应该坚持"三年之丧"（《论语·阳货》）等，孔子总是强调这些仪式所蕴含的内在正确性，而不是看重这些礼仪实践的功利主义的结果。另一方面，孔子也"反对过于僵化的以固定的规则或法条为基础的伦理观念"②。例如我们前面曾提到，孔子曾经对子路、冉有两位弟子提出的同一个问题，即"闻斯行诸"的问题，给出了两个完全不同的指导性回答。当被质疑两种回答互相矛盾时，孔子解释说，这是因为他们俩一个太谨小慎微，另一个太冲动浮躁，所以他们需要不同的指导。这里隐含的逻辑就是，为了达到良好的效果，在同一件事上可以遵循不同的行为准则。

根据先秦儒家学说，特别是"思孟"一派的思想，儒家的道德原理是有其非功利性的基础的，这就是根植于人性的原初的、本始的善端。这种人性中内在的、原始的善，是上天赋予的"命"，但它却体现在人的本性中，呈现在每个人的良知良能中。儒家的道德伦理规范就是

---

① George B. Connell. Kierkegaard and Confucius: the Religious Dimensions of Ethical Self-hood [J]. Dao, 2009, 8 (2): 140.

② George B. Connell. Kierkegaard and Confucius: the Religious Dimensions of Ethical Self-hood [J]. Dao, 2009, 8 (2): 140.

在这种善的基础上产生和发展起来的。然而，这种善并不是一套本体论或范畴论的道德教条或法则，它只是完美道德成长的土壤和种子。在道德实践中，儒家在这一问题上正是采取了一种中道论的立场。这也就是说，尽管存在着某些在范畴上是正确的道德原则，或某些道德原则在范畴上就是定义为正确的，但是，在社会现实中某一特定行为的道德正当性应当结合特定的背景来确定，而不是仅仅依据范畴分类的道德规范教条，而不顾某些极端的或例外的具体情况。因此，在现实社会人们的道德实践中，人们既应该坚持普遍公认的道德原则，同时也应该根据当时的具体情况进行权衡以达到"时中"。例如，按照儒家道德准则，男女之间应该"授受不亲"。但是正如《孟子》书中记载孟子在回答弟子关于"嫂溺"要不要"援之以手"的问题时所说的："嫂溺不援，是豺狼也。男女授受不亲，礼也；嫂溺援之以手者，权也。"（《孟子·离娄上》）"嫂溺而援之以手"，并不意味着对"男女授受不亲"这一原则的否定，而只是在特定情况下的"权"，是特定情境下的"时中"。在某些特定情况下，当不同的道德范畴原则发生相互冲突时，这种权衡与选择是不可避免的，必需的。例如，在舜应该如何处理其父瞽叟因杀人而面临刑事制裁的案例中，孝道亲情的原则和法律正义的原则，都属于义务论或范畴论意义上绝对正确的道德原则，都应该坚持，然而在这个假设的特定案例中，对舜来说，这两个原则发生了相互冲突。而孟子则为舜设计了一个中道论的权宜、"时中"的解决方案，巧妙地避开了"非此即彼"的道德困境。这个权宜、"时中"的方案并不意味着否定上述两项道德原则中的任何一项，而只是提出了某种暂时的妥协与权宜而已。这就是"时中"的智慧。

对道德行为的"动机""手段"和"效果"之间的关系，儒家也持一种平衡辩证的观点。儒家伦理学有时被误解为只强调动机而不考虑效果。但情况并非总是如此。在这里，我们也可以以《孟子》书中的一些例子来进行分析。

孟子似乎并不赞成"只要目的正当，采取任何手段也都正当"的结果论伦理学的观念。曾经有个叫陈代的学生和孟子讨论过是否可以用某种不合礼节、不太正派的方式去接近诸侯国君，寻求被任用的机会，以便得到职位以便实现儒家的政治思想。

> 陈代曰："不见诸侯，宜若小然；今一见之，大则以王，小则以霸。且志曰：'枉尺而直寻'，宜若可为也。"
>
> 孟子曰："昔齐景公田，招虞人以旌，不至，将杀之。志士不忘在沟壑，勇士不忘丧其元。孔子奚取焉？取非其招不往也，如不待其招而往，何哉？且夫枉尺而直寻者，以利言也。如以利，则枉寻直尺而利，亦可为与？昔者赵简子使王良与嬖奚乘，终日而不获一禽。嬖奚反命曰：'天下之贱工也。'或以告王良。良曰：'请复之。'强而后可，一朝而获十禽。嬖奚反命曰：'天下之良工也。'简子曰：'我使掌与女乘。'谓王良。良不可，曰：'吾为之范我驰驱，终日不获一；为之诡遇，一朝而获十。诗云："不失其驰，舍矢如破。"我不贯与小人乘，请辞。'御者且羞与射者比。比而得禽兽，虽若丘陵，弗为也。如枉道而从彼，何也？且子过矣，枉己者，未有能直人者也。"（《孟子·滕文公下》）

陈代认为孟子坚守礼的规矩和原则，不去主动拜见国君拉关系，这似乎太死板，小家子气。因为如果一旦拜见了国君得到任用，最好的结果甚至可能实现王道，或者至少也能建立霸业。为了达到这样的伟大政治理想，采取一些曲折的、不太规矩的手段，应该是可以的。陈代的意思就是说，为了达到伟大而崇高的最终效果，在这个过程中采取一些卑鄙的手段是可以接受的。但是孟子不同意陈代的观点。他坚持儒家君子必须按照"礼"以得体的方式会见国君，而不能为了获得成功而不择手段。孟子用了虞人不应齐景公非礼之招、王良羞于跟嬖奚"诡遇"

两个寓言故事，进一步说明坚持礼节的重要，目的或效果的正当并不足以使手段也自然正当化。手段本身的正当性也是很重要的。

但与此同时，孟子认为效果或结果也是很重要的。在《孟子·滕文公下》，孟子与弟子彭更有下面这段对话：

> 彭更问曰："后车数十乘，从者数百人，以传食于诸侯，不以泰乎？"

> 孟子曰："非其道，则一箪食不可受于人；如其道，则舜受尧之天下，不以为泰，子以为泰乎？"

> 曰："否。士无事而食，不可也。"

> 曰："子不通功易事，以羡补不足，则农有余粟，女有余布；子如通之，则梓匠轮舆皆得食于子。于此有人焉，入则孝，出则悌，守先王之道，以待后之学者，而不得食于子。子何尊梓匠轮舆而轻为仁义者哉？"

> 曰："梓匠轮舆，其志将以求食也；君子之为道也，其志亦将以求食与？"

> 曰："子何以其志为哉？其有功于子，可食而食之矣。且子食志乎？食功乎？"

> 曰："食志。"

> 曰："有人于此，毁瓦画墁，其志将以求食也，则子食之乎？"

> 曰："然则子非食志也，食功也。"

彭更质疑孟子带着几十辆大车和几百个随从周游列国，到处吃喝，是否太过分了。孟子说：如果不合乎道，别人给一碗饭也不能吃。但如果合乎道，连舜从尧那里接受整个天下，也不算过分。但彭更仍然认为，作为士人，不稼不穑就有吃有喝是不恰当的。孟子于是将士人对社会的贡献与梓匠轮舆等手工业劳动者的劳动成果进行比较，认为他们都是在与农民进行劳动剩余产品的交易。如果梓匠轮舆等人也是不稼不穑就有饭吃的，为什么士人这样就不可以呢？但彭更又反驳道：梓匠轮舆做活的动机本来就是为了吃饭，但士人的动机应该是谋道不谋食啊，并不是为了吃饭。孟子则进一步逼问：你给梓匠轮舆饭吃，是对他们动机（志）的报酬，还是对他们劳动结果（功）的报酬？假如有个笨拙的工匠，把你的瓦砸碎了，把你的墙也砌塌了，他的动机也是来混饭吃的，你还会给他饭吃吗？在这段对话中，孟子显然认为动机（志）固然重要，但结果（功）也是不可忽视的。这个道理也可以运用于对人们道德行为的评价。我们评价一种行为是否道德，不能只强调动机而不看结果。总的来说，儒家在动机和结果的关系问题上，也是采取一种平衡和综合的观点。这其实也是中道思维方式的一个具体表现。

第六章

中道论的当代价值和现实相关性

中道论不仅是一种具有悠久历史传统和文化背景的儒家哲学思维方式，也是一个对中国人和中华民族产生了深远影响的思想文化传统。在中国文化的许多方面和许多中国人的生活方式、行为方式中，都有一定的反应。虽然近现代以来，中国的社会现实、中国人的生活方式，以及中国人的普遍世界观和思维方式等方面，都发生了许多引人注目的巨大变化，但传统儒家思想的精神遗产作为一种深厚的文化沉积，对中国人的思维方式和行为方式仍有重要影响。中道哲学观正是这种儒家精神遗产的一个重要方面。因此，今天探讨中道哲学仍然具有很强的现实相关性，可以为理解当代中国社会文化和意识形态方面的一些特性提供一个独特的视角，具有重要的现实意义。同时中道哲学作为一种有别于西方传统主流思维方式的东方式哲学思维的代表，亦有其独特价值，可以弥补西方传统思维方式之不足，乃至抵消或纠正其偏颇，为解决当今人类面临的一些共同思想难题提供某种别样的思路。

第一节　返本开新，道贯古今

按照黑格尔的历史哲学，世界是由"精神"或"理性"统治的，人类社会的历史只是这种绝对"精神"的自我实现或自我展开的过程，个体只是这种"精神"的代理人。历史的"精神"和"理性"是先验于历史的，故历史有其预设的目标和终点。这种黑格尔的历史哲学不仅对许多西方学者的历史观有着深刻的影响，在近现代中国流行的某些历史哲学理论中，也留下了深刻的痕迹。

中国古代儒家学说总的来说也认为人类历史的发展是有"道"可循的。但这个"道"并不同于黑格尔的"精神"或"理性"。儒家的历史之"道"主要是从对历史本身的总结与反思而来的，与历史过程本身及历史事件密切相关，是源于或产生于人类历史本身，而非源于某种先验的绝对"精神"。因此儒家的历史之道不是超越人类社会生活世界的形而上学的"理性"，而是人类社会实践的结晶。因此，在儒家话语中，历史之"道"经常是与那些创造了伟大的历史或促进了历史发展的伟大人物联系在一起的，比如"尧舜之道""禹之道""文、武、周公之道"等。章学诚曾经说过：

> 道之大原出于天，天固谆谆然命之乎？曰：天地之前，则吾不得而知也。天地生人，斯有道矣，而未形也。三人居室，而道形矣，犹未著也。人有什百而至万千，一室所不能容，部别班分，而道著矣。[①]

这说明，尽管人类历史之道，也许有某种天道的源头或前提，但中国古代儒家的历史学家通常认为，历史之"道"是从人类社会中产生的。历史发展的规律只有在人类历史的进程中才能发现。总之，中国古代哲学，特别是早期儒家哲学，更倾向于在人的实践和历史中来探求"道"、理解"道"、证明"道"，并且十分强调"道"在人类社会历史

[①]　章学诚. 原道［M］//叶瑛. 文史通义校注. 北京：中华书局，1985：119.

和实践中的价值。

因此，儒家倾向于从祖先和前代圣贤的实践和历史经验中寻找道的依据，以史为鉴，强调道在历史传统中的活的生命。这也是以先秦诸子为代表的中国早期哲学中比较普遍的历史观。正如余英时所指出的："由于中国古代'哲学的突破'是以'王官之学'为其背景，而且'突破'的方式又复极为温和，因此诸家论'道'都强调其历史性，即与以往的文化传统之间的密切联系。"①先秦诸子主要学派往往都把他们的"道"的起源归之于某些古代圣王。例如孔子的"道"是"祖述尧舜，宪章文武"；墨家之道以大禹为榜样；农家学派的起源可以追溯到传说中的"神农""野老"；道家则推崇黄帝作为他们精神上的始祖。各家都试图利用这些传说中的古代圣王的历史叙事来印证他们的"道"，为他们的"道"寻找合法性的证明。后来的许多中国哲学家也强调道与不可分割的历史传统之间的内在联系。例如，汉代哲学家扬雄在《法言》一书中说：

> 或问"道"。曰："道也者，通也，无不通也。"或曰："可以适它与？"曰："适尧、舜、文王者为正道，非尧、舜、文王者为它道，君子正而不它。"②

这表明，虽然"道"是"通用的"或"普遍的"，但它仍然需要从历史中找到它的"适"来证明其为"正道"。实际上整个儒家的"道统"正是体现在历代圣贤延续不断的传承的历史之中，如唐代学者韩愈所说：他所谓"道"不是"老与佛之道"，而是"尧以是传之舜，舜以是传之禹，禹以是传之汤，汤以是传之文武周公，文武周公传之孔

① 余英时. 士与中国文化 [M]. 上海：上海人民出版社，1987：46.
② （汉）杨雄. 问道 [M] //汪荣宝. 法言义疏. 北京：中华书局，1987：109.

子，孔子传之孟轲"的"道"①。尽管事实上在这个道统的历史序列中相互传承的历史人物，许多相互之间并不可能有直接的接触，这种思想传统承接的历史叙事对于"道"的合法性还是非常重要的，因为在儒家思想中，"道"的正统性、合法性主要就是由历史而不是由某种宗教权威来担保的。中国人常说"历史是面向未来的镜子"，要"以史为鉴""继往开来"等。这些说法在西方人看来可能会觉得有点奇怪，他们可能会认为未来不应该受制于过去历史上发生了什么事，他们的未来应该是由上帝之光指引的。然而，如果从儒家理性主义的角度来看，"上帝"其实也是历史的产物。因此对中国人来说，切断与历史和传统的联系恐怕是非常困难的。或许也正因为如此，中华文化成了当今世界上延续时间最长的古代文化传统，虽然不是最早产生的。

同时，从中国古代哲学的角度来看，历史更像是一条"逝者如斯夫"永远奔腾不息的时间的长河，它可能有一个大致的方向，但其目标和步骤也不是预先定义或设定了的。同样，"道"在漫长的历史长河中不断延伸，也会经历演进和变化，而不是永恒的和固定不变的。也就是说，中国古代哲学在对待历史文化传统的保守与创新、继承与发展的关系上，一般采取一种中道论的观点。对中国哲学来说，保存和继承历史文化传统是非常重要的，因为"道"的根源和起点就在历史之中。但社会历史之"道"其实也是人类社会的一种存在方式，而并非一种一成不变的先验的抽象理性原则。正如孔子所说"人能弘道，非道弘人"（《论语·卫灵公》），为了适应变化了的形势和新的情况，人类也会根据新的实践需要对"道"进行更新和调整。历史本身就是个流变的过程，延续于历史中的"道"也就不可能是绝对永恒不变的。但是尽管变，却也因为其延续性而保持着相对的同一性。这个延续中的同一

---

① （唐）韩愈.原道［M］//马其昶，马茂元.韩昌黎文集校注.上海：上海古籍出版社，1986：18.

性就是"道统"。用荀子的话来说也叫作"道贯"："百王之无变，足以为道贯。一废一起，应之以贯，理贯不乱。不知贯，不知应变。贯之大体未尝亡也。"（《荀子·天论》）既强调有不变的"道贯"，又强调要"应变"，这正是儒家中道哲学辩证法精神的表现。从历史的变迁中来探究其中大体不变的"道贯"，又在"知贯"的前提下来"应变"，这就使得"道"在历史之"统"与"贯"中获得了活的生命。

当中国进入现代社会之后，就像在世界上许多其他地区在全球化进程中也曾经历的一样，一直有保守主义和激进主义之间的争论。保守主义更强调对文化传统的继承，激进主义提倡剧烈的改革和革命。通常，前者对外来的西方文化持排斥和抵触的态度，而后者则更倾向于热情拥抱和全盘接受西方文化。然而，从中道论的角度看，这两种对立的立场也可以是辩证统一的：历史与传统可以为当前的改革创新提供借鉴和指导，而改革和创新可以赋予我们的历史和传统以新的生命。吸收西方文化的营养，可以使中国文化焕发出新的活力；在接受现代性的同时，不一定要全盘否定传统。近代著名学者、"现代新儒学"的代表人物钱穆先生曾说过："凡对于以往历史抱一种革命的蔑视者，此皆一切真正进步之劲敌也。惟藉过去乃可以认识现在，亦惟对现在有真实之认识，乃能对现在有真实之改进。故所贵于历史知识者，又不仅于鉴古而知今，乃将为未来精神尽其一部分孕育与向导之责也。"[1]在中国的近现代历史上曾经发生过一轮又一轮有关传统与现代之间关系问题的大规模讨论，尽管意见和观点五花八门，颇有分歧，但主流的或能达成一定共识的观点大抵总是倾向于既要保留传统也要拥抱现代化，主张把中国古代传统文化与新引进的西方文化的优秀精华结合起来，尽管这些主张会被表述为含义略有不同的术语，如所谓"中体西用""西体中用""古为今用、洋为中用""综合创新"等。这其实也正是中道哲学观运用于当代中国

---

① 钱穆. 国史大纲［M］. 北京：商务印书馆，1994：2.

社会文化实践的一种表现。最近的一个例子就是中国对其"社会主义核心价值观"的确立，在广泛征求各方意见的基础上，并经过反复讨论，最终把"社会主义核心价值观"概括为十二个词，即"富强""民主""文明""和谐""自由""平等""公正""法治""爱国""敬业""诚信"和"友善"。这几乎囊括了古今中外文化传统中所有重要的人类价值，具有广泛的包容性。今天的中国文化仍然保留着自己的特色，在其自身发展的轨道上前进，但同时也吸收了许多来自其他文化的优秀成果和新鲜元素。这也正是中道哲学所具有的开放包容精神的体现。

第二节　从中道论的角度观察和理解当代中国

从一些习惯于西方思维方式的外国人的视角来看，当代中国许多方面可能存在不少会使他们感到困惑不解的现象。他们可能会对这些问题感到困惑：中国仍然是一个共产主义国家吗？中国的经济体制是社会主义的还是资本主义的？中国可以算是个民主国家吗？为什么中国在国际外交中坚持不结盟原则？诚然，如果我们以产生于西方意识形态话语中的那些固定的观念、理论和标准来看待中国问题，也会觉得当代中国发生的许多事情都充满了矛盾。但是如果我们理解了中国传统文化中的中道哲学传统，并用中道哲学的辩证逻辑来分析和解释这些现象，那么许多事情就可以得到合理的解释，就会变得可以理解。以下试从中道论哲学的角度来对当今中国政治、经济、外交等方面的一些现象做一粗浅的解读。

一、民主集中制：民主与集权之"中"

在一些只知道典型的近代西方宪政民主的西方人看来，当代中国的政治制度可能并不算是"民主"。中国人自己把中国现行的政治制度称之为"民主集中制"或"人民民主专政"，在一些西方人看来，这也许是自相矛盾不可理解的。然而，如果我们不拘泥于以某些西方国家的政治体制作为预设的民主模式，并且对当代中国的具体政治制度和实践进行不带偏见的、深入的、近距离的观察，就不难发现，其实在很多方面，中国政治生活可以说是相当民主的，尽管这也许不完全符合西方单一标准的宪政民主。

关于儒家学说与民主的关系的问题，一直颇有争议，学界有不少讨论。在笔者看来，早期儒家学说与民主有一些共同的基本价值观，所以两者是兼容的而非冲突的①。早期儒学一直强调民为邦本，"邦畿千里，维民所止"，王道政治的根本目的，就是为了天下民众安居乐业，幸福安康。儒家"人性善"理论认为"人皆可以为尧舜"，人在潜能上、人性上都是平等的。孟子认为"民意"是"天意"的具体表现，是政权合法性的源头。这与现代民主的政治权力观念也是完全可以衔接的。在政治决策方面，中道或"中庸"也与多数决定、相互妥协、宽容少数等民主的价值观和原则相兼容。

在近现代中国，民主一直是包括中国共产党人在内的许多志士仁人和革命者、改革者所追求的目标之一。我们从有关历史文献中不难找到许多材料来表明，民主也是中国共产党在过去近一个世纪中一直在争取的一个核心价值和重要目标，尽管在某些特定历史时期，它在实践中做得不是很好，甚至很不好，例如在"文化大革命"期间。"文化大革命"结束后，特别是 20 世纪 80 年代初"改革开放"以来，民主化至

---

① 徐克谦 . Early Confucian Principles：the Potential Theoretic Foundation of Democracy in Modern China ［J］. Asian Philosophy，2006，16（2）：135 – 148.

少从党的各种文件中来看，也是党带领人民所追求的中国现代化进程的一个重要组成部分。邓小平曾经说过："我们进行社会主义现代化建设，是要在经济上赶上发达的资本主义国家，在政治上创造比资本主义国家的民主更高、更切实的民主，并且造就比这些国家更多更优秀的人才。"①改革开放以来，中国政治生活的民主化也取得了长足的进步。事实上，在今天的中国，举行的各层级的各种民主选举比世界上任何其他国家都多。根据"村委会组织法"，全国约 100 万个村庄每三年举行一次村委会选举。城市居民以一人一票的民主选举方式选举居民委员会、业主委员会，来管理他们自己所在社区的公共事务，也已经司空见惯。党的各级代表大会的代表和各级人民代表大会的代表，也都是依照选举法选举产生的。在日常社会政治生活的许多领域，例如考核、评奖、评级、决定社区事务等许多方面，"民主投票"作为一种做决定的方法，也得到了普遍广泛的运用。由此可见，在当代中国，将"民主"纳入"社会主义核心价值观"的意义绝不仅仅是象征性的。

然而，中国仍然是共产党一党执政的政治体制，尽管在共产党的领导下，也有一些代表各种社会阶层或社会集团利益的"民主党派"参政议政，为执政的共产党在治国理政方面提供各种参考咨询，中国共产党对国家社会政治经济文化等各方面的领导是全面的、不可动摇的。正因为这一点，在一些西方人眼里，中国并不符合西方一些国家所谓的"民主"的标准，不被许多西方国家承认为一个民主国家。但实际上这些西方人也许忽视了中国当代政治生活中许多比西方社会更加民主的方面，而只是将一党执政跟西方式的多党制民主制度进行简单化的对比。其实，中国共产党的性质颇不同于西方的普通政党，如美国的共和党或民主党等。在美国，任何人只要愿意都可以成为共和党或民主党的一员。但在中国，一个人如果想成为中国共产党党员，则必须通过一个严

---

① 邓小平. 党和国家领导制度的改革 [M] //邓小平文选：第二卷. 北京：人民出版社，1983：322.

格的被选择和审核程序，其中就包括一个叫作"民主座谈会"的环节。在这一环节，申请人的同事或相关人员中的非党群众代表，会被邀请来对申请人的人品和各方面的表现进行讨论，评估该申请人是否符合一名共产党员的标准。如果未能通过此程序，则该申请人就不会被党组织接纳为党员。即使该申请人通过了这一程序，如果有人民群众个人单独向党组织指控该申请人有重大问题或不当行为，该申请人的入党申请也可能被无限期搁置。被指控的不当行为可以是各种不同方面的，例如腐败、通奸、傲慢自大、奢侈浪费、脱离群众，等等。这说明，在中国，要成为中国共产党的一员，都要经过一种民主程序的过滤。这种民主程序是西方社会政党所没有的。另一方面，中国共产党在过去的几十年里，一直积极推进党内民主，强调决策过程的民主化，限制最高领导人以及各级党组织"第一把手"的权力，加强外部监督等。中国共产党的另一项民主制度创新，是所谓的"民主生活会"制度，即要求一个地区、机构、单位的党组或支部的全体党员，不分社会地位和官职高低，定期或不定期聚在一起平等对话交流，进行"批评和自我批评"。通常在这种情况下，普通群众党员获得一个直接对党员领导干部提出批评意见的机会，领导干部必须直接面对下属普通党员的抱怨和批评，检讨自己的不足。中国共产党近一二十年来也一再强调"集体决策"机制的重要性，党内没有人享有超越组织集体权力的特权。许多民主程序的设置都早已被写进了党的章程和文件，并不断得到进一步完善和细化，尽管有的时候这些民主程序也会在实践中遭到践踏。如果党的一切规章制度和纪律都得到严格遵守和充分执行，少数领导人个人的专权是不可能实现的。

在中国，还有一些也许在世界上其他国家所没有的民主制度创造。例如"人民信访制度"，要求各级政府必须有专门的办公室来处理人民群众的信访或个人请愿投诉。这种制度安排让底层人民群众在正常的法律程序之外又多了一个合法的途径，可以直接向上一级政府甚至向中央政府告状申诉，反映自己所遭受的不公平待遇、投诉当地政府或某些官员的不端行为，以寻求正义。这一途径在某些情况下是非常重要和有效的，特别是在当事人属于特别弱势的群体，根本无法支付正常的法律程序所需诉讼费用，或当事人根本不了解复杂的法律程序，或所在地基层司法系统非常腐败等情况下。

在现代汉语中，"民主"一词虽然代表了一个近代以来从西方引进的政治概念，即所谓"democracy"，但"民主"一词在汉语中却并非一个新词，在中国古代文献中就有着悠久的历史渊源，尽管其含义与现代民主观念颇不相同。"民主"一词早在《尚书》《左传》等早期儒家经典中即已出现，其基本含义就是"为民做主"或"为民做主的人"。其思想内涵就是作为一个国家或民族的领导人，他的职责是照顾他的人民，包括为他的人民的利益做出最好的决定，为他的人民主持公道。也就是说"民主"在中国古代的本义就是"执政为民"，而不是"由民来执政"。实际上由所有的"民"一起来执政，在任何政体下都是无法操作的。按照先秦儒家的观点，如果一个统治者不能承担"为民做主""执政为民"的责任，他就应该被其他人取代。如果这个统治者压迫他的人民，损害国家利益，他的人民甚至可以发动一场革命将他推翻。

在现代汉语中，"民主"一词被赋予了取自西方自由民主话语的新的含义，包括"民有、民治、民享"以及"人民当家做主"等概念。然而，即使有了这些新的内涵，中国政治话语中的"民主"或许仍然与西方自由民主主义者的"民主"的含义有所不同。对大多数中国人来说，"民主"作为一种制度设计，只是一种决策方法，它是解决争端和分歧以达成共识，找到可接受的和适当的解决方案的工具，而不是政治的根本目的。"民主"应有助于实现国家总体稳定繁荣、维护社会秩序与平安、增进人民的普遍福祉与幸福等更高政治目标和价值。因此从中国传统文化的角度来看，没有必要"为了民主而民主"，把某种"民主"制度本身当作终极政治目标。如果在某些情况下，所谓的"民主"只会造成社会混乱和冲突，对维护社会稳定、增进人民幸福没有积极作用，许多中国人也许宁可暂时不使用这一政治工具。

此外，从中道论的观点来看，"民主"与"集中"的关系并非水火不相容。也许在西方自由民主主义者看来，所谓"集中"就等同于"专制"和"独裁"，与"民主"是绝对矛盾和对立的、不相容的。因此，中国的"民主集中制"在他们看来就是一个自相矛盾的悖论。但从中道论的观点来看，民主和集中，就像任何一对矛盾对立的两个方面一样，是相互依存、相互促进的。充分的民主有助于形成真正合法的、更有效的政治权力执行中心，而强大的中央集权也能为国家的广泛深入的民主化提供政治保障。中国几十年的民主化实践也证明了"民主"与"集中"的辩证关系。在当代中国，民主化的许多步骤恰恰是顶层设计，并由中央政府推动的。中央政府的绝对权威也为及时纠正民主化进程中出现的作弊、贿选、裙带关系、利益集团非法游说等弊端提供了保证。而民主化的有序推进也进一步提高了地方和中央政府的政治权威。在基层通常由民主选举产生的村委会也往往具有更高的权威和行政执行能力。民主决策机制也可以让人民的意愿和利益得到更真实的体现，使得政府能够更准确、更及时地响应人民的诉求，从而提高其执政措施的针对性和有效性。正如我们在前面章节所讨论的，政治哲学意义上的中道论，就意味着在代表最广泛人民的利益、综合社会各阶层各部分的诉求和意见的基础上建立政治权利中心。可以说"民主集中制"恰恰生动地体现了这样一种中道逻辑。

二、中国特色的社会主义市场经济："中道"与"姓社姓资"的问题

当今中国另一个可能会让外国观察者感到困惑的方面，是中国经济体制和中国社会的总体性质。今天的中国经济是完全市场经济吗？今天的中国社会是资本主义社会还是社会主义社会？根据中国政府的官方表述，当今中国社会的性质是"中国特色社会主义初级阶段"正在走向"中国特色社会主义新阶段"。这在现实中究竟意味着什么？从习惯于二元对立思维的西方人的角度来看，社会主义与资本主义是对立的，市场经济与计划经济是对立的，二者不可兼容。但在今天的中国，所有这些似乎都交织在一起，道并行而不悖。

其实，无论是"社会主义"还是"资本主义"，都是西方世界创造出来的概念，是西方政治经济理论中至今仍然存在的"两端"。以前教科书中的马克思主义认为，计划经济是社会主义的基本特征，而自由市场经济则是资本主义的基本特征。在中华人民共和国成立初期的很长一段时间里，中国主流意识形态深受苏联的影响。这一主流意识形态在经济制度方面的固定概念就是社会主义等于计划经济或产品经济，资本主义等于市场经济或商品经济。因此，在中华人民共和国成立的前三十年，中国经济是按照苏联的模式发展的，实行的是社会主义计划经济制度。这不仅是基于对社会主义基本概念的教条主义认识，以及社会主义和资本主义两大阵营在意识形态上的对立，也是出于当时国家经济发展阶段的特殊需要。

中华人民共和国成立之初，国家一穷二白，工业基础，特别是重工业基础非常薄弱。在这种情况下，国家控制的计划经济对于实现集中全国有限的资源、优先发展基础产业的国家意志来说，显然更加有利、更加有效。因此，计划经济在中华人民共和国头三十年的贡献应该得到充分的肯定，正是由于前三十年在国家统一计划布局之下，中国形成了自己的工业化基本布局，为后来改革开放后的大发展奠定了一个坚实的基础。然而，计划经济体制的缺陷也是十分明显的，随着国家经济的进一步发展，计划经济对经济活力的阻力和负面影响也越来越显著。特别是在"文化大革命"期间，中国经济几乎到了崩溃的边缘。因此，"文革"结束后，"改革开放"便拉开了序幕，中国经济开始走向市场经济。但在僵化的教条主义思想的束缚下，许多人认为市场经济是资本主义的本质特征，因此这一进程开始时并不顺利。"姓社姓资"争论曾经一度困扰了理论界，影响了改革开放在实践中的开展。然而，中国传统的中道哲学智慧，最终克服了这一源自西方形而上学的教条主义痼疾。

从中道哲学的角度来看，在实践中探寻对当时的社会经济条件和形势来说最适合的经济发展模式，也即探寻当下的"时中"之道，要远比在理论上坚持"社会主义"的形而上学或本质主义的概念定义更为重要。这也意味着评价一种社会经济制度的优劣不应只从理论层面和抽象的概念出发，而不考虑它在不同社会经济发展阶段的实际作用和效果。一种社会经济体制的价值和优劣，取决于它在特定社会经济条件下的适用性和有效性，而不在于它在理论上如何定义。显然，根源于中国儒家哲学传统的中道论的实践理性精神，在这里实际上发挥了重要作用，它使中国的政治家和理论家们最终克服了源自西方哲学形而上学传统的教条主义固执。最终，概念和理论之争被搁置，对中国经济制度性质的修辞也经过了几番修订。从最初表述为"计划经济为主，市场经济为辅"，到修改为"公有制基础上有计划的商品经济"，再到最后表述为"社会主义市场经济体制"。到此，"中国特色社会主义"彻底拥抱了在理论上原本属于资本主义的市场经济，计划经济与市场经济的区别在中国已不再是资本主义与社会主义的本质区别。这一转变过程也表明，倾向于在时间和语境中寻求动态正确性的中国传统的中道哲学思维，在实践中最终克服了以抽象的、固定的概念为出发点的形而上学的本体论思维。

与此同时，中国完全没有抛弃社会主义，中国仍然强调自己是社会主义国家，并认为"只有社会主义才能救中国"。追求共同富裕，为全体人民谋福祉，增进所有人的幸福，这种社会主义经济发展的根本追求与最终目标并没有被抛弃。平等、公平、正义等社会主义的基本价值观也没有被抛弃。计划经济的一些要素仍然得以保留。中国政府仍然每五年制定一次整个国家经济发展的"五年计划"。从某种意义上可以说，中国是巧妙地在计划经济和市场经济、社会主义和资本主义之间找到了一个"中"，把本来是对立的两端各自的优势融合在了一起。通过这样做，中国找到了一条适合现阶段中国发展的"中道"，一条具有中国特色的发展道路，所以今天的中国社会经济确实与其他国家都不一样，具有鲜明的中国特色。

另一方面，很明显的是，改革开放以来，中国是在沿着一条与改革开放以前所走过的道路很不相同的道路前进。正因为如此，在当今中国，有一些右派学者试图用后三十年取得的巨大成就来彻底否定前三十年；也有一些左派学者试图用前三十年的一些长处来对照后三十年出现的一些问题，试图否定后三十年的道路。然而，中国共产党和中国政府，主流的知识分子及人民群众的大多数，还是能够以一种"中道论"的观点来看待这两者之间的关系，既不会因为改革开放以后出现了某些新的问题而否定改革开放以来取得的巨大成就，也不会因为过去计划经济的局限性而完全否定改革开放以前特别是新中国成立后的二十年间经济发展奠定基础的功绩。正如习近平总书记曾经指出的：

> 我们党领导人民进行社会主义建设，有改革开放前和改革开放后两个历史时期，这是两个相互联系又有重大区别的时期，但本质上都是我们党领导人民进行社会主义建设的实践探索。中国特色社会主义是在改革开放历史新时期开创的，但也是在新中国已经建立起社会主义基本制度，并进行了20多年建设的基础上开创的。虽然这两个历史时期在进行社会主义建设的思想指导、方针政策、实际工作上有很大差别，但两者绝不是彼此割裂的，更不是根本对立的。不能用改革开放后的历史时期否定改革开放前的历史时期，也

不能用改革开放前的历史时期否定改革开放后的历史时期。①

这种立场和观点，在固守"右翼"或"左翼"两端观点的人看来，或在习惯于西方哲学形而上学思维的理论家看来，似乎是自相矛盾、前后不一致的。但是如果从中道论的观点来看，却是相当合理，完全说得通的。中国社会主义建设和发展之道，同任何"道"一样，并不是一种形而上学的固定法则或原理，而是一个动态发展的持续过程。在过程的不同阶段有不同的主题或任务。相应地，在不同的阶段也应该采取最适合当时情况的不同方法与路径。在前一阶段采用的正确的方法或路径，在后一阶段可能不一定适用，也就未必正确；同样，用后一阶段适用的方法、路径和成功经验对前一阶段的实践进行否定和批判，也是没有意义的、无效的。尽管如此，前一阶段和后一阶段都属于同一过程，互相衔接。就像一个人的童年、青春期、中年、老年互相衔接一样，在不同的阶段有不同的需求，完成不同的任务，实现不同的目标。但它们都属于同一个人不断成长的完整过程。以青少年时期的标准来要求老年，或以老年的标准来批评青少年，都是没有意义的。中道论的"时中"观念就是要求在不同的阶段根据当时的情况、条件和语境做应该做的事，从而达到"时中"。

三、从中道论的角度看中国外交

在古代，中国人曾认为自己是世界的中心。"中国"这个名称本身有时也有"中央王朝""天下中心"等语义。实际上在历史上相当长的时间里，中国曾经是世界上最先进、最繁荣的国度，周边地区相对落后。所以在古代，中国人有一种骄傲的中国中心主义的自我形象，通常视邻国为蛮夷。但即使在古代，受儒家思想影响的汉朝统治者也很少炫

---

① 习近平. 毫不动摇坚持和发展中国特色社会主义［M］//习近平谈治国理政：第一卷. 北京：外文出版社，2014：22 – 23.

耀其军事力量，或主动发起战争征服邻国、占领别国的土地。中国更倾向于向邻国展示"中央王国"的魅力和先进文明的优越，以吸引邻国前来朝贡。按照古代儒家的观念，理想的世界是由"天子"居于世界中心，统治天下，天下的人依据与"天子"关系的远近亲疏，围绕着这个中心分布于天下。按照《周礼》的描述，天子居于"王畿"，以"王畿"为中心，向外延伸，每五百里为一个级差，依次分别为"侯服""甸服""男服""采服""卫服""蛮服""夷服""镇服""藩服"①。而"天子"的权威或中心地位，则应该是建立在他凭自己内在的美德和仁爱所获得的天命和民意支持的基础上，而不是仅仅依靠军事力量和霸权。儒家认为"天子"应该尽量避免使用军事力量处理与其他国家的外交关系。孔子曾经说过："远人不服，则修文德以来之。既来之则安之。"（《论语·季氏》）《诗经·大雅·皇矣》曰："不大声以色，不长夏以革"，意思也是说不以威武吓人，不凭兵革扩张领土。因此，中国古代在儒家思想影响下的对外交往，总体上是尽量寻求睦邻友好，倾向于把"中央王朝"的尊严和与邻国的和睦关系放在首位。在大多数情况下，只要周边政权对"中央王朝"表示效忠与恭顺，中央王朝通常会比较慷慨地给予这些邻国以丰厚的经济利益作为回报。也就是说，历代中国政府通常会用经济利益来换取与邻国的和平与友好关系，而并非把从与邻国的交往中获取利益放在首位。

然而进入近代以来，西方列强以坚船利炮打开了中国的大门，中国的国家主权受到西方列强的挑战和侵害。西方列强采用各种手段试图征服中国，就像他们在世界上其他许多地方所做的一样。中国人终于认识到自己根本不是世界的中心。随着与这些西方大国之间越来越多的接触、冲突和交往，中国人逐渐认识到自己的弱点和落后之处，中国人曾经拥有的傲慢已经逐渐被某种程度的自卑所取代。在许多现代中国人的

---

① （汉）郑玄注，（唐）贾公彦疏．周礼注疏［M］．北京：北京大学出版社，2000：1030.

记忆里，中国近代以来的外交史充满了屈辱和羞耻，伴随着一系列被称为"国耻"的历史事件，诸如在自己的国土上被外国军队击败还要向外国赔款，被迫与西方列强签订不平等条约，被强制出租甚至放弃自己的领土等。这种情况直到 1949 年中华人民共和国成立才算结束。

新中国把维护国家独立、主权和领土完整、维护世界和平、争取有利于国家发展的国际环境作为外交的基本目标。中华人民共和国成立之初，中国是苏联为首的社会主义阵营的一员，外交还没有真正独立。社会主义阵营与资本主义阵营的意识形态对抗，是当时影响中国对外关系的主要因素。但后来中国逐渐形成了自己独立自主的外交政策，其基本内容就是"和平共处五项原则"，即相互尊重主权和领土完整，互不侵犯，互不干涉内政，平等互利，和平共处。这些原则适用于中国与任何国家的关系，不管其社会政治制度或意识形态背景如何。几十年来，中国在发展同世界各国的关系中，始终坚持这些原则。今天的中国，当然不是要再次寻求成为世界的中心，而是倡导多极化、多边主义的发展。如果世界仍然需要一个中心，那就应该是联合国。维护联合国的权威和作用，促进世界多极化，也是中国的国际政策之一。

总之，今天的中国奉行独立自主的和平外交政策，坚持走和平发展道路，谋求同各国的合作共赢。正如中国政府对外郑重宣布的："中国应该在维护世界和平中发展自己，在自身发展中促进世界和平。要靠自己的努力和改革创新实现发展；同时，它应该对外开放，向其他国家学习。要顺应经济全球化的潮流，同各国谋求互利共赢、共同发展，同各国一道努力，共同建设持久和平、共同繁荣的和谐世界。这是一条科学、独立、开放、和平、共同繁荣的道路。"①当今中国的外交政策的基本目标仍然是维护中国的独立、主权和领土完整，促进与其他国家的友好交流与合作，维护世界和平，促进共同发展，推动构建人类命运共同

---

① Information Office of the State Council of the People's Republic of China. White Paper of the Chinese Government（2009—2011）. Beijing：Foreign language Press. 2012：503.

体；为国家的改革开放和现代化建设营造更好的国际和周边环境，以确保国家在和平发展的道路上继续前进。

同时，在一定程度上，当代中国在外交方面也仍受到一些传统儒家思想和价值观的影响。像儒家"和为贵""和而不同""礼尚往来""己所不欲，勿施于人""天下一家"，以及重道义、讲诚信、反霸权等等思想和主张，在当代中国的外交中都有不同程度的体现。故有学者指出："以儒家思想为核心的中国传统文化是中国和平发展外交思想的重要理论渊源。中国和平发展外交思想与中国传统文化核心理念具有本质的内在统一性。"①因此，我们也可以从中道哲学的角度来对当今中国的外交方针和策略进行一些解读。

中国自 20 世纪 60 年代脱离苏联领导的"社会主义阵营"，并宣布奉行不结盟的外交政策以来，一直坚持独立自主的外交原则。这意味着中国不会加入任何军事联盟，在决定自己的外交政策时，也不会服从任何大国或集团的意志。当其他国家或集团发生冲突时，中国通常采取中立和不偏不倚的立场，鼓励冲突双方通过对话谈判解决问题，而不是诉诸武力。这种立场在儒家早期的"中道"思想中有其根源，也与儒家君子在处理人际关系时应有的道德品格相一致。《中庸》所论述的"中道"的内涵之一便是"中立而不倚"，这意味着君子应该坚持独立公正的立场，不偏不倚，不带偏见。此外，儒家认为君子"群而不党""周而不比"，应该与所有人和睦相处，而不是只与少数人勾结在一起党同伐异。因此从儒家的观点来看，结成联盟或小集团来对抗他人，以追求自己的私利，并不是君子的正派作风，而是小人的卑劣伎俩。这一标准不仅适用于社会上人与人之间的关系，也可以适用于国与国之间的外交关系。

维护世界和平是中国外交的总体目标之一。发展同任何国家的关

---

① 王易，黄刚. 中国和平发展外交思想与传统文化核心理念 [J]. 中国人民大学学报，2009（3）：137.

系，都应有利于维护世界的和平与稳定。在涉及国与国之间或一国内部发生的各种摩擦或冲突的问题时，中国政府的立场大抵总是鼓励冲突双方冷静下来，保持克制，避免使用武力，坐下来进行对话和谈判，寻求各方都能接受的政治解决方案。这种立场与态度也和儒家传统的中道论哲学有关。因为根据中道哲学原理，解决冲突的最佳方式，就是平衡双方或各方的诉求和利益，寻求妥协与折中的方案。正义或公平不是基于抽象的原则，而是基于妥善处理有关各方的正当关切和合理利益。一方利用其军事优势迫使另一方服从，不是解决冲突的好办法；相反，它只会播下不满和仇恨的种子，而这种不满和仇恨可能在未来再次点燃。因此，在处理国际争端和冲突时，外交谈判始终是中国政府的优先选择。中国与十几个邻国接壤，在领土边界问题上，中国与周边国家之间存在着许多非常复杂的棘手的历史遗留问题。这些问题甚至也曾导致中国军队和这些国家军队之间短暂的冲突甚至战斗。但是，过去几十年来，中国与周边国家陆续通过谈判，和平解决了许多领土争端，目前中国与周边国家的边界总体和平稳定。虽然和平解决国际冲突有时非常困难，甚至在当今世界的一些地方看来是不现实的，但它确实是解决争端和冲突的最理想和最完美的结局，值得努力去争取。实际上，如果卷入冲突和对抗的国家或集团能够采用中道哲学的思维方式，也即不要总是固执于自己一方的立场和利益，能够采取一种超越立场、换位思考的视角来审视双方共同面对的问题，寻求双方的共同利益所在，或许将会有更多的机会使他们和平地解决相互之间的争端和冲突。

中国外交政策的另一个原则是"互不干涉内政"。中国愿意在和平共处五项原则的基础上与世界上任何国家交朋友，而不论其社会政治制度的差异和意识形态的不同。在向其他发展中国家提供经济援助时，中国从不附加任何政治条件。中国政府通常不对别国内政发表评论。当其他国家的政治体制发生戏剧性变化时，中国政府的官方回应通常是"我们尊重该国人民对自己政治制度和发展道路的自主选择，同时我们希望继续保持我们两国和两国人民之间的友谊与合作"。实际上，当今中国与世界上各种不同政治制度和意识形态背景的国家，从所谓的"民主国家"到所谓的"独裁国家"，都保持着相当良好的关系。这种态度实际上也是基于中道哲学的两条原则，即"中和"的原则和"时中"的原则。根据"中和"的原则，"中"不是一种排他性的绝对，而是一种包容性的恰当，也就是说，不同事物的多元共存是"中和"的前提。"中"不是要求一个事物与另一个事物保持同一，而是要在两个或两个以上不同事物之间寻求中介性和融合，它指的正是不同事物之间恰当的、平衡的关系。"和"意味着不同的事物的包容性共同发展。就国际关系而言，它意味着不同的社会制度可以和平共处，相互合作。根据第二条原则，"中"具有"正确"的含义，但任何的"正确"都是在一定的时间和空间条件下才"正确"的。就不同政治制度而言，并没有哪一种制度是绝对的、抽象的"正确"。什么样的政治制度对一个国家来说是"正确"的，取决于这个国家特定历史时期具体社会经济文化发展的状况，应该由这个国家的人民来自己决定，而不是由外人来指示或强加。这就是"鞋子只有穿在自己脚上才知道合适不合适"这一比喻的含义之所在。

中国和平外交方针中与中道学说相关的另一个方面，是近年来中国国家主席习近平在许多外交场合一再强调的"合作共赢"的理念和"人类命运共同体"的思想。中道论的重要观点之一就是不要总是把自己的利益放在第一位，而是提倡更多地关注自己和他人的共同利益。基于这样一种理念而形成的"合作共赢""人类命运共同体"等外交思想，显然与当前以特朗普政府为代表的动辄强调"美国优先"的外交政策大异其趣。如前所述，中道论的哲学基础包括阴阳学说，阴阳学说认为阴阳虽是矛盾对立的两个方面，但又相互促进，不可能单独发挥作用。一阴一阳相互合作，才成为完整的道。这一逻辑也适用于分析国际关系。例如，中美之间的经济和政治关系，从中道论的角度看也可以视为一种阴阳互补和相互促进的关系。这两个国家的经济和政治制度由于其不同的历史和文化背景的不同，确实存在一些巨大的差异，因而有时发生摩擦和冲突也是不可避免的。然而从中道论的角度来看，中美两国是有可能在保持各自的不同和特色的基础上实现和平共处，乃至互相补充、互利共赢的。这样一种既保持各自的不同又能和谐共存的平衡关系，其实也就是一种"中"。因此，求同存异进而实现合作共赢，应该是当前中美关系最好的选择。

在更广泛的意义上，不同国家之间求同存异，寻求共同利益的"中"点，建立合作共赢关系，这一理念在当今世界具有普遍适用性，也是当今世界所需要的。中国的"一带一路"倡议就是这一理念的一种实践。习近平总书记近年来多次强调要倡导"人类命运共同体"意识，树立相互依存的国际权力观、共同利益观、可持续发展观和全球治理观。这意味着，虽然世界各国千差万别，在文化背景、历史传统、宗教信仰、发展阶段、政治制度等方面存在着巨大差异，但我们在同一个地球上是休戚与共的共同体，有着共同的未来和命运。习近平总书记2014年在联合国教科文组织总部发表的演讲中，就曾引用早期儒家经典《左传》中记载的春秋时期思想家晏婴关于"和而不同"思想的论述，来说明其"人类命运共同体"的理念：

　　当今世界，人类生活在不同文化、种族、肤色、宗教和不同社会制度所组成的世界里，各国人民形成了你中有我、我中有你的命运共同体。中国人早就懂得了"和而不同"的道理。生活在2500年前的中国史学家左丘明在《左传》中记录了齐国上大夫晏子关于"和"的一段话："和如羹焉，水、火、醯、醢、盐、梅，以烹鱼肉。""声亦如味，一气，二体，三类，四物，五声，六律，七音，八风，九歌，以相成也。""若以水济水，谁能食之？若琴瑟之专壹，谁能听之？"世界上有200多个国家和地区，2500多个民族和多种宗教。如果只有一种生活方式，只有一种语言，只有一种音乐，只有一种服饰，那是不可想象的。①

习近平总书记的这样一种超越种族、民族、国家和文化差异的"人类命运共同体"的国际关系论述，正是深深植根于儒家中道哲学的丰厚思想传统之中的。

第三节 从中道论的视角看个人自由
与社会秩序的关系

从中道论的观点来看，"中"包含在"两端"之间进行适当的调解以寻求平衡的意义。但中道论并不是简单地否定或消除"两端"，而是把"两端"的存在作为寻求"中"的条件或参照。因此，"两端"就像阴阳，而"中"则是阴阳之间一种动态的辩证平衡或适宜之度。这种哲学智慧可以广泛应用于分析各种文化现象，并可能为解决一些社会政治或经济问题找到现实的和切实可行的方案。中道论的观点也可以用于对当代全球思想文化冲突的宏观分析。

伴随着全球化的进程，不同国家、不同民族、具有不同历史文化背景的人们之间的接触越来越频繁，思想与精神上的交流也越来越深入。在冲突与碰撞中，一种全球化的意识形态也在逐渐形成的过程之中。但这却是个充满矛盾和冲突的动态过程，伴随着在很多地区经常发生的不同程度、不同类型的混乱和动荡。深入分析可以发现，在很多地区发生的社会政治冲突和动乱中，一个深层次的基本矛盾还是个人自由与社会

---

① 习近平. 文明因交流而多彩，文明因互鉴而丰富 [M] //习近平谈治国理政：第一卷. 北京：外文出版社，2014：261.

秩序之间的矛盾。

一个多世纪以来，特别是 20 世纪下半叶，"个人自由"和"自由主义"的价值观念在世界各地广为传播，成为世界范围内社会意识形态领域的一个显著现象。"个人自由"的观念和"自由主义"的思想虽然有着复杂的历史背景，在其内涵上也存在着许多有争议的甚至是相互矛盾的理论和阐释。但在西方世界，"个人主义""自由主义"几乎已成为一种神圣的、不可置疑的先验价值和"政治正确"的禁忌，因为它实际上是近现代西方政治经济制度的意识形态基础。西方国家，特别是美国，一直在世界范围内竭力推行个人自由优先和自由至上的价值观。20 世纪末冷战时代的结束，似乎表明西方自由主义已经取得了世界性的胜利。一些学者如弗朗西斯·福山甚至宣称西方自由民主很快就会被所有的国家接受，人类社会将达到社会进化的终点，历史将就此终结①。当然，福山当年显然是过于乐观了，从那以后的世界形势的发展，显然并不能证实他的推论和预测。而福山的老师塞缪尔·亨廷顿似乎不像福山那么乐观，他的观点与福山相反，预言人类互相敌对的历史将继续延续，表现为不同文明之间不可避免的冲突，例如西方文明与伊斯兰文明之间的冲突，或儒家文明与西方文明之间的冲突等②。虽然亨廷顿的观点与福山相反，但他们两人其实都遵循着一种"零和博弈"或"要么全有要么全无"的思维方式和逻辑，也即冲突与斗争只有两种结果：要么我赢得这场战斗并得到全部，要么我将战斗到死并失去一切。

有没有可能在这非此即彼的两个极端之外找到第三条道路或中间道路呢？从中道论的角度来看，这不仅是可能的，而且是必要的。这就是

---

① Francis Fukuyama. The End of History and the Last Man ［M］. New York：Free Press，1992.

② Samuel P. Huntington. The Clash of Civilizations and the Remaking of World Order？［M］. New York：Simon & Schuster，1996.

"中道"。

中道哲学中的"中"既不是西方哲学意义上的"实体",也不是本体论意义上的绝对"真理"。它是矛盾对立的"两端"乃至各种不同的"异端"之间的动态平衡。它是不同的思想、价值观和信仰之间相互作用和交流的结果。当然,儒家学说也包含有自身的价值和信仰,甚至也带有一定的超越的宗教性维度。但是儒家总的来说不是一种布道性的宗教,不寻求传播某种绝对的信仰或教义叫他人皈依服从。相反,儒家相对来说对不同文化的价值观和信仰持宽容和开放的态度。中道哲学认为,不同的文化或宗教可以共存,没有必要只在"要么全有要么全无"的两个极端中进行选择。除了人类在世界和宇宙中的普遍福祉与和谐之外,儒家学说也没有什么神秘的目的论的终极目标。在遭遇外来的异质的文化的影响和挑战时,儒家文化总是能找到与其他文化的兼容性,寻求与他者共存的可能性。因此儒家文化易于吸收和消化其他文化的元素,从而丰富和扩大自己的内涵。在中国历史上,佛教、伊斯兰文化甚至基督教都曾先后进入以儒家思想为主导意识形态的古代中国社会,并在中国社会中得到了很好的容纳和接受,并没有发生过剧烈的冲突和对抗。因此,我们不认为一个真正代表儒家价值观的中国文明,会仅仅因为宗教或其他意识形态的原因必然与其他文明发生根本性的对抗与冲突。

从中道论的观点来看,自由主义看似完全彻底的胜利,其实只是一种假象。西方的"自由"和"自由主义"的价值观只代表一"端",无论是在西方传统内部还是外部,它都一直是并永远面临与另一"端"的对立。对于"自由"和"自由主义"的概念、定义及理论内涵,虽然也存在许多分歧和不同的阐释,但在这个作为西方文化品牌的价值观中,有两个基本的、本质的价值取向。第一是个人主义,即强调个人的权利,认为每个人的自我利益是最重要的价值。第二是自由和自主,即意味着不受他人的控制和干涉,对政府和机构的管理和约束功能持排斥态度，如在自由市场经济中强调要"自由放任（laissez - faire）"。但这两个取向其实分别只代表着矛盾对立的"两端"中的一端。它们都有与之形成对立关系的另一端，其一是群体主义，即强调公共福利或群体利益的重要，其表现形式有爱国主义、民族主义、国家主义等。其二是社会秩序与控制，即强调人类作为群体生存所必需的内部秩序、总体控制、协调规划等。无论具体表现形式如何，这一对矛盾的两个方面，或对立的两端，即个体和集体、自由自主和普遍控制，都是普遍存在的，就像白天与黑夜，阴与阳一样。即使那些被西方自由主义学者视为"自由主义"的对立面的社会制度如"共产主义"或"极权主义"等消失了，这种矛盾对立的"两端"也仍将存在于西方社会本身，并由不同的机构、党派或团体以不同的形式表现出来。

纵观西方尤其是英美思想文化传统中"自由"与"自由主义"的历史，我们可以看到，这一思想始终是一种意识形态工具，用来与自己的对立面进行对抗和斗争。只是由于许多特殊的历史机缘和条件，才使之成为现代西方世界的一种标志性的意识形态核心价值。

西方自由主义思想的早期渊源可以追溯到 17 世纪的英国，当时的国王、封建贵族、加尔文主义清教徒、中世纪法学家等利益集团之间，在涉及税收、宗教、土地等许多政治经济问题上存在着尖锐的分歧和斗争。只是到了 18 世纪后期以后"自由"这个词才逐渐在政治和经济话语中获得了重大意义，相关的术语如"自由思想""自由观点""自由原则"和"自由制度"等，开始反复出现在诸如亚当·斯密等思想家的作品中①。新兴的资产阶级把自由主义当作为自身利益而战的意识形态武器。从那时起到 19 世纪中叶，随着君主立宪制的建立和工业革命的发展，以"自然法""个人权利""契约主义"等预设为前提的自由主义理念和价值，逐渐被西方国家人们接受为不证自明的公理。但很明

---

① Daniel B. Klein. The Origin of 'Liberalism' ［EB/OL］. http：//www. theatlantic. com/politics/archive/2014/02/the - origin - of - liberalism/283780/，2014 - 02 - 13.

显，这些自由主义的思想和理论，实际上只是一种意识形态工具，是为当时特定社会的特定阶层的特定目的服务的。大不列颠王国作为"日不落帝国"的兴盛，促进了"自由"思想在西方其他国家的传播。因此，"自由"也被认为是英国取得成功的原因。但出于同样的原因，"自由"的思想在美国独立中也发挥了重要作用，从而创造了英国最大的竞争对手和挑战者。

不难理解，美利坚合众国充分继承了发源于英国的"自由主义"传统。这不仅是因为，美国开国的欧洲祖先中很大一部分是来自英国，他们来到这片土地上是为了摆脱宗教压迫，追求自由，而且还因为，当第一批欧洲移民来到这个新大陆时，他们真的面对着一种类似于约翰·洛克假定为他的"自由"理论出发点的那种自然状态，即这些来自欧洲的冒险者们作为个体的人在几乎没有什么政府管辖的"自然法则"下自由生活的状态：自由免费的土地广阔无垠，人口稀疏分散；未开化的土著人对"权利"和"财产"几乎没有概念，他们的"权利"，如果有的话，几乎可以忽略不计。因此，根据洛克的理论，欧洲的"个人"可以利用他们的"劳动"在无限的自然资源上自由地工作，并创造尽可能多的财富，这些财富可以被合法地"主张"为他们自己不可剥夺的"财产"。由于政治权力几乎处于真空状态，这些人真可能会"让渡"出一些"自然权利"，并通过某种契约安排来组成自己的政府。这也正是 17 到 18 世纪在这个"新大陆"所发生的历史过程。类似的过程也发生在澳大利亚和其他一些西方人的殖民地。"自由主义"的理念，在这种过程中也被证明是非常适用的。勇敢、自由、冒险等与"自由主义"相关的精神，对于殖民者和拓荒者在这个"新世界"定居，在这片处女地上开辟新生活，也是非常合适的和必要的。此后，在独立战争期间，"自由"的理念也为美国摆脱英国宗主国的政治经济束缚的斗争提供了非常有效的合法依据。因此，法国人把自由女神像赠送给美国，绝不是一种奉承，它真的象征着美利坚合众国这个国家立国的核心价值和精神。

当然，这种作为西方文化核心价值的"自由"精神也只是一种意识形态，而且也并非总是能在现实和实践中得到真正的落实。"自由"的本质是对个体权力和个人利益的绝对优先化与正当化，但至少在其早期阶段，"个人"的概念并不是指所有人。因为具有讽刺意味的是，"正是在1688年光荣革命使自由主义的地位得到巩固之后，英国奴隶贸易开始兴起并在18世纪达到顶峰；也正是在自由主义赢得美国独立战争之后，北美的奴隶财产制度在19世纪前期达到顶峰"①。奴隶制本身看起来似乎是与"自由主义"的价值观和理论完全背道而驰的，但从历史事实的角度来看，我们也可以认为奴隶制的兴起恰恰是自由主义的意识形态盛行的结果。因为自由主义正是为了论证个人自由攫取利益和积聚私有财产的合法性的需要而产生的，而当这些非洲黑人奴隶被定义为"财产"而不是"个人"，则白人殖民者对他们所做的一切与"自由主义"的观念和理论并不矛盾，保护奴隶制度也就是保护这些白人殖民者的个人权利和自由。这说明，如果仅从字面意义上将"自由"和"自由主义"理解为只是强调个人的自我利益和不受控制的个人自由发展，那么它只是片面的一端。从逻辑上讲，它并不具有普遍适用性，也不可持续。当然，奴隶制最终是被废除了。但是废除奴隶制所依据的实际上是与此相反的另一端的原则，即认为人类是一个整体，强调全人类所有的人具有普遍的、共同的利益和平等的权利，而不是仅仅强调部分"个人"的自我利益和自由。

总的来说，任何社会都不可避免地遇到在下面这"两端"之间进行平衡与选择的问题：一端是让个人拥有更多的自由，让他们自由地互相竞争，允许一些人积累更多的私人财富，容忍富人和穷人之间的差距变得更大；另一端则是更加强调集体的普遍利益，强化集体意识，限制

---

① Duncan Bell. What is liberalism? [J] . Political Theory, 201, 42 (6)：p.692.

个人自由，限制少数富人私有财富的无限增长，以维护全体民众的实质平等。前面一端可以称为激进的自由主义；后面一端可以称为完全的极权主义。在冷战时期，世界被分为两个阵营：代表前者的资本主义阵营和代表后者的社会主义阵营。"自由主义"再次被用作与社会主义或共产主义国家对抗和斗争的意识形态工具。实际上这种划分是肤浅的，事实上，社会主义或共产主义思想都起源于西方自由主义传统的总的思潮。早期的共产主义革命者们在崇尚"自由"方面丝毫不比那些西方共和主义政治家逊色。而在冷战时期，所谓"自由世界"的一些盟国实际上也比属于社会主义阵营的那些国家更加"极权主义"或"专制"。虽然冷战时代早已结束，但上述两端之间的矛盾仍然普遍存在。不同的国家仍然需要在这"两端"之间进行权衡取舍，并根据自己国家具体情况选择一个合适的"中"。

实际上，这"两端"之间的矛盾甚至也存在于西方"自由主义"传统内部。"自由"和"自由主义"成为西方文化特别是英美文化传统中的优先价值，有其复杂的理论背景和历史过程。思想史研究者通常会列举出这个过程中一系列重要的哲学家和思想家，从托马斯·霍布斯、约翰·洛克、卢梭、康德、亚当·斯密、约翰·斯图亚特·密尔、托马斯·希尔·格林、L. T. 霍布豪斯、弗里德里希·哈耶克，直至约翰·罗尔斯等，他们都对这一思想传统做出过不同的但都很重要的理论贡献，尽管他们对于究竟什么是"自由"以及"自由主义"究竟意味着什么的看法，其实也大相径庭。事实上，在"自由"和"自由主义"的名目之下，有许多互相竞争、互相矛盾的理论主张。麦金太尔指出，当代西方世界的政治辩论"几乎完全只是保守派自由主义者、自由派自由主义者和激进派自由主义者之间的争论"①。甚至有人说，经历了这么多年的意识形态冲突过程，"自由主义"似乎已经完全失去了它的

---

① Alsdair MacIntyre. Whose Justice? Which Rationality? ［M］. Notre Dame：University of Notre Dame Press, 1988：392.

同一身份，成了一个"万能词"①。约翰·杜威曾哀叹，"自由主义在实践中所指的东西是如此之不同，以至于这个跟哪个完全相反"②。这种西方自由主义传统内部矛盾对立面的共存，生动地展示了"两端"之间既矛盾对立又相互依存的辩证的动态关系。正是由于在"自由主义"理论传统中存在着各种分歧乃至相互对立的立场观点，在社会政治实践层面遂有可能在"两端"之间形成某种特殊的制衡，也就是"中"。因此，如果冷战的结束可以被看作是某种"胜利"，那么这种"胜利"也不应该仅仅被视为属于其中某一端，即崇尚无限的个人自由或资本的不受控制这一端的价值观的胜利。实际上在"自由主义"名义下，西方社会意识形态中也包含代表另一端，即更加重视群体福利、经济平等和社会整体秩序等的价值和主张，这些价值主张恰恰是"社会主义"所应坚持的核心价值，而一些比较成功的西方发达国家在理论与实践中也吸收和包容了这些价值和主张。

因此在一些以自由主义为名的西方学术理论和社会实践中，其实也包含了与绝对个人自由相矛盾的另一端的因素。例如，"自由"的价值鼓励个人奋斗，让个人合法地拥有不受限制的私人财富，而经济平等和正义的概念也被罗尔斯等自由主义理论家认为是必不可少的。"自由"的价值强调个人权利，反对所谓"极权主义"，但西方自由主义传统中的一些思想家，如霍布斯，也认为一个具有强大权威的"利维坦"是必要的。个人权力在"自由"的价值中得到了凸显，而制定严格的法律和强制措施以限制个人自由的范围，也被认为是自由社会的必要条件。美国人喜欢吹嘘美国是一个"自由的国家"。全世界成千上万的年轻人也相信，如果他们生活在美国，他们会比在其他任何地方享有更多的自由。但很少有人知道，在美国被监禁的人数实际上比其他任何国家

---

① Judith N. Shklar. "The Liberalism of Fear". in Judith N. Shklar. Political Thought and Political Thinkers. Chicago：University of Chicago Press，1989：3.

② Duncan Bell. What is liberalism？［J］. Political Theory，2014，42（6）：702.

都多。美国"国家科学院国家研究委员会"近年进行的一项研究表明，"美国的监禁率在过去 40 年里翻了两番多……"美国有 220 万成年囚犯，是世界上最多的。2012 年，全世界近 25% 的囚犯被关押在美国监狱里，尽管美国人口仅占世界人口的 5% ①。这一数据与大赦国际公布的数据也是一致的。换句话也就是说，美国实际上比其他国家更强调利用执法来限制个人自由的范围。也许严格的法律强制和足够的关押能力，恰恰是一个可以确保美国作为一个"自由国家"而炫耀"自由"作为其优先价值的重要条件。这两端之间的辩证关系就像阴阳之间的关系一样，相互依存，互相补充。

由此亦可见，简单地用"自由世界"或"集权社会"这种标签来给一个国家定性，是片面的和肤浅的。而中道哲学的视角则可以帮助我们对一个国家和社会的实际情况得到更加全面的认知。在当今世界，中道哲学也有助于帮助人们摒弃冷战思维，促进世界上具有不同文化和不同意识形态的国家之间相互理解，进行平心静气的对话与交流，相互取长补短，面对各自的现实问题，采取综合平衡的社会治理方法。中道哲学认为多元和谐共存，可以促进繁荣和新的发展，而同质化和单一化则可能导致衰落和枯萎。面对不同的文化和意识形态，最好摒弃"零和博弈"和"全有或全无"的思维方式。在坚持一定的底线的前提下，妥协、让步、包容和接受不同的文化，不仅可以减少不必要的冲突和碰撞，而且有利于彼此的发展和繁荣。这既是中道哲学所蕴含的实践理性，也是中国文化发展的历史经验。

在当今中国，"自由"的价值已经被包括在中国共产党在广泛征求各界意见基础上确立的"社会主义核心价值观"之内。西方"自由主义"一些理论和主张实际上在中国的许多经济政治改革和顶层设计中

---

① Jeremy Travis, Bruce Western, Steve Redburn, ed. The Growth of Incarceration in the United States: Exploring Causes and Consequences [M]. Washington D. C.: The National Academies Press, 2014: 1 - 2.

也得到了吸纳。然而"自由"或"自由主义"的理念对于中国传统文化来说，主要是一种外来的异域的因素，是近代才从西方传入的。显然，它本来并不是中国传统文化的核心价值。

如果要在中国传统文化中找出一个跟"自由"的价值在西方文化中所占有的重要地位相匹配的重要概念，笔者觉得"平安"可以当之。也就是说，西方文化最重"自由"，以"自由"为优先价值；而中国传统文化则最重"平安"，以"平安"为优先价值。"平安"的字面意思是和平和安宁，其相关内涵包括宁静、和谐、稳定、安全等。追求和维护一个包括个人身心安宁、人民生命安全、家庭与社会和谐相处、国家与世界繁荣稳定的"平安"状态，是中国传统文化的核心价值所在。换句话说，中国文化总体上倾向于将"平安"置于其价值序列的优先地位。这种追求"平安"的核心价值，是中国文化的一个内在驱动因素，它可以用来解释中国社会的许多现象和集体行为背后的逻辑。

在中国古代儒家和道家经典中，我们很难找到对个人经济利益和政治权力等方面的个人自由的诉求。先秦诸子与个人自由相关的理念主要是属于个体理想人格独立和自由意志的内在精神自由，如庄子的"逍遥游""独与天地精神往来"的精神，或儒家的"为己之学""为仁由己"和"自我完善"的主张等①。对于大多数中国传统知识分子来说，最大的自由就是与道合一的一种精神状态，是一种"仰不愧于天，俯不怍于人"（《孟子·尽心上》）的内心的自由自在。对于普通百姓来说，自由也往往主要是一种像俗语所说的"为人不做亏心事，半夜敲门不吃惊"的心安理得、坦然自适的状态。总的来说，在中国传统文化精神中如果说也有某种"自由"的精神的话，它主要是指一个人无

---

① 关于中国古代哲学传统中的"个人主义"和"自由主义"问题，可参看：WM Theodore De Bary. The Liberal Tradition in China（Neo‒Confucian Studies）[M]. New York：Columbia University Press, 1983；Erica Fox Brindley. Individualism in Early China：Human Agency and self in Thought and Politics [M]. Honolulu：University of Hawai' I Press, 2010.

论在何时何地，无论处在任何外界情况下，都能保持内心的平静和舒适的精神状态，怡然自得，也即《中庸》里所说的："君子素其位而行，不愿乎其外。素富贵行乎富贵，素贫贱行乎贫贱，素夷狄行乎夷狄，素患难行乎患难。君子无入而不自得焉。"它可以说是一种真正自由的，因为它似乎并不依赖于现实社会中具体政治的、法律的"权力"和经济的、物质的"财产"。近代西方社会、政治、经济意义上的以个人"权力""财产"为核心内涵的"自由"概念，在中国古代并不多见，更不要说成为文化中的优先价值了。

相比之下，"平安"——不论是个人生活安宁太平、家庭或社区的和谐安定，还是国泰民安、天下大定的宏大远景——在中国文化中都是处于优先地位的最高价值。孔子认为："有国有家者，不患寡而患不均，不患贫而患不安。盖均无贫，和无寡，安无倾。"(《论语·季氏》)对于个人来说，最有价值的事就是无灾无难，好人一生平安，安享福寿康宁，而不是什么为"自由"而战，为"权利"而争。对于社会和国家来说，最高的理想也是四海安宁、国泰民安、天下太平，没有战乱。中国古人理想社会的最高境界，就是《礼记·礼运》中所描述的那种大同社会，天下为公，人们几乎没有什么私有财产的概念，安全到可以夜不闭户，道不拾遗，更没有什么尔虞我诈，你争我夺。

在儒家看来，"福莫大于无祸"(《荀子·劝学》)，平平安安，无灾无祸，就是幸福。儒家之礼的一个重要功能，就是增进不同社会地位的人与人之间的和谐，以避免冲突和不幸。故有子曰："礼之用，和为贵。"(《论语·学而》)儒家哲学对于天下社会的终极目标就是《中庸》首章所说的"致中和，天地位焉，万物育焉"。为了达到这一目标，儒家教育每个人都要培养自己的道德人格并进行自律，修己以安人，修己以安百姓，乃至安天下，实现天下的太平与秩序。

中国传统文化以"平安"作为优先价值的意识形态，也有其独特的历史文化背景。前面提到，大多数美国人是从其他大陆来到新大陆的殖民者、移民及其后代。与此形成鲜明对比的是，中国人是自己祖国的原住民，他们祖祖辈辈已经在那里生活了无数代。几千年密集型农业及其相关的中国人的生活方式，培养了他们安土重迁的情感和浓厚的家国意识。传统社会的中国人一生下来就生活在自己的同胞中间，所面对的人就是自己的父老乡亲、兄弟姐妹、远亲近邻，而不是什么未开化的野蛮人，或与自己争夺利益的竞争者。因此，这里并没有多少自由空间留给那些"勇敢者"和冒险家去竞争和占有。对传统社会的中国人来说，这片土地不是什么可以让具有自由精神的"勇敢者"去开发的处女地，而是自己的父母之邦、故土家园。普天之下莫非王土，天下所有的土地名义上都属于天子。另一方面，在中国几千年的历史上，也从来没有出现过美国那样的奴隶制，从来没有发生过把某个群体像黑色人种那样整体剥夺自由进行奴役的骇人听闻的事情。因此，好像也就没有把"自由"价值凸显出来并强调到夸张程度的必要性。这是一个具有古老文明的礼仪之邦，每个人都必须遵守王法。社会等级阶层差别是存在的，但它也是动态的、可变动的。有一些机制如科举制度等，为那些有才华和勤奋的年轻人提供了一个从社会的底层上升到统治精英阶层的合法途径和机会。相对稳定的社会秩序、制度和习俗，是几千年历史的建构和积淀，从局外人的角度来看，这些秩序、制度和习俗也许不尽合理，不太完美，但这些东西在这里世世代代发挥作用，总体上已被大多数人接受，有助于维持社会的总体太平与和谐。总之，个人和家庭的平安幸福、社会的正常有序和安全、国家的总体太平与稳定、邻国之间的和睦友好，这些成为大多数中国人的共同意志和优先价值。

这并不意味着中国古代就没有动乱、冲突和战争，相反，恰恰是时不时发生的动荡、分裂和战争不断地提醒着中国人民"平安"价值的可贵。秦、汉以后中国的历史也经历了"合久必分，分久必合"的多次循环。但总的来说，广大民众的心理，大多是在动乱的时期渴望天下大治；分裂的时期，渴盼国家统一。统一和稳定是人心所向，也是中华民族自我认同的基础。因此自汉代以来的历史，相对统一和相对稳定的时期，还是比天下大乱、山河破碎的时期要长得多。汉、唐、宋、明等主要朝代，国祚都在两百年以上。即使在元、清两代，中国社会也能在几个世纪内保持基本和平稳定的秩序。进入中原后，这些游牧民族统治阶层逐渐都被中华农业文明的文化所同化，接受了儒家思想作为基本意识形态，也接受了以"平安"为优先的价值观。与此同时，中国文化也受益于这些外来民族带来的不同文化因素，使自身的内涵更加丰富。总的来说，只有维护社会的普遍太平与安定，不同民族的人民才能和平共处，不发生严重的冲突。对大多数普通中国人来说，帝王的民族出身、宗教信仰和文化背景等，似乎并不如国家和社会的总体和平安定重要。

但进入近现代以来，以"自由"为导向的西方文化开始在中国流行，并且在一定程度上与以"平安"为导向的中国传统文化发生了碰撞与冲突，中国传统价值观在许多方面受到西方价值观的严重挑战。在现代中国，有一首非常流行和著名的诗：

> 生命诚可贵，爱情价更高。
> 若为自由故，二者皆可抛。

据说这首诗的原作者是匈牙利诗人裴多菲（1823—1849）。汉语翻译采用了类似传统诗歌五言绝句的形式，读来琅琅上口，印象深刻，极大地促进了它在中国的传播。但这首诗得以流行和传播的主要原因是它所代表的新鲜的"自由"思想，这种思想在 20 世纪初对大多数中国人来说还是非常陌生、新潮甚至有点惊世骇俗的。因为它所体现的价值观与中国传统文化的价值观有很大的不同。在中国古代的主流价值体系中，无论儒、道、佛哪一家，生命的价值都显然要高于所谓"爱情"

和"自由"。但这首诗却告诉人们，应该把"爱情"的价值置于"生命"之上，更要把"自由"的价值放在一切之上。这首诗的价值观具有很大的冲击力，在中国现代革命中也发挥了重要作用。成千上万的年轻人受到鼓舞，冲破家庭和传统社会习俗的束缚，勇敢地追求他们浪漫自由的爱情。无数革命者，包括早期的共产党人，被激励起来勇敢地献身于反抗"封建专制""资本主义压迫"和"帝国主义侵略"的斗争，为国家、为民族、为人民，也为他们自己争取自由和解放。"不自由，毋宁死"这种令人热血沸腾的口号，动员了千千万万的人，特别是满腔热血的年轻人，在各种动乱、战争、革命中拿起武器，许多人真的献出了自己的宝贵生命。

从宏观上回顾中国近现代思想文化发展的历史进程，我们可以看到，尽管在这个历史进程中也会有冲突、不适应、摇摆或逆转，但总的来说，中国社会、中国文化和中国人民对西方现代文化是开放的。西方思想文化的许多因素已经被吸收并融入现当代中国文化，就像佛教文化和其他外来文化在历史上曾被融入中国文化一样。这表明，至少在中国，亨廷顿所说的"文明冲突"并非不可避免。这在很大程度上是得益于中国传统文化中的中道哲学思维方式。中道精神使得中国人在处理与不同文化的关系时能采取辩证、动态、灵活的态度，既能包容"他者"，在一定程度上容忍不同的"两端""多端"乃至"异端"的存在，又能在实践中维持着动态的"中"的统一、平衡与稳定。

而另一方面，将强调"自由"价值的西方文化因素融入中国文化，并不意味着中国人已经皈依了西方文化，或者说中国文化失去了其自身的同一性。实际上，当"自由"的价值在中国当代社会意识形态中被普遍接受时，它也并不会简单地取代其他原有的价值，而是成为一个新的"端"，与"平安"等其他重要的文化价值构成辩证关系。强调"自由"与强调"平安"这两者之间，在实践中是存在着一定的矛盾和张力的，正因为如此"自由"与"平安"便又成为互相制衡又互相依存的"两端"，在实践中执此"两端"而用其"中"于民，则仍然需要"中道"哲学的智慧。事实上，对人类社会来说，"自由"和"平安"都是重要的价值，不应该简单地强调一种价值而牺牲另一种价值。没有"平安"守护的"自由"，与完全失去"自由"的"平安"，都不是理想的社会。所以最佳状态就是在两者之间既保持一定的张力，又达成某种平衡，这就是"中"。但是"中"也并不总是简单的半斤对八两，而是要根据不同的具体情况，决定在一定时期内这两个值中的哪一个应该放在更优先的位置上加以强调和维护，这也就是我们所说的"时中"的含义。

从中道论的观点来看，西方文化强调"自由"价值与中国传统文化强调"平安"价值这两种看似对立的意识形态，其实是可以相互补充、相互纠正偏颇的。例如，在当今世界某些地区，过分强调"自由"多元的价值，在一定程度上加剧了不同利益、不同宗教信仰、不同文化背景的族群之间的冲突、摩擦甚至战争。因此，倡导和强调"平安"或和平稳定的价值，也许有助于制衡极端自由主义精神泛滥所造成的负面影响，缓解一些地区国家之间、族群之间和社会中的紧张局势，维护社会的和平与安定，促进人类和谐社会的建立。当然，从另一方面来说，强调"自由"价值的文化精神也可以用来纠正或弥补在过分强调"平安"稳定价值的社会中容易产生的一些缺陷和毛病，例如过度限制个人自由、人权状况恶化、失去冒险精神、缺乏创新勇气等。

总之，任何社会意识形态和价值观都不是绝对的普遍的真理，而只是在特定的社会历史语境和时间中发生的"中"。它们的正当性和合法性都是时代的、历史的和动态的，在特定情况下是可以协商和调整的。这就是中道论对意识形态和文化价值观问题的看法。任何特定的意识形态或价值观，尽管可能被广泛接受，也都可能是既有优长也有缺陷。因此相互矛盾、相互对立的价值观立场，也不一定非得像亨廷顿所预言的那样必须互相敌对，乃至发生你死我活的冲突和对决。同时，历史恐怕也永远不可能停止于一个福山所宣称的所谓"历史的终结"的时代，那时一种文化或一种意识形态取代了所有其他文化和意识形态。不同乃至对立的意识形态和文化价值，完全可以像阴与阳一样，作为相互依存的要素共同存在，相互补充。按照儒家的中道论思维，该做的事就是"执两用中"，暂时悬置互相对立的终极立场和观念，根据不同的具体情况，在主观和客观之间、自我与他者之间寻求契合点，在矛盾对立中找到平衡点。这个平衡点也就是"中"。

第四节　中道论在解决矛盾冲突中的现实意义

当今世界仍然充满冲突、动荡和不确定，远非一个和平安宁的世界。不同的经济利益、意识形态、信仰和价值观之间存在冲突，不同的民族、国家、宗教和文化之间存在纷争。20世纪90年代初"冷战"结束时，一些西方学者如弗朗西斯·福山等，被西方意识形态和社会经济制度表面上的"胜利"所迷惑，乐观地预测一个黑格尔式的"历史的终结"即将到来，在这个历史已经"终结"了的世界里就不再会有什么矛盾和冲突，因为在这个世界里，社会是稳定的，所有人的需要都得到了满足，因而历史进程将就此终结①。但实际上，这种黑格尔式的历史观，也不过只是西方本体论思维的产物，这种本体论思维认为在现实世界复杂的历史事件和进程背后，隐藏着一种本体论的规律或绝对精神，因此历史的发展有其必然归宿，这是由作为本体的绝对精神和必然规律所决定的。但另一些人并没有那么乐观。福山的老师塞缪尔·亨廷

---

① Francis Fukuyama. The End of History and the last Man ［M］. New York：Free Press, 1992.

顿则预言，冷战结束后，这个新世界冲突的主要根源将主要不再是意识形态或经济方面的；人类之间的巨大分歧和冲突的主要根源将是文化，文明之间的冲突将主宰全球政治①。显然，过去二三十年世界上所发生的一切并没有提供证据来支持所谓"历史终结"的假设，倒似乎有一些事件，如"9·11"恐怖袭击、伊斯兰国家的出现、宗教极端主义和恐怖主义的盛行等，为亨廷顿关于文化或文明之间发生冲突的预测提供了某种例证。但是，这些冲突是否不可避免、无法控制，或这些冲突和对抗是否一定会以一种文明击败乃至消灭另一种文明而告终，却是很值得怀疑的。

从中国传统哲学的历史观来看，人类历史发展进程的背后，未必存在那种西方本体论意义上的必然规律。历史发展或许有"道"，但这个道并非是某种本体论的先验的绝对精神，或某种神秘不可知的必然性，而是前人历史经验的总结。要说历史发展有什么规律，那大致就是盛极必衰、物极必反、终则又始、终始若环，也就是老子所谓"反者道之动"。人类社会历史的发展，也像自然界的四时变化一样，由代表着"阴"与"阳"的不同对立力量之间的矛盾和冲突所驱动。阴阳家所谓"五德终始"的历史观被广泛接受，认为历史盛衰、朝代兴亡，只是代表着"五行"的"五德"相互作用、相互运动的循环往复的过程。因此，历史的发展永远充满了矛盾和冲突，正是这种矛盾和冲突推动了历史的前进。我们不能指望可以达到一个不再有任何矛盾和冲突的理想社会。同时，冲突和矛盾总是可控的、可解决的，尽管旧的矛盾冲突解决了，新的矛盾冲突又会出现。而儒家的中道哲学则为我们控制和调解各种矛盾冲突提供了某种富有实践理性精神的方法论。

有学者将人类社会中的冲突定义为"至少有两个行动者（当事方）

---

① Samuel P. Huntington. The Clash of Civilizations? [J]. Foreign Affairs, 1993, 72（3）: 22 – 49.

同时为获得某种可用的稀缺资源而努力竞争的社会情况"①。因此，冲突的典型解决方法，就是找到一种途径来满足参与冲突的各方，使他们均能在这种稀缺资源中获得其公平的份额。然而，在历史和现实中的许多情况下，冲突也并非仅仅是源于对某些资源的争夺，而是往往与参与者对事物的不同信仰、认知、观点或立场有关②。换句话说，不同的信仰、价值观和思维定式，有时也会在竞争对手之间制造隔阂乃至仇恨，使他们相互之间形成冲突对抗。因此，帕特南和普尔将冲突定义为"相互依存的人群之间的互动，这些人感知到宗旨、目标和价值观的对立，并以为对立的一方可能会干扰这些目标的实现"③。

在笔者看来，信仰和观点的差异确实是社会上许多冲突的原因。但是，本体论的思维方式更有可能引发基于不同信仰和思想观点的冲突。这是因为本体论的思维方式更有可能增强人们对自己信仰和观念的绝对性、终极性和普遍性的盲目自信，从而促使他们更加顽固地坚持自己的立场，更加主动活跃地与自己的对立面相对抗。

相比较而言，儒家的中道论思维则不拘泥于任何绝对的、终极的、永恒的规则。因此，它更有可能做出妥协，以应对新的情况，或与不同的思想观念达成融合。在孔子的教导中，很少有教条主义的定义或绝对原则。他教给学生的，主要是一些关于如何在不同的情境或场景下举止得体、践履道德的建议。《论语·子罕》记载："子绝四：毋意，毋必，毋固，毋我。"这表明儒家不赞成以自我为中心的偏执和固执己见的顽固。这当然并不意味着儒家完全没有自己坚定的信仰或基本的原则。其

---

① Peter Wallensteen. Understanding Conflict Resolution: War, Peace and the Global System [M]. London: SAGE, 2002: 16.

② Carrie J. Menkel – Meadow. ed. Dispute Resolution: Beyond the Adversarial Model [M]. New York: Aspen Publishers, 2005: 27.

③ L. L. Putnam and M. S. Poole. "Conflict and negotiation". in F. M. Jablin, L. L. Putnam, K. H. Roberts, and L. W. Porter, ed., Handbook of Organizational Communication: An Interdisciplinary Perspective, Newbury Park, CA: Sage Publications, 1987: 552.

实"中道"正是儒家的基本原则之一。但其诡异之处却在于"中"本身并没有西方哲学本体论意义上的那种先验的内涵，它是一个灵活的、可调节的对事物之中间性、关联性的聚焦，是一个居于相关要素中间，随时准备权衡协调不同要素之关系，进行凝聚融合的枢纽。故中道论哲学为解决人类社会各种冲突提供了重要的实践理性智慧。实际上中道论最初就是源于传说中的古代圣王协调综合各方不同意见从而凝聚共识的一种政治智慧。传说中的古代圣王"允执厥中"，光被四表，格于上下，遇事则"咨于四岳"，故能平章百姓，协和万邦。据《中庸》记载，孔子赞扬"舜其大知也与！舜好问而好察迩言，隐恶而扬善，执其两端，用其中于民，其斯以为舜乎"。这种"执两用中"的中道智慧对于解决矛盾冲突具有一定的普遍意义。

关于如何解决各种矛盾冲突，专门研究冲突学的学者们已经有不少研究。有人曾归纳总结出解决人类社会各种冲突的五种基本方式：第一，逃避，也就是选择远离冲突；第二，对抗，希望通过正面对抗实现自己一方获胜；第三，顺从，即选择向对方屈服；第四，妥协，即冲突的双方各让一步；第五，合作或融合，即冲突的双方找到共同点，不仅克服了冲突而且实现了合作共赢。① 其中第五种方式最接近儒家中道哲学为解决冲突提供的方案。而中道哲学实际上为冲突的解决提供了更为实用的策略和哲学智慧。

首先，中道论哲学主张在矛盾冲突中对立的双方之间，建立一种相互对待的、换位思考的视角，即站在对方的角度来看问题，或试着设身处地为对方着想，以理解体察对方的关切。这其实也就是古代儒家所说的"絜矩之道"，也就是中国老百姓常说的"将心比心"。有学者指出，许多矛盾和摩擦之所以越演越烈，最终演变为剧烈冲突与对抗，是因为对立的双方缺乏沟通与互相理解，导致对于对方处境和意图的误判，从

---

① M. A. Rahim and T. V. Bonoma. "Managing organizational conflict: a model for diagnosis and intervention"［J］. Psychological Report, 1979, 44 (3c): 1323 – 1344

而激化了相互之间的"模拟欲望"和"拟态竞争"，进而无中生有地制造出冲突①。儒家中道哲学的"絜矩之道"倡导超越单边主义立场的相对视角，有助于避免出现这种情况。

其次，中道哲学建议卷入对立与冲突的双方，或者那些试图调停冲突的人们，不妨暂时将各自的本体论信念或终极信仰悬置起来，尝试以一种面对现实的妥协态度，聚焦于对立的"两端"价值或"两端"目标之间的"中"，也即双方之间的中间性、交集点或公约数，从而建构或增强双方共存的基础。用中道论的话语来说，就是求同存异，和而不同。各自可以保留自己意识形态或信仰上的终极价值和目标，但暂且存而不论；同时实事求是，面对现实，寻求双方都能接受的当下方案或符合"时中"精神的权宜变通之策。

再次，不要过分固执于自己的先入之见和既定立场，尝试把更多的因素和条件纳入考虑的范围，不要只会固执于习以为常、自以为是的"是非"对立，不妨考虑其实也有"无是无非"或"是非参半"的灵活空间。中道论圆融灵活的思维方式，有助于避免在鸡毛蒜皮的分歧上各执一词、互不相让，乃至将其演变为重大冲突。有研究发现，在一些跨国组织中，"与美国参与者相比，中国参与者在处理冲突时更有可能综合考虑多种因素，其中包括利害得失、权力、关系、情况以及可能的后果等"；此外，"中国人也更擅长于根据不同的情况使用不同的管理风格来处理矛盾冲突"②。这说明中道思维作为一种文化精神在当代中国人身上仍然有所表现。

最后，不要期望马上消除所有的矛盾，一劳永逸百分之百地解决冲突。要认识到矛盾和冲突乃是世界上一切事物存在的正常状态。没有矛

---

① Roberto Farneti. A Mimetic Perspective on Conflict Resolution [J]. Polity, 2009, 41 (4): 548-549.

② Yuan, Wenli. Conflict management among American and Chinese employees in multinational organizations in China [J]. Emerald Insight Cross Cultural Management: An International Journal, 2010, 17 (3): 307.

盾的固定不变的"存在"也许只是一种主观精神上的幻觉。尽管我们可以把这种幻觉作为一种观念记在心里，但我们不应该把它与现实中的真实鲜活的存在混淆起来。作为世界上鲜活的人，我们都只是时间的、历史的存在物。人类所能做的，只是在事物不断变化的过程中，把握住当下的"中"的平衡，防止事物走向极端，以维持事物在其正常平衡的轨道上行进。

结　语

20世纪90年代冷战结束以后，世界并没有因为两大阵营之间的意识形态和政治军事对峙状态的缓解而迎来太平。进入21世纪以来，一些宗教极端势力在世界不同地区兴起，制造了一系列骇人听闻的暴力恐怖事件。宗教极端主义是恐怖主义的思想基础，暴力恐怖主义和宗教极端主义现在已经构成了对世界和平与稳定的严重威胁，成为人类文明的公敌。

宗教极端主义的本质并非宗教，实际上宗教极端主义的主张与行为与世界上大多数宗教所倡导的宽容、和平、博爱的主流价值观是背道而驰的。宗教极端主义和恐怖主义的产生有着历史、社会、文化、经济、政治等多方面的复杂原因，不可简单归咎于某种宗教本身。但不容忽视的是，宗教极端主义又的确是打着某些宗教的旗号，并借助某种具有绝对化、极端化特征的宗教信念和思维方式，以及对宗教教义的极端化解读和别有用心的发挥作为其思想基础的。宗教极端主义也并非仅与某一种特定宗教有关，世界上许多宗教在其发展过程中，都曾出现过宗教极端主义。

宗教极端主义的极端化思维方式大致包括如下这些特征：

一是对自己所信的"教义"持无条件的、绝对的、排他的信念，固执地以自己所信之"教义"为唯一的"真理"，以自己所信之"神"为唯一"真神"，不容许任何人对之表示怀疑；

二是完全封闭于跟自己持同样宗教信仰的群体，拒绝与持有不同宗教信仰的人群进行思想交流和共享社会生活，乃至于把其他宗教的信徒或不信教的人都视为异教徒、下等人、魔鬼、敌人；

三是固执痴迷于所谓的"原教旨"教义，拒绝与时俱进，抵制和敌视一切现代文明与世俗文化，把人们正常的物质享受和现代文明生活都视为"堕落"与"腐败"；

四是完全蔑视人的生命和现世生活的价值和意义，甚至包括他们自己的生命和现实生活的价值和意义，以虚幻的"末日论""天堂"或"来世"等说教煽动信徒向所谓的"异教徒"发起"圣战"，甚至采取极端行动以身殉教。

极端化的思维方式甚至也不局限于宗教的范畴，许多国家在社会政治领域也存在极左或极右的极端主义主张，其特征就是偏激固执地认为只有自己的理念主张是绝对正确的，并将其推向极端化、激进化，博人眼球，蛊惑人心，煽动群众，以便同自己的对立面进行斗争。这种极端化思维方式和极端化立场往往会形成一个社会里意识形态上非此即彼的两极对立，导致族群的分化与撕裂，造成社会矛盾的激化和不稳定，甚至引发暴力冲突。

去极端化，遏制宗教极端主义的蔓延，防范以宗教极端主义为思想基础的暴力恐怖主义的发生，已经成为当今文明社会必须共同面对的挑战。应对这一挑战，必须从社会、政治、经济、法律、文化等不同层面对宗教极端主义思想和恐怖主义言行进行全面综合的治理，而从思想意识形态和思维方式上对宗教极端主义的思想根源进行清理和遏制，也是不可忽视的一个重要方面。在这个方面，儒家的中道哲学可以发挥一定的作用。

儒家学说和儒家文化，虽然也被一些外国人误解为是一种宗教，但正如本书前面已经阐明的，儒家学说与儒家文化本质上不是一种宗教。两千多年以儒家思想为主流意识形态的中国文化主体上是一种世俗文化，而这种世俗文化却并不排斥且能包容各种宗教文化。儒学不是宗教，当然也就根本不会有"儒教极端主义"这种东西。这不仅因为儒家不是宗教，而且因为儒家的中道哲学思维本身就是对极端化思维方式的否定和扬弃。因此在儒家文化中不仅不存在产生极端主义的土壤，而且儒家中道哲学思维还有消弭和救治极端主义的功效。

儒家中道哲学以"中"为大本，以"和"为达道，"中和"的理念内在地包含了宽容、适中、调和、公正、平衡等内涵，这正是对极端主义的否定。儒家学说并不以对某个神灵的绝对信仰作为基石，敬畏天道但又不唯天道，精神超越而又不脱离世俗；对各种宗教所信之神灵采取敬而远之或存而不论的包容态度，同时依据现实世界的人伦关系来构建其伦理道德和社会政治理论体系。中道的思维方式要求主体"毋意，毋必，毋固，毋我"，不把他者臆想为敌人，不预设某种必然性，不固执己见，不封闭于自我中心的狭隘视野。"时中"的观念强调因时制宜、与时俱进、灵活变通。儒家重视现世生活，以仁爱精神关怀人类生命，以合情合理、情理合一的观点来探讨人性与道德。所有这些，都与上述宗教极端主义的理念和思维方式恰好相反。

中道哲学和中道思维方式已经渗透于中国文化的许多方面，形成了中华民族特有的中道精神。中国文化之所以能够在历经外族入侵、外来文化的冲击和挑战之后，仍然延续不断、发展至今，在很大程度上正是得益于这种中道精神。也正是由于有这样一种中道精神，使得我们这个民族和我们的文化，从最初形成于华夏中原地区相对单一的源头，不断吸纳外来文化因素，也不断向外扩展外延，最终形成今天我们这个既包含了相对文化多样性，又具有较强的文化凝聚力和统一性的伟大中华民族。我们相信这种中道精神在当今世界仍然可以为构建人类命运共同体，谋求世界的和平、发展、繁荣，做出其应有的贡献。

参考文献

［1］卞崇道，王青．明治哲学与文化［M］．北京：中国社会科学出版社，2005．

［2］蔡尚思．论孔子中庸及其变革思想的实质［J］．学术月刊，1963（11）：51－56．

［3］陈来．仁学本体论［M］．北京：生活·读书·新知三联书店，2014．

［4］成中英．本体诠释学三论［J］．安徽师范大学学报（哲学社会科学版），2004（4）：397－403．

［5］成中英，冯俊．为中国哲学立法——西方哲学视域中先秦哲学合法性研究［A］：国际中国哲学精译系列（第3辑）［C］．北京：中国人民大学出版社，2016．

［6］程颢，程颐．二程集［M］．北京：中华书局，1981．

［7］戴家祥．金文大字典［M］．上海：学林出版社，1995．

［8］邓小平．党和国家领导制度的改革［M］//邓小平文选（第二卷）．北京：人民出版社，1983．

［9］董根洪．"天下之理，莫善于中"——论二程的中和哲学［J］．中州学刊，1999（1）：45－49．

［10］董志翘．略论"中"的语法意义与语法功能［A］．"古代文字资料与东亚细亚文化交流"国际学术研讨会论文［C］．韩国首

尔，2009.

[11] 杜维明. 中庸洞见 [M]. 北京：人民出版社，2008.

[12] 段玉裁. 说文解字注 [M]. 成都：成都古籍出版社，1981.

[13] 范晔. 后汉书 [M]，北京：中华书局，1965.

[14] 方立天. 中国佛教哲学要义 [M]. 北京：宗教文化出版社，2015.

[15] 冯友兰. 三松堂全集：第 2 卷 [M]. 郑州：河南人民出版社，2001.

[16] 公羊寿，何休，徐彦. 春秋公羊传注疏 [M]. 北京：北京大学出版社，2000.

[17] 郭庆藩. 庄子集释 [M]. 北京：中华书局，1961.

[18] 韩愈. 原道 [M] //马其昶，马茂元. 韩昌黎文集校注. 上海：上海古籍出版社，1986：12-19.

[19] 黄怀信. 逸周书校补注释 [M]. 西安：西北大学出版社，1996.

[20] 贾海涛. 中西对话困境中中国哲学的形而上学问题 [M]. 学术研究，2006 (2)：22-28.

[21] 贾玉明. 二十世纪中国哲学的本体论问题 [J]. 沈阳师范大学学报（社会科学版），2011 (1)：6-8.

[22] 姜广辉. 保训十疑 [N]. 光明日报，2009-05-04 (12).

[23] 荆门市博物馆. 郭店楚墓竹简 [M]. 北京：文物出版社，1989.

[24] 孔安国，孔颖达. 尚书正义 [M]. 北京：北京大学出版社，2000.

[25] 李零. 说清华楚简《保训》篇的"中"字 [N]. 中国文物报，2009-05-20 (7).

[26] 李景林，乔清举，王中江，王生平，张耀南，胡军. 中国哲

学的合法性笔谈［J］．北京行政学院学报，2004（2）：66－77．

［27］李维武．20世纪中国哲学本体论问题［M］．长沙：湖南教育出版社，1991．

［28］李学勤．清华大学藏战国竹简（壹）［M］．上海：上海文艺出版集团中西书局，2010．

［29］李学勤．清华大学藏战国竹简（捌）［M］．上海：中西书局，2018．

［30］李泽厚．历史本体论［M］．北京：生活·读书·新知三联书店，2002．

［31］李泽厚．人类学历史本体论［M］．天津：天津社会科学院出版社，2008．

［32］梁启雄．荀子简释［M］．北京：中华书局，1983．

［33］梁涛．清华简《保训》与儒家道统说再检讨［J］．北大中国文化研究（第二辑），2012：99－127．

［34］马承源．上海博物馆藏战国楚竹书（五）［M］．上海：上海古籍出版社，2005．

［35］毛亨，郑玄，孔颖达．毛诗正义［M］．北京：北京大学出版社，2000．

［36］毛泽东．改造我们的学习［M］//毛泽东选集（第三卷）．北京：人民出版社，1991：795－803．

［37］牟宗三．现象与物自身［M］．台北：学生书局，1975．

［38］尼古拉斯·布宁，余纪元．西方哲学英汉对照辞典［Z］．人民出版社，2001．

［39］彭永捷．论中国哲学学科合法性危机［M］．保定：河北大学出版社，2011．

［40］钱穆．中国文化对人类未来可有的贡献［J］．中国文化，1991（4）．

［41］钱穆．国史大纲［M］．北京：商务印书馆，1994．

［42］全增嘏．西方哲学原著选读［M］．上海：上海人民出版社，1981．

［43］释蕅益．四书蕅益解［M］．北京：中国水利水电出版社，2012．

［44］释智圆．中庸子传［M］//曾枣庄，刘琳．全宋文（第十五册）［C］．上海：上海辞书出版社，2016：304－308．

［45］司马光．司马温公集编年笺注［M］．成都：巴蜀书社，2009．

［46］司马迁．史记［M］．北京：中华书局，2014．

［47］苏轼．苏轼全集［C］．北京：中国文史出版社，1999．

［48］苏舆，钟哲．春秋繁露义证［M］．北京：中华书局，1992．

［49］谭嗣同．仁学［M］．北京：中华书局，1958．

［50］唐兰．殷墟文字记［M］．北京：中华书局，1981．

［51］王安石．王文公文集［M］．上海：上海人民出版社，1974．

［52］王安石．易解［A］．王安石．王安石全集：第一册［C］．上海：复旦大学出版社，2017：1－148．

［53］王弼，孔颖达．周易正义［M］．北京：北京大学出版社，2000．

［54］王夫之．读四书大全说［M］．北京：中华书局，1975．

［55］王夫之．周易外传［M］．北京：中华书局，1977．

［56］王进锋，甘凤（Foong J. Kam），余佳．清华简《保训》集释［EB/OL］．http：//www. bsm. org. cn/show_ article. php? id＝1441，2011－04－10．

［57］王珏．中国哲学与形而上学问题［M］．吉林师范大学学报（人文与社会科学版），2004（1）：8－4．

［58］王路．哲学概念的翻译与理解——以对"Being"的翻译为例

[J]．哲学动态，2018（3）：60－68.

[59] 王聘珍．大戴礼记解诂 [M]．北京：中华书局，1983.

[60] 王守仁．传习录 [M] //王守仁．王阳明全集．上海：上海古籍出版社，1992：1－126.

[61] 汪荣宝，陈仲夫．法言义疏 [M]．北京：中华书局，1987.

[62] 王易，黄刚．中国和平发展外交思想与传统文化核心理念 [J]．中国人民大学学报，2009（3）：137－143.

[63] 王元化．与德里达对话访谈录 [M] //王元化文论选．上海：上海文艺出版社，2009.

[64] 吴则虞．晏子春秋集释 [M]．北京：中华书局，1962.

[65] 习近平．毫不动摇坚持和发展中国特色社会主义 [M] //习近平谈治国理政（第一卷）．北京：外文出版社，2014：21－24.

[66] 习近平．文明因交流而多彩，文明因互鉴而丰富 [M] //习近平谈治国理政（第一卷）．北京：外文出版社，2014：258－263.

[67] 徐复观．中国人性论史 [M]．上海：上海三联书店，2001.

[68] 徐克谦．从"中"字的三重含义看中庸思想 [J]．孔孟月刊，1998，37（4）：4－9.

[69] 徐克谦．论庄子哲学中的"真" [J]．南京大学学报，2002（2）：93－98.

[70] 徐克谦．论荀子的"中道"哲学 [J]．中国哲学史，2011（1）：49－55.

[71] 徐元诰，王树民，沈长云．国语集解 [M]．北京：中华书局，2002.

[72] 徐中舒．甲骨文字典 [M]．成都：四川辞书出版社，1989.

[73] 亚里士多德．形而上学 [M]．北京：商务印书馆，1997.

[74] 杨伯峻．春秋左传注 [M]．北京：中华书局，1981.

[75] 杨伯峻，何乐士．古汉语语法及其发展 [M]．北京：语文

出版社，2011.

　　[76] 杨国荣．具体的形上学 [J]．哲学分析，2011，2（4）：166－171.

　　[77] 杨雄，司马光，刘韶军．太玄集注 [M]．北京：中华书局，1998.

　　[78] 于省吾．甲骨文字诂林 [M]．北京：中华书局，1999.

　　[79] 俞荣根．寻求"中道"——儒家之法的精神及其普世价值 [J]．现代法学，2006，28（6）：66－75.

　　[80] 俞宣孟．论中国哲学形而上学的精神 [J]．社会科学，2007（4）：115－139.

　　[81] 余英时．士与中国文化 [M]．上海：上海人民出版社，1987.

　　[82] 袁江玉．康雍乾三朝易学研究 [M]．北京：现代出版社，2014.

　　[83] 张庆熊．"朝向事物本身"与"实事求是"——对现象学和唯物论的基本原则的反思 [J]．哲学研究，2008（2）：18－22.

　　[84] 张文治．国学治要（子部）[C]．北京：北京理工大学出版社，2014.

　　[85] 章炳麟．文始（七）[A]．章炳麟．章太炎全集：第六册 [C]．上海：上海人民出版社，2014：401－402.

　　[86] 章学诚．原道 [A]．叶瑛．文史通义校注 [M]．北京：中华书局，1985.

　　[87] 赵景来．中国哲学的合法性问题研究述要 [J]．中国社会科学，2003（3）：36－42.

　　[88] 赵岐，孙奭．孟子注疏 [M]．北京：北京大学出版社，2000.

　　[89] 郑兴中．《复性书》性情观之佛学思想渊源考辨 [A]．儒

家典籍与思想研究（第七辑）［C］．北京：北京大学出版社，2015：285－296.

［90］郑玄，贾公彦．周礼注疏［M］．北京：北京大学出版社，2000.

［91］郑玄，孔颖达．礼记正义［M］．北京：北京大学出版社，2000.

［92］朱熹．朱子语类［M］．北京：中华书局，1985.

［93］朱熹．四书章句集注［M］．北京：中华书局，1988.

［94］朱熹．朱熹集（第四册）［C］．成都：四川教育出版社，1996.

［95］子居．清华简《保训》解析［EB/OL］．复旦大学出土文献与古文字研究中心网站，2009－07－08.

［96］左丘明，杜预，孔颖达．春秋左传正义［M］．北京：北京大学出版社，2000.

［97］Ames, Roger T., David L. Hall. Focusing the Familiar：A Translation and Philosophical Interpretation of The Zhongyong［M］. Honolulu：University of Hawaii Press. 2001.

［98］Bell, Duncan. What is liberalism?［J］. Political Theory, 2014, 42 (6)：682－715.

［99］Blackburn, Simon. Metaphysics［A］. in Nicholas Bunnin and Eric P. Tsui－James ed. The Blackwell Companion to Philosophy［C］. Oxford：Blackwell, 1996：64－89.

［100］Brindley, Erica Fox. Individualism in Early China：Human Agency and self in Thought and Politics［M］. Honolulu：University of Hawaii Press, 2010.

［101］Carnogurska, Marina. Original ontological roots of ancient Chinese philosophy［J］. Asian Philosophy, 1998, 8 (3)：203－213.

[102] Cheng, Chung – Ying. Confucian Onto – hermeneutics: Morality and Ontology [J]. Journal of Chinese Philosophy, 2000, 27（1）: 33 – 68.

[103] Connell, George B. Kierkegaard and Confucius: the Religious Dimensions of Ethical Selfhood [M]. Dao: A Journal of Comparative Philosophy. 2009, 8（2）: 133 – 149.

[104] De Bary, William Theodore. The Liberal Tradition in China (Neo-Confucian Studies) [M]. New York: Columbia University Press, 1983.

[105] De Bary, William Theodore. Learning for One's Self: Essays on the Individual in Neo – Confucian Thought [M]. New York: Columbia University Press. 1991.

[106] Farneti, Roberto. A Mimetic Perspective on Conflict Resolution [J]. Polity, 2009, 41（4）: 536 – 558.

[107] Fukuyama, Francis. The End of History and the Last Man [M]. New York: Free Press, 1992.

[108] Fukuyama, Francis. Confucianism and Democracy [J], Journal of Democracy, 1995, 6（2）: 20 – 33.

[109] Fung, Yu – lan. Selected Philosophical Writings of Fung Yu – lan. Beijing: Foreign Language Press, 1998.

[110] Garfield, Jay L., Bryan W. Van Norden. If Philosophy Won't Diversify, Let's Call It What It Really Is [N]. The New York Times, 2016 – 05 – 11.

[111] Graham, A. C. Studies in Chinese Philosophy and Philosophical Literature. State University of New York Press: 1990.

[112] Habermas, Jürgen. Truth and Justification. Studies in contemporary German social thought. [Wahrheit und Rechtfertigung.]. ed. and

trans. by Barbara Fultner. Cambridge, MA: MIT Press. 2003.

[113] Hansen, Chad. Chinese language, Chinese philosophy, and "truth" [J]. Journal of Asian Studies, 1985, 44 (3): 491 - 519.

[114] Heidegger, Martin. Being and Time [M]. tr. by Stambaugh, Joan. Albany: State University of New York Press, 1996.

[115] Huntington, Samuel P. The Clash of Civilizations and the Remaking of World Order? [M]. New York: Simon & Schuster, 1996.

[116] Information Office of the State Council of the People's Republic of China. White Paper of the Chinese Government (2009—2011) [R]. Beijing: Foreign language Press. 2012.

[117] Jablin, F. M., L. L. Putnam, K. H. Roberts, and L. W. Porter, ed., Handbook of Organizational Communication: An Interdisciplinary Perspective [M]. Newbury Park, CA: Sage Publications, 1987.

[118] Klein, Daniel B. The Origin of 'Liberalism' [EB/OL]. http://www.theatlantic.com/politics/archive /2014/02/the - origin - of - liberalism/283780/, 2014 - 2 - 13.

[119] Ku, Hung Ming. The Universal Order of Conduct of Life [M]. Shanghai: the Shanghai Mercury, Ltd. 1906.

[120] Lin, Y. T. The Wisdom of China and India [M]. New York, NY: Random House, 1942.

[121] MacIntyre, Alsdair. Whose Justice? Which Rationality? [M] Notre Dame: University of Notre Dame Press, 1988.

[122] Menkel - Meadow, Carrie J. ed. Dispute Resolution: Beyond the Adversarial Model [M]. New York: Aspen Publishers. 2005.

[123] Peterman, James. Why Zhuangzi's Real Discovery Is One that Lets Him Doing Philosophy when He Wants to [J]. Philosophy East and West, 2008, 58 (3): 372 - 394.

[124] Rahim, M. A. , T. V. Bonoma. Managing organizational conflict: a model for diagnosis and intervention [J]. Psychological Report, 1979, 44 (3c): 1323 – 1344.

[125] Rorty, Richard. Philosophy and the Mirror of Nature [M]. Princeton, NJ: Princeton University Press, 1979.

[126] Ross, W. D.. trans. Aristotle's Metaphysics [M]. Oxford: Claredon Press, 1924.

[127] Shklar, Judith N. Political Thought and Political Thinkers [M]. Chicago: University of Chicago Press, 1989.

[128] Tampio, Nicholas. Not all things wise and good are philosophy [EB/OL] https: //aeon. co/ideas/not-all-things-wise-and-good-are-philosophy. 2018 – 7 – 25.

[129] Travis, Jeremy, Bruce Western, and Steve Redburn, ed. The Growth of Incarceration in the United States: Exploring Causes and Consequences [M]. Washington D. C. : The National Academies Press, 2014.

[130] Tu, Wei – ming. Centrality and Commonality: An Essay on Confucian Religiousness [M]. Albany: State University of New York Press, 1989.

[131] Wallensteen, Peter. Understanding Conflict Resolution: War, Peace and the Global System [M]. London: SAGE, 2002.

[132] Wen, Haiming. From Substance Language to Vocabularies of Process and Change: A Comparison between the Translation of Key Philosophical Terms of The Doctrine of the Mean and Focusing the Familiar [J]. Dao: A Journal of Comparative Philosophy, 2004, 3 (2): 217 – 233.

[133] Xu, Keqian. Early Confucian Principles: the Potential Theoretic Foundation of Democracy in Modern China [J]. Asian Philosophy, 2006, 16 (2): 135 – 148.

[134] Xu, Keqian. A Different Type of Individualism in Zhuangzi [J]. Dao: A Journal of Comparative Philosophy. 2011, 10 (4): 445 –462.

[135] Xu, Keqian. A Synthetic Comprehension of the Way of Zhong in Early Confucian Philosophy [J]. Frontiers of Philosophy in China, 2012, 7 (3): 422 –438.

[136] Xu, Keqian. Ren Xing: Mencian Understanding of Human Being and Human Becoming [J]. Dialogue and Universalism, 2015, 25 (2): 29 –39.

[137] Xu, Keqian. The Priority of "Liberty" or "Ping An": Two Different Cultural Value Priorities and Their Impacts [J]. Frontiers of Philosophy in China, 2015, 10 (4): 579 –600.

[138] Xu Keqian. Confucian Philosophy of Zhongdaology and Its Practical Significance in Resolving Conflicts [J]. Dialogue and Universalism, 2016, 26 (4): 187 –199.

[139] Xu, Keqian & Wang Guoming. Confucianism: The Question of Its Religiousness and Its Role in Constructing Chinese Secular Ideology [J/OL]. Journal for the Study of Religions and Ideologies, 2018, 17 (50): 79 –95.

[140] Xu, Keqian. A Contemporary Re – Examination of Confucian Li 礼 and Human Dignity [J]. Frontiers of Philosophy in China, 2018, 13 (3): 449—464.

[141] Yuan, Wenli. 2010. "Conflict Management among American and Chinese Employees in Multinational Organizations in China", Emerald Insight Cross Cultural Management: An International Journal, 2010, 17 (3): 299 –311.